V&R

Britta Zander und Michael Knorr (Hg.)

Systemische Praxis der Erziehungs- und Familienberatung

Mit einem Geleitwort von Helm Stierlin

Mit 6 Abbildungen und einer Tabelle

Vandenhoeck & Ruprecht

Bibliografische Informationen Der Deutschen Bibliothek

Die Deutsche Bibliothek verzeichnet diese Publikation
in der Deutschen Nationalbibliografie;
detaillierte bibliografische Daten sind im Internet
über ‹http://dnb.ddb.de› abrufbar.

ISBN 3-525-46161-5

Schrift: Minion
Druck und Bindung: Hubert & Co., Göttingen

Inhalt

Geleitwort

Wie dieses Buch erkennen lässt, wächst der Bedarf an Erziehungsberaterinnen und -beratern. Und dafür gibt es verschiedene Gründe. Zwar erlaubt unsere offene und demokratische Gesellschaft den meisten Bürgerinnen und Bürgern einen in der deutschen Geschichte einmaligen hohen Lebensstandard. Dennoch vermehrten sich darin die Ansprüche an die Erziehungsberatung. Denn viele der gesellschaftlichen, durch Tradition und Religion abgestützten Strukturen, die erziehenden Eltern und überhaupt erziehenden Erwachsenen Ziele und Wege vorgaben, haben sich erweicht und erweichen sich weiter. Das zeigt sich an der Zunahme von Scheidungen und Trennungen und damit von allein erziehenden Eltern, es zeigt sich an den vielen Veränderungen und Unwägbarkeiten, denen jungen Menschen in unseren Tagen ausgesetzt sind. Jürgen Habermas sprach hier von der »Verknappung der Ressource Übersichtlichkeit«, die sich nun gerade im Bereich der Erziehungsberatung bemerkbar macht.

Die Unübersichtlichkeit zeigt sich etwa an der Vielzahl unterschiedlicher Systeme, mit denen Erziehungsberater zu tun haben, so mit einem oft komplizierten Elternsystem, mit den Systemen Jugendamt, Kinderheim, Schule und anderen. Dadurch sehen sie sich zahlreichen – offenen wie verdeckten – Loyalitätskonflikten ausgesetzt. Zugleich haben sie mit einer oft schwierigen und undurchsichtigen Auftragslage zu tun. Des Weiteren bleibt oft unklar, ob von ihnen eher eine Beratung oder eine Therapie verlangt wird. Weiter stellen sich ihnen oft schwierige juristische und ethische Fragen: Wie ist etwa mit einem Vater umzugehen, der seine Tochter sexuell missbraucht hat, deswegen in polizeilichem Gewahrsam ist, und wenn diese Tochter doch weiter an ihm hängt und ihn wertschätzen möchte? Da die Beraterinnen und Berater oft auch mit Familien von Emigranten und Asylbewerbern zu tun haben, ergeben sich häufig zusätzliche Probleme, geht es um sprachliche Verständigung und Verständnis für abweichende, kulturell bedingte Verhaltensanweisungen und Grundannahmen. Wobei oft noch Armut als erschwerender Faktor ins Spiel kommt. So lässt sich in vielen Fällen von Multiproblem-Familien sprechen, die bekanntlich weltweit an Psychotherapeuten die größten Herausforderungen stellen.

Angesichts dieser komplexen Verhältnisse und Herausforderungen lassen mich Familienberater an junge Assistenzärzte denken, die gerade ihr Examen hinter sich gebracht haben und nun schwierige Herzchirurgie praktizieren müssen.

Gottlob kommt ihnen da das vorliegende Buch zur Hilfe. Denn es macht deutlich, dass in dieser Situation die systemische Theorie und Praxis am ehesten Lösungen anzubieten haben. Dies nicht zuletzt darum, weil, wie die Erfahrung zeigt, ein ressourcen-, lösungs- und zukunftsorientiertes systemisches Vorgehen gegenüber anderen Therapieformen die besten Chancen hat, in kurzer Zeit etwas zu bewegen beziehungsweise einen Unterschied einzuführen, der hinsichtlich Lebensqualität, Beziehungsgestaltung und Zukunftserwartung einen Unterschied macht. Ich war von den Kapiteln dieses Buchs ausnehmend angetan und bin sicher, dass das bei vielen Leserinnen und Lesern auch der Fall sein wird. Alle meine guten Wünsche sind ihm sicher.

Helm Stierlin

Vorwort

Systemisches Denken hat die Arbeit in Erziehungs- und Familienberatungsstellen in den letzten Jahrzehnten maßgeblich beeinflusst. Während in den fünfziger und sechziger Jahren noch tiefenpsychologisch orientierte Verfahren (mit dem Fokus auf das Kind und »sein« Problem) dominierten, hat der systemische Ansatz ab Mitte der siebziger Jahre verstärkt Einzug gehalten und ist heute am weitesten verbreitet (s. Hundsalz in diesem Band): Er erfüllt den Anspruch einer effektiven Kurztherapie, die lösungs- und ressourcenorientiert ist. Er achtet und fördert die Autonomie der Klientinnen und Klienten, orientiert sich kontextspezifisch an ihrem Auftrag und ihren Zielen und hat das Selbstverständnis einer Hilfe zur Selbsthilfe. Die Systemische Beratung und Psychotherapie sind kein dogmatischer, sondern ein pragmatischer Ansatz, der bewährte Methoden anderer Therapieverfahren integriert, sofern grundsätzliche systemische Sichtweisen und Haltungen nicht aufgegeben werden. Kennzeichnend ist das kontextuelle Verstehen von Problemen, die nicht aus einer innerseelischen Dynamik heraus begriffen, sondern als Phänomene spezifischer Wechselwirkungen und Rückkopplungsprozesse in komplexen sozialen Systemen betrachtet werden. Indem das Problem nicht nur in Beziehung zu Interaktionen im Familiensystem, sondern auch in Beziehung zu Interaktionen in anderen für Kinder und Jugendliche relevanten Sozialsystemen wie Kindergarten, Schule oder Peergruppe gesetzt wird, fördert systemisches Arbeiten eine gemeinwesenorientierte Perspektive und Vernetzungsaktivitäten zum Beispiel mit Diensten und Einrichtungen der Jugendhilfe, der Schule und des Gesundheitssystems. Aus diesen Kooperationen entstehen Konzepte der Zusammenarbeit, die in der Praxis umgesetzt und über Rückkoppelungsprozesse geprüft und weiterentwickelt werden. Während dieser Zusammenarbeit verändern sich auch die kooperierenden Institutionen miteinander.

Der vorliegende Band gibt einen Einblick in die systemische Praxis der Erziehungs- und Familienberatung. Neben klassischen Beratungsfeldern werden weniger bekannte und etablierte Arbeitsgebiete vorgestellt. Die ersten beiden Kapitel führen in den Kontext und die Methode der Systemischen Erziehungs- und Familienberatung ein. In dem Beitrag von Andreas Hundsalz findet sich eine komprimierte Darstellung des Leistungsspektrums und der historischen, gesellschaftspolitischen und gesetzlichen Rahmenbedingungen der institutionellen Erziehungs- und Familienberatung. Im zweiten Kapitel stellt Arist von Schlippe theoretische und methodische Grundlagen systemischer Beratung dar. Der Beitrag bietet Kolleginnen und Kollegen, die mit der Methode vertraut sind, eine ebenso interessante Lektüre wie »Einsteigern« einen gut verständlichen Einführungstext.

Die folgenden Kapitel illustrieren die systemische Beratungspraxis und systemische Herangehensweisen bei verschiedenen Auftragslagen. Katharina Ratzke und Britta Zander thematisieren die Beratungs- und Kooperationsarbeit bei Familien, deren Kinder aggressives Verhalten zeigen. Haim Omer beschreibt mit seinem Konzept der elterlichen Präsenz einen Weg, wie Eltern die Eskalation von Gewalt zwischen sich und ihren Kindern überwinden können. Elterliche Präsenz als Autorität ohne Gewalt ist kein Modell für »die gute Erziehung«, sondern ein die Optionen im Rahmen einer systemischen Beratung erweiterndes Angebot für Familien in Not (Omer u. von Schlippe 2002). Peter Schmidt stellt ein systemisches Gesamtkonzept für den Umgang mit sexuellem Missbrauch von Kindern und Jugendlichen vor. Der Beitrag von Thomas Symalla und Holger Walther gibt Anregungen für die Arbeit mit homosexuellen Jugendlichen und ihren Familien, ein in der Literatur zur Erziehungsberatung bisher wenig beachtetes Thema. Michael Knorr und Karin Grüter stellen ihr Konzept der Einbeziehung von Erzieherinnen und Erziehern in den Beratungs- oder Therapieprozess von Kindern vor, die in stationären Jugendhilfeeinrichtungen untergebracht sind. Elisabeth Mackscheidt und Ingrid Rasch veranschaulichen anhand der Beschreibung eines Beratungsprozesses das systemische Verständnis der Familiendynamik und das beraterische Handeln bei Trennung und Scheidung. Mit dem Begleiteten Umgang bei Trennung und Scheidung, einem noch relativ neuen Leistungsangebot der Jugendhilfe, beschäftigt sich der Beitrag von Britta Zander, Gerhard Herold und Christian Roland. Zum Schluss beschreibt Hans Jellouschek systemisches Arbeiten mit Stieffamilien, einer inzwischen zur Normalität gewordenen Lebensform von Familien, mit der Beraterinnen und Berater in ihrer Arbeit tagtäglich zu tun haben.

Das Buch richtet sich an Mitarbeiterinnen und Mitarbeiter von Erziehungs- und Familienberatungsstellen und anderen Beratungs- und Therapieeinrichtungen mit vergleichbaren Aufgabenstellungen (etwa Ehe- und Lebensberatungsstellen, soziale Dienste der Jugendämter, Gesundheitsämter, schulpsychologische Dienste) sowie Fachkräfte, die, beispielsweise in überweisender Funktion, mit diesen Einrichtungen zusammenarbeiten. Ausbildungskandidatinnen und -kandidaten der Systemischen Beratung und Therapie sowie Studentinnen und Studenten finden hier eine gute Einführung in die (systemische) Beratungsarbeit. Darüber hinaus sollen Multiplikatorinnen und Multiplikatoren wie Erzieherinnen und Erzieher und Lehrerinnen und Lehrer sowie alle am Arbeitsfeld Erziehungs- und Familienberatung Interessierte angesprochen werden.

Den Autorinnen und Autoren möchten wir sehr herzlich für ihr Engagement und ihre Bereitschaft danken, auf unsere Wünsche und Vorschläge bei der Erarbeitung der Manuskripte eingegangen zu sein. Helm Stierlin, dessen Pionierarbeit in den Institutionen ihre Früchte trägt, danken wir sehr herzlich für sein Geleitwort und die guten Wünsche für unser Buch.

Unseren Leserinnen und Lesern wünschen wir eine anregende Lektüre und belebende Impulse für ihre Beratungspraxis.

Britta Zander und Michael Knorr

Kontext und Methode

Andreas Hundsalz

Die Erziehungs- und Familienberatung: Definition, Geschichte und Rahmenbedingungen

Die Definition und Bestimmung von Erziehungs- und Familienberatung ergibt sich aus den gesetzlichen Vorgaben, aus der Analyse und Interpretation der gesellschaftspolitischen Anforderungen und aus der Praxis. Insofern soll im Folgenden nach einer einführenden Definition die Bestimmung des Themas auf dem Hintergrund der gesellschaftspolitischen Analyse, der gesetzlichen Grundlagen sowie der Praxis der Erziehungs- und Familienberatung erfolgen.

Definition

Erziehungs- und Familienberatung ist eine Leistung der Jugendhilfe. Sie zielt darauf ab, die Personensorgeberechtigten in ihrer Erziehungsverantwortung zu unterstützen, um eine dem Wohl des Kindes entsprechende Erziehung sicherzustellen. Normativ bestimmt das Kinder- und Jugendhilfegesetz Kinder, Jugendliche, Eltern und andere Erziehungsberechtigte

- bei der Klärung und Bewältigung individueller und familienbezogener Probleme und der zugrunde liegenden Faktoren,
- bei der Lösung von Erziehungsfragen sowie
- bei Trennung und Scheidung zu unterstützen (§ 28 KJHG).

Erziehungsberatung wird häufig mit dem Begriff »institutionelle Beratung« in Zusammenhang gebracht. Darunter wird eine methodisch strukturierte professionelle Beratung unter institutionellen Bedingungen verstanden, die sich von »informeller Beratung« in alltäglichen Kontexten unterscheidet. Eine so verstandene Erziehungsberatung ist ein auf die Lösung von Problemen abzielendes, prozessorientiertes, interaktionelles dynamisches Geschehen, das in Kontextzusammenhängen stattfindet, zeitlich begrenzt und professionell strukturiert ist.

Geschichte

Die Anfänge der institutionellen Erziehungs- und Familienberatung werden von verschiedenen Autoren auf den Beginn des 20. Jahrhunderts datiert. Buj et al. (1984) und Menne (1989) notieren die erste Gründung einer Erziehungsberatungsstelle für das Jahr 1906, in dem Fürstenheim eine »Medico-pädagogische Poliklinik für Kinderforschung, Erziehungsberatung und ärztliche Behandlung« in Berlin eröffnete. Die ersten Beratungsstellen waren allerdings lediglich punktuelle Initiativen und hatten oft nur Sprechstundencharakter, sodass nur bedingt von »institutioneller Erziehungsberatung« gesprochen werden kann.

Über Funktion und Konzeption der ersten Erziehungsberatungsstellen ist wenig bekannt. Die damaligen Vorstellungen von Erziehung, Kindheit und familiären Konflikten waren durch die aufkommende Psychoanalyse und durch veränderte Konzepte über Kindheit und Jugend geprägt. Die psychoanalytischen Konzepte Freuds bildeten für die damalige Zeit wichtige fortschrittliche Impulse zur Befreiung und Weiterentwicklung des Individuums. Hinzu kam die Entwicklung psychologischer Konzepte, die die Kindheit als einen eigenständigen Entwicklungsabschnitt mit besonderen Gesetzmäßigkeiten definierten und damit eine Konzentration auf kindliche Entwicklungsverläufe überhaupt erst möglich machten.

Die Erziehungsberatung im Nationalsozialismus blieb lange Zeit unerforscht. Anlässlich einer Wissenschaftlichen Jahrestagung stellte schließlich die Bundeskonferenz für Erziehungsberatung (BKE) als Fachverband aller Erziehungsberatungsstellen das Thema »Was heißt Aufarbeiten nationalsozialistischer Vergangenheit?« in den Mittelpunkt (Cogoy et al. 1989). Die systematische Aufarbeitung machte deutlich, dass die bereits vor 1933 gegründeten Erziehungsberatungsstellen auch im Nationalsozialismus weiterexistierten und oft für die Zwecke dieses Regimes funktionalisiert wurden. So beteiligten sich die Beratungsstellen an der »Auslese« von Kindern und Jugendlichen, um die nationalsozialistischen Ziele von »Erbgesundheit« und Leistungssteigerung für den Krieg sicherzustellen (Kadauke-List 1989, S. 186f.).

Nach dem Zweiten Weltkrieg wurde die Erziehungs- und Familienberatung in Deutschland mit amerikanischen Stiftungsmitteln wieder aufgebaut. 1953 wurde das Jugendwohlfahrtsgesetz novelliert. Es erklärte »Beratung in Fragen der Erziehung« zur Aufgabe der Jugendämter (§ 5, Abs. 1 JWG) und verpflichtete diese zur Einrichtung entsprechender Beratungsstellen, entweder in eigener Trägerschaft oder durch entsprechende Unterstützung bei einem freien Träger. Die für die Jugendhilfe zuständigen Senatoren und Minister der Länder erließen 1973 »Grundsätze für die einheitliche Gestaltung der Richtlinien der Länder für die Förderung von Erziehungsberatungsstellen«. Diese Richtlinien bildeten eine wesentliche Voraussetzung für den Ausbau der Erziehungs- und Familienberatung in den siebziger und achtziger Jahren. Es wurden detaillierte Hinweise zu Aufgaben, personeller Ausstattung, Lage, Unterbringung und sächlicher Ausstattung, Arbeitsweise, Weiterbildung der Mitarbeiter sowie zur Finanzierung gegeben.

Ein breites System von Erziehungsberatungsstellen hat es in der DDR nicht oder nur in geringem Umfang gegeben. Erziehungsberatung hatte in einer Gesellschaft, in der es eigentlich keine Erziehungs- und zwischenmenschlichen Probleme geben sollte, weil die Grundkonflikte als gelöst angesehen wurden, keinen Platz. Vergleichbare Einrichtungen gab es nur an wenigen Polikliniken, die eher klinisch orientiert waren, und es gab Beratungsstellen in kirchlicher Trägerschaft (Menne 1990). Erziehungsberatungsstellen nach westlichem Muster wurden jedoch mit der Einführung des Kinder- und Jugendhilfegesetzes in diesen Ländern geschaffen. Entsprechend ihrem gesetzlichen Auftrag haben nach einer neueren Erhebung ein Großteil aller Kommunen und Landkreise Beratungsstellen eingerichtet oder gefördert. Sie werden jedoch zum Teil mit zu geringem Personalschlüssel betrieben. Dennoch lässt sich in den letzten Jahren ein deutlicher Ausbau feststellen, der auch zu einer gestiegenen Inanspruchnahme führte. Von 1993 bis 1998 hat es eine Steigerung der Inanspruchnahme um 45,7% gegeben (Menne 2001).

Eine aktuelle Erhebung der Bundeskonferenz für Erziehungsberatung zählt für die gesamte Bundesrepublik 1086 Erziehungs- und Familienberatungsstellen (Stand 31.12.1998). Diesen Einrichtungen sind insgesamt 3627 Planstellen zugeordnet. Damit ergibt sich ein Schnitt von 3,3 Fachkräften je Einrichtung. Wenn wir die Zahlen der WHO (45.000 Einwohner auf eine Erziehungsberatungsstelle) zugrunde legen und von circa 80 Millionen Einwohner in allen Bundesländern ausgehen, können wir bis heute eine deutliche Unterversorgung konstatieren. Dabei variiert der Versorgungsgrad in den einzelnen Bundesländern zum Teil erheblich (BKE 2000).

Gesellschaftspolitische Grundlagen

Die Aufgabenstellungen der Erziehungs- und Familienberatung resultieren letztlich aus politischen und gesellschaftlichen Zielsetzungen und den ihnen eigenen Brüchen und Widersprüchen. Diese unterliegen einem geschichtlichen Wandel mit entsprechenden Konsequenzen für die Aufträge der Erziehungsberatung. Außerdem wird die Erziehungsberatung selbst als Organisation und Institution von gesellschaftlichen Entwicklungen geprägt. Insofern ist eine Analyse der aktuellen (sich wandelnden) gesellschaftspolitischen Voraussetzungen für die Qualität des Handelns in der Erziehungsberatung grundlegend.

Besonders auffällig im Hinblick auf gesellschaftliche Rahmenbedingungen ist die Armutsentwicklung und die zunehmende Arbeitslosigkeit. Bereits 1990 hatte die Bundesregierung in ihrer Stellungnahme zum 8. Jugendbericht festgestellt, dass die Lebensverhältnisse der Kinder und Jugendlichen in der Bundesrepublik Deutschland zwar auf den ersten Blick positiv zu bewerten seien, weil ein großer Teil von ihnen am wachsenden Wohlstand und an den verbesserten Lebenschancen teilhaben könne. Gleichzeitig hatte die Bundesregierung aber auch einräumen müssen, dass junge Menschen zahlreichen Risiken und Gefährdungen ausgesetzt sind. Zum Beginn des 21. Jahrhunderts hat sich die Situation für Kinder und Jugendliche weiter verschlechtert. Definieren wir Armut als Unterschreitung der Hälfte des Durchschnittseinkommens, so liegt der Anteil bei den jungen Menschen 1995 bei 15,4% (BMFSFJ 1998, S. 90). Eine ebenfalls zunehmende Anzahl von Kindern lebt in Haushalten, die von Arbeitslosigkeit betroffen sind.

Kinderarmut ist dabei nur ein spektakulärer Aspekt der heutigen Situation von Kindern und Jugendlichen. Der 10. Kinder- und Jugendbericht der Bundesregierung stellte eine Vielzahl von weiteren Risiken heraus, wie die Benachteiligung von Mädchen und ausländischen Kindern und Jugendlichen, von Kindern erlebte Gewalt, Belastungen im Zusammenhang mit Verkehr und Wohnumwelt (BMFSFJ 1998). Aktuell deutlicher in den Blickpunkt gerückt sind darüber hinaus Bildungsbenachteiligungen und die Erkenntnis, dass das Bildungswesen in Deutschland soziale Ungleichheiten reproduziert (s. 11. Kinder- und Jugendbericht, BMFSFJ 2002). Wie sich das Gesagte in der Gesundheit und in der konkreten Situation von Kindern und Jugendlichen niederschlägt, ist aus vielen entsprechenden Untersuchungen abzulesen. Übereinstimmend wird über steigende Raten an psychischen Störungen, wie Hyperaktivität, Aggressivität, Leistungsschwäche, Lese-Rechtschreib-Störungen und Verunsicherungen des Gefühlslebens berichtet (z. B. Hurrelmann 1995).

Die Folge ist ein deutlich zugenommener Beratungsbedarf. In den letzten zehn Jahren lässt sich eine bundesweite Zunahme von Anfragen an die Erziehungsberatung und Familienberatung beobachten. Von 1991 auf 1992 hat es eine Steigerung um 25%, von 1992 auf 1993 um weitere 11% gegeben. 1993 wurden bundesweit circa 200.000 Beratungen abgeschlossen (Menne 1996). 1998 waren es bereits 250.000 Beratungen (Menne 2001). Rechnen wir mit ein, dass der Staat zunehmend auf gesetzlich geregelte Vorgaben verzichtet und Eltern mehr Verantwortung zumutet, wie sich beispielsweise aus dem Gesetz zur Kindschaftsrechtsreform erkennen lässt, so müssen wir trotz tendenziell sinkender Kinderzahlen auch für die Zukunft von weiteren Steigerungen ausgehen.

Gesetzliche Grundlagen

Der Wandel der gesellschaftlichen Rahmenbedingungen war letztlich auch der Auslöser für die Novellierung des Jugendwohlfahrtsgesetzes zu einem modernen Kinder- und Jugendhilfegesetz, das die Leistungserbringung für Kinder, Jugendliche und deren Eltern in den Vordergrund stellt. Dabei hat das KJHG teilweise wichtige Qualitätsentwicklungen der Erziehungs- und Familienberatung aufgenommen und für die gesamte Jugendhilfe verbindlich werden lassen, beispielsweise die Notwendigkeit der Orientierung an den Wünschen und Bedarfe der Hilfesuchenden, das Zusammenwirken unterschiedlicher Fachleute im Diskurs über die Hilfeerbringung und den Schutz personenbezogener Daten.

Das Kinder- und Jugendhilfegesetz bildet heute die zentrale gesetzliche Grundlage der Arbeit von Erziehungs- und Familienberatungsstellen. Die Formulierungen des § 28 KJHG beschreiben verhältnismäßig präzise die (Einzelfall-)Tätigkeiten in den Beratungsstellen. Im Gesetz werden sowohl der Adressatenkreis (Kinder, Jugendliche, Eltern und andere Erziehungsberechtigte) als auch die Inhalte der Erziehungsberatung (Klärung und Bewältigung individueller und familienbezogener Probleme; Lösung von Erziehungsfragen; Unterstützung bei Trennung und Scheidung) präzisiert. Über die Methoden der Erziehungsberatung sind indirekt ebenfalls Angaben gemacht. »Klärung«, »Bewältigung«, »Lösung« und »Unterstützung« sollen entsprechend § 27 Absatz 3 KJHG mit Hilfe pädagogischer und damit verbundener therapeutischer Leistungen erfolgen.

Der Diskurs über die Leitziele und Intentionen des KJHG hat zu Wandlungen in der Erziehungs- und Familienberatung geführt. Während Erziehungsberatung 1984 noch als »… zwischen Jugendhilfe, Gesundheits- und Bildungswesen« charakterisiert wurde (so der Titel der damaligen Wissenschaftlichen Jahrestagung der Bundeskonferenz für Erziehungsberatung), ist Erziehungsberatung heute eindeutig durch den Kontext des Kinder- und Jugendhilfegesetzes bestimmt (Hundsalz 1995; Müller 1996).

Wichtige und zum Teil neue Entwicklungen für die Erziehungsberatung skizziert das KJHG vor allem in folgenden Bereichen:

- Parteinahme für Kinder und gegebenenfalls aktiver Schutz des Kindes (beispielsweise bei Misshandlung und sexueller Missbrauch),
- Parteinahme für benachteiligte Kinder und deren Familien,
- Mitwirkung an der Gestaltung der Lebenswelten für Kinder und deren Familien sowie an deren Verbesserung.

Die Analyse gesellschaftlicher Problemlagen und die Beachtung der gesetzlichen Rahmenziele muss dabei im Kontext einer regionalen Betrachtung erfolgen, die das KJHG mit dem Stichwort Jugendhilfeplanung (§ 80) vorgegeben hat (vgl. Hundsalz 1996). In Verbindung mit den Forderungen von § 79 KJHG soll sichergestellt werden, dass die Hilfe rechtzeitig und ausreichend zur Verfügung gestellt werden kann. Die Ausstattung von Erziehungsberatungsstellen sollte so beschaffen sein, dass eine Beratung spätestens innerhalb von vier Wochen ermöglicht werden kann und außerdem Kapazität zur Verfügung steht, um in Krisensituationen auch sofort die Hilfe zu ermöglichen. Die Maxime der sofortigen Hilfeerbringung gilt besonders für Kinder und Jugendliche, die sich unmittelbar (ohne ihre Eltern oder Dritte) an die Beratungsstelle wenden.

Orientierung an der Lebenswelt der Ratsuchenden

Das Kinder- und Jugendhilfegesetz fordert in § 80 auch, dass die Erziehungsberatung sich vorrangig Klienten mit besonderen Problemlagen oder solchen in gefährdeten Wohn- und Lebensbereichen zuwendet. Über Erziehungsberatungsstellen gibt es häufig die Meinung, sie seien mittelschichtorientiert und erreichen nicht oder nicht in ausreichendem Maß Ratsuchende aus sozial niedrigen Schichten. Beratungsstellen können jedoch durchaus eine hohe Repräsentanz sozial benachteiligter Gruppen erreichen. Bereits 1989 kommt Ehrhardt auf dem Hintergrund einer Analyse entsprechender Untersuchungen zu dem Ergebnis: »Die verbreitete Meinung, Erziehungsberatungsstellen seien mittelschichtorientiert, ist ein Vorurteil. Untersuchungen der letzten 15 Jahre zeigen, daß der Anteil von Unterschichtfamilien in Erziehungsberatungsstellen mindestens deren Grundrate in der Bevölkerung entspricht« (S. 333).

Wie sehr Erziehungsberatung krisenbezogen ist, zeigt die Aufstellung des Landesamtes für Statistik Baden-Württemberg. Nach den für 1995 erhobenen Daten erreichen Erziehungsberatungsstellen hauptsächlich Familien in Umbruchsituationen. Zwar lebt der überwiegende Teil der Kinder, für die eine Beratung in 1995 beendet wurde, bei den Eltern (56,8% gegenüber circa 80% in der Gesamtbevölkerung), aber immerhin 23% der Kinder lebten bei einem allein erziehenden Elternteil (gegenüber circa 8% in der Gesamtbevölkerung). Weitere 10% lebten bei einem Eltern- mit Stiefelternteil oder Partner und weitere 5,5% lebten entweder bei den Großeltern, in einer Pflegefamilie, im Heim oder einer Wohngemeinschaft (Hundsalz 1997). Damit wird Erziehungsberatung ihrem Auftrag gerecht, vor allem Familien in Krisen- und Umbruchsituationen anzusprechen. Das Vorurteil, Erziehungsberatungsstellen seien hauptsächlich mit »Normal-Familien« befasst, trifft demnach nicht zu. Insgesamt wird der Erziehungsberatung auch von Außenstehenden heute attestiert, dass sie die Hinwendung zur Lebenswelt der (potentiellen) Ratsuchenden inzwischen wesentlich besser gelöst zu haben scheint (BMSFSJ 1998).

Vielfalt von Leistungen

In Erziehungsberatungsstellen wird heute eine große Vielfalt von unterschiedlichen Leistungen erbracht. In ihren »Empfehlungen zu Leistungen, Qualitätsmerkmalen und Kennziffern« unterscheidet die Bundeskonferenz für Erziehungsberatung (1998, S. 7) zwischen drei Leistungsgruppen:

- Präventive Angebote: Einzelfallübergreifende Angebote, insbesondere für Eltern, Kinder und Jugendliche, die sich nicht in der Erziehungsberatungsstelle anmelden.
- Beratung und therapeutische Unterstützung von Kindern, Jugendlichen sowie ihren Eltern und Erziehungsberechtigten

insbesondere bei Erziehungsfragen und Erziehungsschwierigkeiten, seelischen Problemen, Verhaltensauffälligkeiten, Leistungsproblemen, körperlichen Auffälligkeiten, familialen Krisen und Trennung und Scheidung.
- Vernetzungsaktivitäten: Zusammenarbeit mit Diensten, Einrichtungen und Initiativen aus den Bereichen Jugendhilfe, Schule und Gesundheitswesen.

In einer früheren Veröffentlichung hat die Bundeskonferenz für Erziehungsberatung die Empfehlung gegeben, die fallübergreifenden Aktivitäten (Prävention und Vernetzung) auf circa 25% anzusetzen. Dies bedeutet umgekehrt, dass für Beratung und Therapie (einschließlich begleitender Vor- und Nachbereitung sowie sonstiger notwendiger Aktivitäten, etwa Fallbesprechungen und Organisation) durchschnittlich 75% der Gesamtkapazität zur Verfügung steht (BKE 1994).

Bürgerfreundliche Organisation

Erziehungsberatungsstellen handeln letztlich im Auftrag des Bürgers und müssen die Qualität ihrer Dienstleistung an der Erfüllung seiner Bedarfe messen lassen. Insofern ist die bürgerfreundliche Organisation einer Beratungsstelle ein wichtiges Qualitätsmerkmal. In der Fachdiskussion wird in diesem Zusammenhang der Begriff »Niederschwelligkeit« (u. a. BKE 1998) verwandt. Niederschwelligkeit und bürgerfreundliche Organisation fordert eine Abkehr von Beratungskonzepten, die nur solche Ratsuchende zur Beratungsstelle zulassen, die eine hohe Motivation besitzen (Menne 1998, S. 152). Hohe Motivation im Hinblick auf die anstehende Beratung und Therapie kann eher selten vorausgesetzt werden (Hundsalz 1995). Insofern soll die Organisation von Anmeldung und ersten Beratungskontakten so erfolgen, dass potentielle Ratsuchende ermutigt werden, die Hilfestellungen der Beratungsstelle in Anspruch zu nehmen. Unter diese Zielsetzung fällt ein ganzes Bündel von Maßnahmen, die in ihrer Gesamtheit den Zugang von Bürgerinnen und Bürgern zur Beratungsstelle erleichtern sollen. Hierzu zählen vor allem:

- Bürgerfreundliche und transparente Öffnungszeiten, Terminangebote außerhalb üblicher Bürozeiten; Transparenz der Angebote in den Medien und in der Fachöffentlichkeit.
- Kurze Wartezeiten; Wartezeiten zwischen erfolgter Anmeldung in der Beratungsstelle und erstem Termin sollten vier Wochen nicht überschreiten (Hundsalz 1995; Menne 1998, S. 152).
- Krisenintervention; es sollte ausreichend Kapazität vorhanden sein, um in Krisensituationen und bei sich selbst anmeldenden Kindern und Jugendlichen sofort oder innerhalb weniger Tage ein erstes Gespräch zu ermöglichen (Lenz 1998; Menne 1998).
- Einfaches und bürgerfreundliches Anmeldeverfahren: Hierzu gehört auch, mit Dritten, wie Schule oder anderen Einrichtungen der Jugendhilfe, Wege zu vereinbaren, wie Ratsuchende, die von diesen an die Beratungsstelle vermittelt werden, unkompliziert einen Termin oder einen Ansprechpartner für ihr Anliegen bekommen können.
- Gebührenfreiheit.

Therapie mit pädagogischer Zielsetzung

Psychotherapeutische Weiterbildung gehört seit ihren Anfängen zum Standard methodischer Kompetenzen in der Erziehungs- und Familienberatung. Gleichwohl haben sich Änderungen ergeben, die zum einen den Schwerpunkt der Therapierichtungen und zum anderen die Ortsbestimmung der methodischen Konzeption selbst betreffen. Während die Anfänge der Erziehungs- und Familienberatung nach dem Zweiten Weltkrieg tiefenpsychologisch orientiert waren, überwiegt heute der familientherapeutisch-systemische Ansatz (Hundsalz 1991). Nach den aktuellen Auszählungen der Bundeskonferenz für Erziehungsberatung haben 1349 der insgesamt 2169 Vollzeitkräfte eine psychotherapeutische Weiterbildung in einem anerkannten Verfahren abgeschlossen. Davon entfallen 32,1% auf die Familientherapie, 20,6% auf die Gesprächspsychotherapie, 13,1% auf die Verhaltenstherapie und weitere 12,0% auf analytische Ausbildungen (Menne 1996).

Innerhalb der Erziehungsberatung gibt es dabei immer wieder eine Debatte um die Frage, wie »therapeutisch« der methodische Ansatz in der Arbeit mit den Rat suchenden Familien sein darf oder sein soll. Konkret geht es um die Standortbestimmung von Psychotherapie als Leistung nach dem Kinder- und Jugendhilfegesetz (SGB VIII) in Abgrenzung zu Beratung und in Abgrenzung zur heilkundlichen Psychotherapie als Leistung der Krankenversorgung (SGB V) (u. a. Cremer u. Brusten 1976; Feldmann-Bange u. Specht 1986; Hofer u. Papastefanou 1996; Hundsalz 1991; Hundsalz 1998; Kurz-Adam 1995; Schrödter 1992; Specht 1993). Dabei lassen sich gegenwärtig folgende Trends erkennen:

- Psychotherapie ist konstituierend für die Erziehungs- und Familienberatung. Sie ist als Leistung durch das KJHG (SGB VIII) legitimiert.
- Trotz methodischer und inhaltlicher Überschneidungen muss wegen unterschiedlicher gesetzlicher Grundlagen und unterschiedlicher Finanzierung Psychotherapie auf der Grundlage des SGB VIII unterschieden werden von Psychotherapie auf der Grundlage des SGB V.
- Psychotherapie ist in der Praxis der Erziehungs- und Familienberatung nicht von anderen Interventionsformen wie Beratung, Information oder Hilfestellungen in der Bewältigung von Alltagsproblemen der Familien zu unterscheiden (Feldmann-Bange u. Specht 1986). Die Methodik der Erziehungs- und Familienberatung ist als Ganzes »therapeutisch«.
- Die Formulierung »pädagogische und damit verbundene therapeutische Leistungen« im § 27 KJHG macht auf die notwendige Verknüpfung von pädagogischen und therapeutischen Ansätzen in der Praxis der Erziehungs- und Familienberatung aufmerksam.
- Für das therapeutische Handeln in der Erziehungs- und Familienberatung sind die allgemeinen Zielsetzungen des KJHG grundlegend.

Stimmen die Ergebnisse?

Erziehungs- und Familienberatung ist eine eher kurze Hilfe zur Erziehung. Die Dauer der 1993 im Bundesgebiet abgeschlossenen Beratungen und Therapien betrug durchschnittlich sechs Monate. Ein Großteil der Beratungen wird dabei bereits nach drei Monaten abgeschlossen (46,3%). Fast 64% der Beratungen sind nach einem halben Jahr abgeschlossen und 84,4% nach einem Jahr. Dementsprechend dauern circa 15% aller Beratungen/Therapien länger als ein Jahr (Menne 1996, S. 230).

Aus der Notwendigkeit heraus, die Kosten für die Erziehungsberatung transparent zu machen, hatte die Bundeskonferenz für Erziehungsberatung eine beispielhafte Kostenberechnung durchgeführt. Unter Zugrundelegung der Gesamtkosten einer fiktiven Beratungsstelle und der jährlich verfügbaren Arbeitszeit errechnete die BKE (1995) die Kosten für eine Kontakteinheit mit 231,24 DM (bezogen auf die alten Bundesländer). Dabei umfasst dieser Satz alle erbrachten Leistungen unabhängig von ihrer Systematik. Wenn wir diese Grundlage differenzieren und für präventive Tätigkeiten und Vernetzungsaktivitäten ein entsprechendes Stundenbudget ansetzen (nämlich 25%), dann muss allerdings der entsprechende Anteil von den Gesamtkosten in dieser Höhe abgezogen werden. Die Kosten für die einzelne Beratungsstunde sinken damit auf circa 175 DM (etwa 90 €). Bei angenommenen 10 Kontakten kostet demnach eine durchschnittliche Beratung circa 900 €.

Die Feststellung und Messung der Wirksamkeit von Erziehungs- und Familienberatung unterliegt nicht unerheblichen Schwierigkeiten. Auf der einen Seite liegt es nahe, sich an den Standards und Vorgehensweisen der Psychotherapieforschung zu orientieren. Andererseits gilt es, die Zielsetzungen des KJHG als gesetzliche Grundlage zu beachten. Das KJHG macht dabei durchaus einige hilfreiche Vorgaben, die zur Bestimmung der Wege zur Messung der Wirksamkeit von Erziehungsberatung von Bedeutung sind. Zum einen stellt das Gesetz die Person des Hilfesuchenden in den Mittelpunkt. Seine subjektive Bewertung, ob die Hilfe aus seiner Sicht erfolgreich war oder nicht, ist damit zentral. Gleichzeitig verlangt das Gesetz eine fachliche Bewertung, die im Zusammenwirken mehrerer Fachkräfte gegeben werden soll. Die Frage der Wirksamkeit von Erziehungsberatung als Leistung der Jugendhilfe stellt sich damit mindestens aus drei Perspektiven, die in sich weiter ausdifferenziert werden können und miteinander (zirkulär) in Beziehung gesetzt werden müssen:

- die Perspektive des Systems der Ratsuchenden (differenziert nach Kind- und Eltern beziehungsweise Mutter- und Vaterperspektive),
- die Perspektive des Systems der Beratungsstelle und ihre fachliche Bewertung,
- die Perspektive von Systemen außerhalb der Beratungsstelle, die entweder in den Beratungsprozess eingebunden sind oder von seinen Ergebnissen mitbetroffen sind.

In der Praxis der Erziehungsberatung gibt es bislang überwiegend Befragungen zur Zufriedenheit und Befragungen, ob die Ratsuchenden den Eindruck hatten, dass ihre Probleme, wegen denen sie sich angemeldet hatten, geklärt werden konnten. Entsprechende Untersuchungen stützen sich überwiegend auf Befragungen von relativ kleinen Populationen und ergeben folgendes Bild:

- Die Ratsuchenden sind mit den Ergebnissen der Beratungsgespräche überwiegend zufrieden bis sehr zufrieden.
- Die Störung hat sich zu großen Teilen gebessert bis deutlich gebessert.
- Die Ratsuchenden sind teilweise auch dann zufrieden, wenn sich die Störungen nicht gebessert hatten. Sie profitieren offensichtlich auf anderen Ebenen (etwa Einsichten, Kommunikationsstil und Familienklima) (vgl. zusammenfassend Hundsalz 1995).
- Kinder scheinen den Beratungserfolg zwar skeptischer einzuschätzen (Höfer u. Straus 1991; Lenz 2001), können aber durchaus von der erfolgten Unterstützung profitieren (Lenz 2001; Nitsch 1999).
- Einige Untersuchungen zur Zufriedenheit der Beraterinnen und Berater signalisieren eher eine größere Skepsis der Experten und deren Eindruck, dass nur Teilbereiche der Problematik in der Beratung gelöst worden sind. Sie sind damit ein

Hinweis auf deren kritische Einstellung und ein Beleg dafür, dass die Ergebnisse nicht im Sinne der Erwünschtheit zustande gekommen sind (z. B. Höfer u. Straus 1991).
– Kaisen (1996) zeigte die große Bedeutung von Vorerwartungen für den Beratungserfolg auf und damit die Notwendigkeit ihrer präzisen Abklärung.

Perspektiven

Folgende Entwicklungslinien und Anforderungen stellen sich nach meiner Einschätzung für die Erziehungsberatung der kommenden Jahre:

Die Angebotskonzepte für von Armut betroffene Kinder und deren Familien müssen weiter verbessert werden. In der neueren Armutsforschung wird erneut deutlich, dass von Armut und von anderen Benachteiligungen betroffene Familien von sich aus eher selten einen Beratungsdienst aufsuchen. Scham und mangelnde Information stehen der Aktivität im Weg (vgl. BMFSFJ 1998; Nitsch 2001). Insofern müssen Beratungsstellen auch bei ausgelasteten Kapazitäten nach Wegen suchen, noch gezielter Familien in sozial benachteiligten Wohngebieten zu erreichen und Kontakte mit solchen Diensten zu intensivieren, die mit diesen Familien in Verbindung stehen.

Für Migrantenkinder und deren Familien müssen gezielte Angebote entwickelt werden. Migrantenkinder sind gemessen an ihrer Population in der Gesamtbevölkerung in Erziehungsberatungsstellen deutlich unterrepräsentiert (Menne 1996). Aktuelle Studien unterstreichen die hohe Bedeutung der Förderung dieser Familien gerade auch für die Zukunft (Max-Planck-Institut für Bildungsforschung 2001). Hier sind die Teams und ihre Träger gefordert, Konzepte zu entwickeln und Ressourcen bereit zu stellen (muttersprachliche Mitarbeiter, Entwicklung von interkulturellen Beratungskonzepten, Vernetzung mit Einrichtungen, die verstärkt mit Migrantenfamilien zusammenarbeiten), um die offensichtlich hohe Schwelle vor der Inanspruchnahme von Beratung zu senken.

Mädchen müssen stärker in den Blickpunkt genommen werden. Die Statistiken der Erziehungsberatungsstellen weisen eine im Vergleich zu den Jungen geringere Inanspruchnahme von Mädchen aus (circa 40% Mädchen gegenüber 60% Jungen; Menne 1996, 2001). Beratungsstellen und ihre Träger sollten daher Konzepte einsetzen, die gezielt Mädchen ansprechen und geeignet sind, geschlechtsbezogene Aspekte und Unterschiede zu thematisieren.

Die Erziehungsberatung hat es mit neuen Kunden zu tun. Neben den Familien und ihren Kindern benötigen zunehmend mehr Mitarbeiterinnen und Mitarbeiter anderer Dienste die Unterstützung von Beratungsstellen. Der Vernetzung mit der Schule als zentralem Lebensraum für Kinder und Jugendliche und die Unterstützung dieser Einrichtung bei ihrem erzieherischen Auftrag und Bildungsauftrag kommt eine steigende Bedeutung zu. In diesem Zusammenhang spielt die Vernetzung mit und die Unterstützung von vorschulischen Einrichtungen ebenfalls eine zentrale Rolle.

»Neue Kunden« sind auch andere Dienstleister im Kontext der Jugendhilfe. Mit seinen unterschiedlichen und hoch qualifizierten Fachkompetenzen verfügt die Erziehungsberatung über Qualifikationen, die für die Aufgabenerfüllung anderer Dienste von großer Bedeutung sein können. Viele Beratungsstellen unterstützen bereits jetzt den Allgemeinen Sozialen Dienst und das Jugendamt bei der Hilfeplanung (z. B. Eggemann-Dann 1999). Diese Form der Unterstützung und Hilfeerbringung wird ebenfalls eine zunehmende Bedeutung erfahren.

Erziehungs- und Familienberatung ist weiterhin gefordert, auf zugespitzte Problemlagen zu reagieren (jugendliche Gewalttäter, hochstrittige Paare und Familien) und entsprechende Konzepte zu entwickeln. In diesem Kontext wird es auch verstärkt darauf ankommen, Beratung und Therapie unter Auflagen durchzuführen und vor Vertragsgestaltungen im Vieleck Jugendlicher, Eltern, Auflagengeber und Beratungsstelle nicht zurückzuschrecken und geeignete Konzepte zu entwickeln.

Die Frage der Weiterentwicklung und Umsetzung wird allerdings maßgeblich davon abhängig sein, inwieweit es der kommunalen Ebene als Finanzier von Erziehungs- und Familienberatung gelingt, die nötigen Ressourcen bereitzustellen.

Arist von Schlippe

Grundlagen systemischer Beratung

»In gewissem Grad sind wir wirklich das Wesen, das die anderen in uns hineinsehen, Freund wie Feinde. Und umgekehrt. Auch wir sind die Verfasser der anderen; wir sind auf eine heimliche und unentrinnbare Weise verantwortlich für das Gesicht, das sie uns zeigen.«
Max Frisch, Tagebücher

Der Gegenstandsbereich systemischer Beratung: Erlebniswelten von Menschen in ihren sozialen Bezügen

Als »systemisch« wird heute ein Ansatz bezeichnet, der sich seit Mitte des 20. Jahrhunderts zunächst als »Familientherapie« etablierte, dann aber zunehmend unabhängig vom Familien-Setting spezifische Konzepte und Methoden entwickelte. Heute findet man dieses Modell im Einzelsetting, als Paar- und Familientherapie (Ludewig 1992, 1999; v. Schlippe u. Schweitzer 1996; Schiepek 1999; Kriz 2001) oder als Gruppentherapie (Hesse et al. 2001), Entsprechendes gilt für systemische Beratung[1]. Der Ansatz lässt sich dabei mit folgenden Aspekten skizzieren:

Ein Problem wird als Geschehen gesehen, an dem viele ver-

1 Systemische Beratung orientiert sich am Modell der »Systemischen Therapie«. Die Abgrenzung zwischen Therapie und Beratung soll an dieser Stelle nicht vertieft werden. Die Grenzen sind fließend, so wie die Problemlagen der Rat suchenden Menschen ebenfalls zwischen klinischen und nichtklinischen Bereichen changieren.

schiedene miteinander interagierende Menschen beteiligt sind, nicht als ein Ding, das eine Person hat. Der Fokus verschiebt sich damit von der Frage: »Wer hat das Problem, seit wann und warum?« zu der Frage: »Wer ist als bedeutsames Mitglied des jeweiligen sozialen Kontextes zu sehen und wer beschreibt ›das Problem‹ wie?«

Eine besondere Rolle spielen dabei die Kommunikation und die von den verschiedenen Menschen erzählten Geschichten: Wirklichkeit wird als Ergebnis sozialer Konstruktion angesehen, nicht als etwas, das objektiv und ein für alle Mal Gültigkeit besitzt. Jede Beschreibung eines Gesprächspartners ist gleichermaßen bedeutsam.

Es wird versucht, sensibel für die Möglichkeiten zu sein, die in dem jeweiligen System liegen. So wird vordringlich nach Ressourcen gefragt, danach, was gut funktioniert (»Wann haben Sie das letzte Mal erlebt, dass es gut lief?«) und gefragt, ob sich in diesen Qualitäten Ansatzpunkte für Lösungen finden. Die Suche nach neuen Ideen und neuen Bildern hat Vorrang vor dem Gespräch über das, was nicht funktioniert.

Mit allen Beteiligten soll eine Kooperationsbeziehung entwickelt werden. Diese bezieht das Familiensystem, aber auch Außenstehende mit ein, etwa Lehrer, Kinderarzt, Jugendrichter, Behördenvertreter. Kernfrage ist: Wie können die Beteiligten ihre Möglichkeiten so zusammenbringen, dass ein gutes Ergebnis erzielt wird?

Eine besondere Herausforderung für die systemische Beratung ist es, für alle Beteiligten in diesem Kooperationsnetzwerk wertschätzende Beschreibungen zu finden, also auch hinter scheinbar destruktivem Verhalten nach dem potentiell konstruktiven Beitrag zu suchen. Lösungen haben nur dann Bestand, wenn alle gewinnen.

Was kann als Gegenstandsbereich systemischer Beratung verstanden werden? Man kann von der Erfahrungswelt einer Familie[2] als gemeinsamer Konstruktion sprechen, die auf einem »Familienparadigma« beruht (Reiss u. Olivieri 1983). Stierlin (1988)

2 Der Begriff »Familie« bezieht natürlich auch andere Formen sozialer Systeme mit ein.

nennt den Satz gemeinsam geteilter basaler Überzeugungen über die Welt »Familiencredo« und Schneewind (1991) schlägt den Begriff des »familienspezifischen internen Erfahrungsmodells« vor, in das das subjektive Wissen von der Familienrealität des jeweils Einzelnen einfließt. Gemeint ist dabei nicht, dass die Wirklichkeitserfahrungen der einzelnen Familienmitglieder homogen sind. Das Gegenteil trifft oft zu: Vielen Konflikten in Familien liegen ja scheinbar unvereinbare Gegensätze zugrunde. Die Perspektiven der Einzelnen sind jedoch eng aufeinander bezogen, ja manchmal sind sie so sehr ineinander verschlungen, dass man als Berater nur staunend die Geschwindigkeit beobachten kann, in der die Familienmitglieder aufeinander reagieren, sich anklagen, beschuldigen und verteidigen, Aussagen richtig stellen, die doch so einfach zu sein schienen und sich im Gestrüpp der wechselseitigen Beschreibungen ihrer Wirklichkeiten oft heillos verirren (v. Schlippe 2001). In Familien mit Symptomträgern zeigt sich dabei häufig, dass diese Beschreibungen nicht mehr angemessen rückgekoppelt werden, sondern dass die Erwartungen einer Person darüber, wie die andere ist, erstarren. Im Lauf der gemeinsamen Geschichte wurde eine Wirklichkeit erzeugt, die leidvoll und quälend erlebt wird. Der kommunikative Austausch der Familienmitglieder ist in Form starrer Muster ineinander verwoben – und genau diese Muster sind der Gegenstandsbereich systemischer Beratung. Die Interaktionspartner benutzen einander nur noch, um sich gegenseitig ihre Weltbilder zu bestätigen, die Neugier aufeinander geht verloren: »Sehen Sie's? Das war mal wieder typisch!« Das sich in jeder Familie im Lauf der Zeit einschleichende »längst Bekannte« ist hier ins Extrem gesteigert: Reagiert wird nicht mehr auf das, was geäußert wurde, sondern auf das, was *erwartet* wird (Kriz 1999). Simon und Rech-Simon (1999) sprechen in diesem Zusammenhang von der »Bestätigungslogik des Nichts-Neues-Syndroms«: »Was immer ein Familienmitglied auch tun mag, es ist immer schon klar, was das zu bedeuten hat … Jedes Familienmitglied nimmt nur bestimmte Verhaltensweisen der anderen wahr, es hat seine festgelegten Bewertungskriterien, urteilt dementsprechend und wendet die bereits früher erprobten Erklärungsschemata an« (S. 219).

Der Begriff »Beschreibung« und der Bezug auf Sprache könnte

nahe legen, es ginge nur um kognitive, verstandesmäßige Prozesse. Doch Sprache tritt nicht abstrakt, sondern immer in Form von *Geschichten* auf (dies wird besonders vom »sozialen Konstruktionismus« thematisiert, z. B. Gergen 1996, s. a. Deissler 1997). Menschliches Leben findet nicht abstrakt in Sprache, sondern *in einer Welt von gemeinsam geteilten und mit-geteilten Bedeutungen* statt, das heißt in ständiger Konversation, im Gespräch und im Erzählen von Geschichten, durch das wir unsere Wirklichkeit stabil halten und uns unsere Identitäten wechselseitig bestätigen – und das Erzählen der Geschichte braucht den Zuhörer: »Ich glaube, wer Geschichten erzählt, muss immer jemanden haben, dem er sie erzählt, nur dann kann er sie auch sich selbst erzählen« (Eco 2001, S. 241).

Aus verschiedenen Blickwinkeln und mit verschiedenen Methoden geht es immer wieder um die Frage, wie es möglich wird, sich in ein solches Geflecht von sich gegenseitig stabilisierenden Geschichten »einzufädeln«, ein Geflecht, das die Einzelnen nicht mehr flexibel trägt, sondern das im Lauf der Zeit zu einem Gefängnis geworden ist, zu einem »Problem«: Es passiert »immer dasselbe«, der andere (Kind, Lehrer, der Partner oder wer auch immer) »ist so« und nicht anders. »Menschen sind unverbesserliche und geschickte GeschichtenerzählerInnen – und sie haben die Angewohnheit, zu den Geschichten zu werden, die sie erzählen. Durch die Wiederholung verfestigen sich die Geschichten zu Wirklichkeiten, und manchmal halten sie die GeschichtenerzählerInnen innerhalb der Grenzen gefangen, die sie selbst erzeugen halfen« (Efran et al. 1992, S. 115).

»Was denke ich, was du von mir erwartest?«

Menschen entwickeln im Verlauf ihres Lebens mit anderen nicht nur ein Bild von sich selbst und eine Beziehung zum anderen, sondern auch Bilder davon, wie sie von anderen gesehen werden. Sie bilden nicht nur eigene Erwartungen an andere aus, sondern auch Erwartungen darüber, was andere von ihnen erwarten.

In einer klassischen Untersuchung befragten Laing et al. (1971) zwölf klinische und zehn unauffällige Ehepaare. Der zirkuläre Aufbau der Befragung war für die Zeit damals revolutionär: Jeder Partner wurde allein befragt, aber nicht nur darüber, was er oder sie von der Partnerschaft halte, sondern auch dazu, was er denke, wie sein jeweiliger Partner/seine Partnerin wohl diese Fragen beantworten würde.

Die Ergebnisse der komplexen qualitativen Analyse zeigten – hier in aller Kürze skizziert –, dass die Störung eines Paars nicht unbedingt bei der direkten Befragung erkennbar wurde. Beispielsweise bejahte ein Mann, allein befragt, die Frage, ob er seine Frau liebe; die Frau ebenfalls. Störungen zeigten sich auf einer anderen Ebene, nämlich, was die Partner jeweils *vermuteten*, was der andere wohl antworten würde. Wenn also der Mann befragt wurde, ob er denke, dass seine Frau ihn liebe, dann begann er zu zögern: Er sei sich nicht sicher; Ähnliches antwortete die Frau. Eine Stufe weiter gefragt: ob *er* denke, dass *sie* sich *von ihm* geliebt fühle (und vice versa), war die Antwort oft eindeutig negativ. Störung zeigte sich also auf der Ebene der »Metaperspektive«: Was der eine vermutet, was der andere über ihn/sie denkt, und was der andere vermutet, was der eine von ihm/ihr denkt (aus: v. Schlippe 2001).

In der Systemtheorie Luhmanns (1984) findet sich in diesem Zusammenhang der Begriff der »Erwartungs-Erwartungen«: Eine Person bildet Erwartungen darüber aus, welche Erwartungen von anderen an sie gestellt werde. In einer Familie greifen diese Erwartungs-Erwartungen ineinander und bilden Muster, die wir (in heutiger Terminologie) als *selbstorganisiert* bezeichnen: Sie sind entstanden, weil sie entstanden sind, und sie halten sich aufrecht, weil sie sich aufrechterhalten, ohne dass es sinnvoll wäre, bestimmte Ursachenkonstellationen dafür zu untersuchen. Dies ist eine ganz andere Beschreibung, als etwa soziale Situationen lerntheoretisch im Sinne wechselseitiger Verstärkung der einzelnen Familienmitglieder untereinander zu verstehen: »Erwartungs-Erwartungen veranlassen alle Teilnehmer, sich wechselseitig zeitübergreifende … Orientierungen zu unterstellen. Damit wird verhindert, daß soziale Systeme in der Art bloßer Reaktionsketten gebildet werden, in denen ein Ereignis mehr oder minder voraussehbar das nächste nach sich zieht … Die Reflexivität des Erwartens ermöglicht dagegen ein Korrigieren (und auch ein Kämpfen um Korrekturen) auf der Ebene des Erwartens selbst« (Luhmann 1984, S. 414).

Von Personen, die in Paarbeziehungen oder Familien leben, vor allem in klinisch auffälligen, verstrickten Systemen, wird viel Zeit darauf verwandt, über die Beziehungen nachzudenken, nachzugrübeln. Man fragt sich, ob man geschätzt, geachtet, geliebt wird, oder man geht sogar ganz sicher davon aus, dass dies nicht so ist: »Die Mitglieder einer Familie reagieren … nicht auf die Gefühle und Gedanken des jeweils anderen, sondern darauf, was sie denken und fühlen, das der andere denkt und fühlt« (Simon u. Rech-Simon 1999, S. 32). Als selbsterfüllende Prophezeiung erzeugt das entsprechende Verhalten des einen beim anderen die Anspannung, die nötig ist, um die negativen Erwartungs-Erwartungen des einen zu bestätigen. Man könnte dies die »Selbstorganisation zwischenmenschlichen Unglücks« nennen. In den Erwartungs-Erwartungen fließen die Erfahrungen aus den Herkunftsfamilien, die Erfahrungen miteinander, die gesellschaftlich vorgegebenen Bilder zusammen und erzeugen die Art von Teufelskreisen, die wir gewöhnlich in der Familientherapie zu sehen bekommen.

Der Beginn der Beratung: zwei Fundamente

Vor aller Veränderungsarbeit stehen zwei wesentliche Aufgaben systemischer Beratung, die im Folgenden getrennt skizziert werden sollen, auch wenn beide Seiten nicht wirklich zu trennen sind.

Prozesssteuerung und »Prozess-bei-steuerung«

In der klassischen Familientherapie wurde mit dem Begriff »Joining« die Notwendigkeit beschrieben, dass der Berater sich an die Rat suchende Familie »ankoppelte«, beispielsweise durch einen unbelasteten Kontakt zu jedem Familienmitglied.

Ich erinnere mich an Familie M., die zum Erstgespräch in der Kinderpsychiatrie erschien. Schnell kamen wir auf das Hobby des elfjährigen Sohnes (des Indexpatienten) zu sprechen: Fußball. Da ich davon keine

Ahnung hatte, konnte er mich aus der Position des Wissenden über Fußballregeln und über seine Lieblingsmannschaft informieren. Das Thema war darüber hinaus auch ein guter Punkt, die Familie als Ganzes zu joinen, denn alle waren fußballbegeistert, an vielen Wochenenden im Jahr machten sich alle auf, den Sohn zu einem Match zu begleiten, wurde ein großer Picknickkorb gepackt und der ganze Sonntag gemeinsam am Fußballfeld verbracht. So ließen sich alle schnell »gewinnen«, ein entspannter Kontakt war hergestellt. Später ließen sich viele Aspekte des Familiengesprächs mit der Metaphorik des Fußballs kommentieren (»Da hat die Mama dir die gelbe Karte gezeigt«, »Herr M., das würde ein Schiedsrichter jetzt wohl ein Foul nennen – oder wäre der Begriff hier verfehlt?«).

Heute wird zwar auch noch von Joining gesprochen, doch könnte der Begriff die Vorstellung nahe legen, dass es nur um Small Talk zu Beratungsbeginn gehe. Die eigentliche Aufgabe liegt jedoch durchgängig im Beratungsverlauf in der Prozesssteuerung. Da dies das Bild nahe legen könnte, dass da jemand »das Steuer in der Hand« hat, sollte man besser vom »*Bei*-steuern« sprechen (Loth 1998). Was bedeutet das konkret? Während die Inhalte der Gespräche und der Auftrag natürlich in der Hand der Betroffenen liegen, sorgt der Berater dafür, dass im Gespräch ein Rahmen angeboten wird, der eine bestmögliche und konstruktive Bearbeitung dieser Inhalte erlaubt. Die Vorstellung einer direkten, systematischen und gezielten Beeinflussung eines anderen Menschen verträgt sich nicht mit dem systemischen Ansatz – umso bedeutsamer ist es, einen Rahmen bereitzustellen, in dem konstruktive selbstorganisatorische Prozesse entstehen können.

Vielleicht kann man sagen, dass ein systemisches Vorgehen eher dem Jazz vergleichbar ist als der klassischen Musik: Es gibt einen Rahmen, der die Möglichkeiten begrenzt, doch gibt es keine »richtigen« Töne, es geht nicht darum, sich einem verpflichtenden Klangbild anzupassen (Gierse 1997). Die Kunst liegt eher darin, die Spannung zwischen Arrangement und Improvisation zu nutzen und darin ein kreatives Feld zu schaffen. Dazu ist es gut zu wissen, welche Töne nicht passen – doch sogar diese können verwendet werden, wenn sie als Ausgangspunkt einer neuen Klangfolge genommen werden. In anderen (sollte man sagen: klassischen?) Ansätzen von Therapie und Beratung geht es so gesehen viel mehr darum, den richtigen Ton zu treffen und vielleicht macht das den Dialog der Schulen untereinander so schwierig. Der in diesem Abschnitt angesprochene Rahmen wäre in dem Bild dann das Akkordschema, das zu dem Stück gehört und der Rhythmus, der es strukturiert. Die Beratung selbst erfolgt dann im »freien Spiel« der Fragen und Hypothesen.

Dieser Rahmen lässt sich als Spannungsbogen zweier ganz unterschiedlicher Funktionen der Prozess(bei-)steuerung beschreiben (s. a. Abb. 1):

1. Metastabilität: Vermittlung von Sicherheit
   Hier geht es um die »affektive Rahmung« der Gesprächssituation (Welter-Enderlin u. Hildenbrand 1996, 1998; Levold 1997). Durch alle Kanäle, nicht nur durch die Sprache, soll signalisiert werden, dass der Berater »beim Anderen« ist. So wird der Gesprächspartner einer stabilen emotionalen Basis versichert. Die Stabilität der Beziehung (Metastabilität) ermöglicht es dem Gegenüber, sich auf die Instabilität der Auseinandersetzung mit schmerzhaften und negativen Gefühlen zu stellen.
2. Erzeugung von Instabilität
   Auf der sicheren Basis der therapeutischen Beziehung geht es darum, eine Qualität von Spannung aufrechtzuerhalten, die es möglich macht, dass die Familie sich tatsächlich an die kritischen Punkte in ihren Auseinandersetzungen heranwagt. Ein gutes Beratungsgespräch braucht sowohl Neugier und Interesse als auch Aufregung und Mut. Der amerikanische Gestalt-Familientherapeut Walter Kempler sagte einmal, Veränderung werde »im Feuer der Affekte« geschmiedet. Veränderungsrelevante Auseinandersetzungen sind alles andere als ruhig und sachlich geführte Gespräche, denn es geht um affektiv hoch geladene Inhalte – umso wichtiger ist dabei das Bewusstsein, durch das Fundament des sicheren Rahmens getragen zu sein.

Das skizzierte Spannungsfeld kann übrigens gut als Diagnostikum in der Supervision gesehen werden: Eine Beratung braucht von beiden Aspekten beides. Nichts ist langweiliger als eine Beratung, in der immer wieder die Sicherheit betont wird (»Sie brauchen jetzt nicht zu antworten, wenn Ihnen das zu schwer fällt«, »Fühlen Sie sich auch ganz wohl?«), und nichts wäre gefährlicher

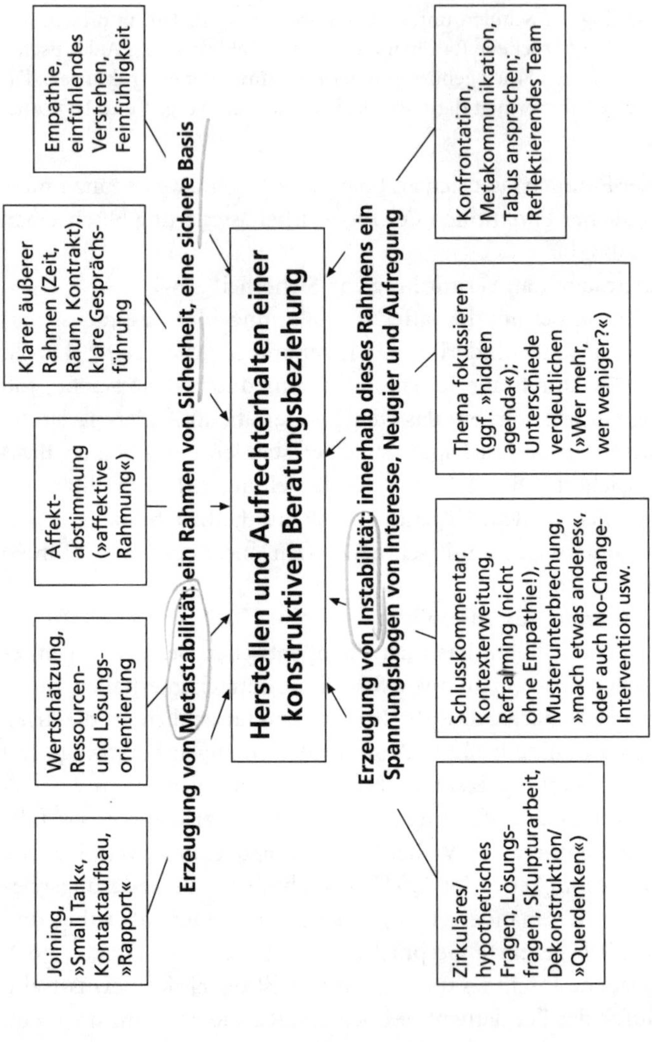

Abb. 1: Prozesssteuerung in der systemischen Therapie

als die Konfrontation mit schmerzhaften Inhalten ohne affektive sichere Basis. Die Erzeugung von Instabilität ohne tragende Beziehung ist ethisch nicht vertretbar.

Auftragsorientierung – Kundenorientierung

Zum Fundament der Beratung gehört es, sehr genau und sensibel zu sein für das Auftragsgeflecht, in das man sich hineinbegibt (v. Schlippe u. Schweitzer 1996, S. 148ff.). Eine besondere Rolle spielt dabei die Frage, welche Auftraggeber sozusagen verdeckt mit im Raum sitzen, also ein Interesse an dem Verlauf der Beratung haben (vgl. Selvini Palazzoli et al. 1983). Wenn deren Erwartungen geklärt werden, gegebenenfalls durch ein gemeinsames Treffen, kann man sich viel Arbeit und Enttäuschung ersparen.

- Wer hatte ein besonderes Interesse daran, dass dieses Gespräch zustande kam? Was müssten wir tun, um ihn/sie zu enttäuschen/zufrieden zu stellen?
- Wer hat uns empfohlen, vielleicht Sie sogar hierher geschickt, zugewiesen? Was könnte es sein, was er/sie von uns erwartet?
- Wer hat ein größeres Interesse an diesem Gespräch: Sie oder der Auftraggeber?

Der Berater steht in gewisser Weise in der Mitte eines »Auftragskarussells« (v. Schlippe 1996; v. Schlippe u. Kriz 1996), zu dem übrigens auch »innere Auftraggeber« gehören können (s. Abb. 2)

In der Auftragsklärung ist es sinnvoll, zwischen Anlass, Anliegen, Auftrag und Kontrakt zu unterscheiden (s. Tab. 1). Loth 1998 beschreibt die Unterschiede sehr anschaulich: Nicht jeder Anlass ist gleich Grund für einen Auftrag. So sollte der Berater nicht gleich mit der Klingelhose winken, wenn der Beratungsanlass das Bettnässen des 8-jährigen Sohnes ist. Vielleicht ist das Bettnässen selbst für die Mutter gar nicht so problematisch und es ist eher ihr Anliegen, dass das Kind die Bettwäsche allein in die Waschmaschine steckt. Doch auch darin muss noch kein Auftrag stecken. Vielmehr kann die Frage danach, was die Beraterin denn dabei tun könne, dazu führen, dass die Mutter sich von ihr wünscht, dass sie sich mit ihrem Mann auf eine klare gemeinsame pädagogische Linie dem Kleinen gegenüber einigen könne – so könnte man (idealtypisch skizziert) statt bei der Klingelhose am Schluss bei einem paartherapeutischen Kontrakt ankommen.

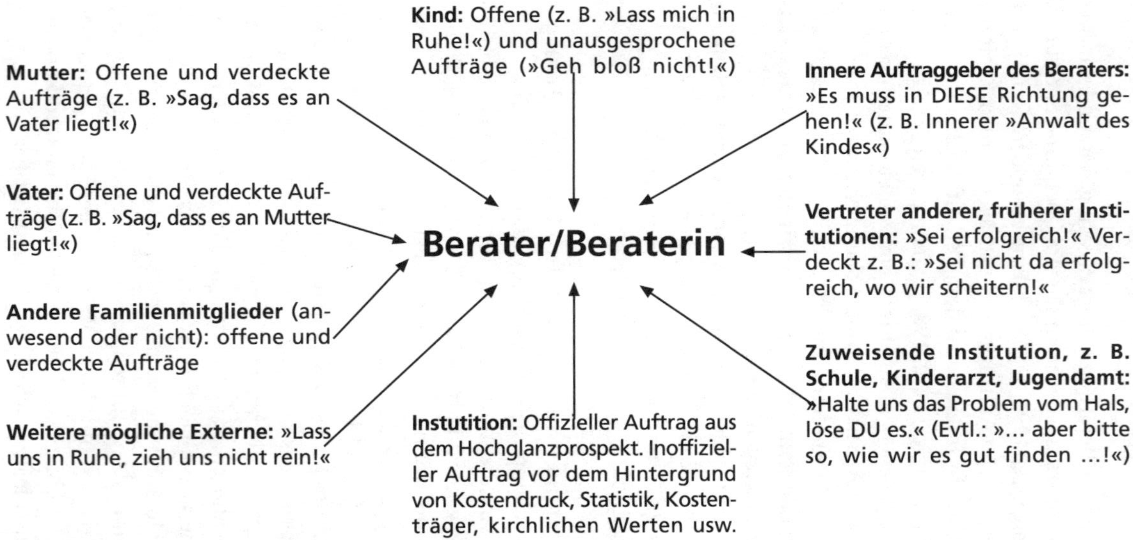

Abb. 2: Die Position des Beraters im Geflecht der Aufträge

Tab. 1: Vom Anlass über das Anliegen zum Contracting. Ein Leitfaden für das systemische Erstgespräch

1. Anlass: »Was führt Sie her?«
- Was führt Sie her, gab es einen Auslöser?
- Warum gerade jetzt?

2. Anliegen: »Was möchten Sie hier?«
- Problemdefinition (u. U. auch von Nicht-Anwesenden zirkulär erfragen), bei vielen Problemen – Prioritäten: Welches ist das wichtigste für Sie, für Sie, für dich?
- Problemerklärung: Was vermuten Sie, woran es liegt?
- Katastrophenphantasien: Was ist Ihre schlimmste Befürchtung?
- Lösungsversuche: Was haben Sie bisher versucht?
- Lösungsideen: Was sollte hier passieren?

3. Auftrag: »Was wollen Sie dabei von mir?«
- Was soll heute hier geschehen?
- Was soll am Ende der Therapie geschehen sein, dass Sie sagen: es hat sich gelohnt?
- Was genau wollen Sie dabei von mir?
- Wer sonst aus dem Problemsystem (anwesend oder nicht anwesend) möchte etwas von mir – und was genau? Möchten Sie das auch? Wie gehen wir mit einer eventuellen Diskrepanz um?

4. Kontrakt: »Was biete ich an?«
- Das habe ich verstanden (zusammenfassen).
- Wertschätzung von jedem Problemsystemmitglied: Jeder hat ein gutes Motiv.
- Abgrenzung: Das können wir hier in der Institution/kann ich mit meinen Mitteln leisten, das – zumindest in dieser Form – nicht, aber:
- Angebot: Das kann ich Ihnen anbieten:
  - verstehen, was das Problem bedeutet,
  - mit Ihnen gemeinsam nach Lösungen suchen,
  - Sie dabei fachlich und persönlich unterstützen,
  - Kooperationsbeziehung: Dazu brauche ich Ihre Ideen und Ihre Hilfe.
- Ankündigen von verschiedenen Stadien, auch von möglichen

Turbulenzen, Wertschätzung für Nichtänderung – z. B. bis zum nächsten Mal.
- Äußerer Rahmen (wie vorläufige Sitzungsanzahl, Ort, Geld).

5. *(Zwischen-)Bilanz: »Wo stehen wir jetzt?«*
- War es bisher ein guter Weg? Sind Sie/bist du zufrieden?
- Bin ich zufrieden?
- Neue Ideen, Wünsche, modifizierter Kontrakt.

Systemische Methoden: Zugänge zu Wirklichkeitsbeschreibungen suchen und finden

Wenn das Fundament gelegt ist, ist man oft schon mitten in der Beratungsarbeit. Denn die hier im Folgenden beschriebenen Methoden sind Werkzeuge, mit denen auch schon von Anfang an gearbeitet wird. Sie stehen nur aus didaktischen Gründen an dieser Stelle. Wie in den ersten beiden Abschnitten skizziert, besteht der »Klebstoff sozialer Systeme« aus den Bildern, Gedanken und Gefühlen, die die einzelnen Familienmitglieder von den Bildern, Gedanken und Gefühlen ihrer Mit-Familienmitglieder haben. Praktisch alle systemischen Methoden zielen darauf ab, Zugang zu diesen Beschreibungen zu finden, mit denen Menschen sich (gemeinsam) unglücklich machen, und sie sind dabei gleichzeitig dynamisch: Information wird nicht nur abgefragt, sondern gleichzeitig neu erzeugt. *Zugang heißt also immer auch Intervention*: In dem Moment, wo eine Beraterin im Beisein Dritter ein Systemmitglied befragt, erhält nicht nur sie eine Information darüber, wie dieses die Familie sieht, sondern es erfahren dadurch gleichzeitig auch die anderen am Gespräch Beteiligten neue Informationen über die Sichtweisen ihrer Angehörigen, die das Gefüge ihrer Erwartungs-Erwartungen verändern können.

So ist es ein Unterschied, ob in einer Beratung der Vater gefragt wird, was er an seiner Tochter besonders schätzt, oder ob die Tochter gefragt wird, was sie meint, wie ihr Vater diese Frage beantworten würde, oder ob die Mutter sagen soll, wie nach ihrer Einschätzung ihr Mann antworten würde. In den unterschiedlichen Antworten bekommen die Familienmitglieder auf sehr verschiedenen Ebenen Rückmeldung darüber, wie sie von den anderen wahrgenommen werden.

Im Folgenden sollen drei methodische Wege[3] des Zugangs zu Systemen näher beschrieben werden, wie sie in der systemischen Therapie entwickelt worden sind:

- zirkuläre Fragen,
- Familienskulpturen,
- Reflektierendes Team.

Hier muss auf eine detaillierte Beschreibung weiterer systemischer Methoden verzichtet werden, wie Genogrammarbeit, Externalisierung, Reframing, Schlusskommentare, Rituale (s. v. Schlippe u. Schweitzer 1996).

Generell gilt, dass es nicht die Methode ist, durch die ein Beratungsprozess angemessen beschreibbar ist. Die Methode ist kein Allheilmittel, eine zirkuläre Frage allein löst keine Probleme. Vielmehr sind die Methoden Hilfsmittel zur Gestaltung von Gesprächen, in denen Menschen gemeinsam, kreativ und partnerschaftlich versuchen, auf neue Weise über das zu sprechen, was sie bewegt, beschäftigt und schmerzt.

Zirkuläres Fragen

Zirkuläres Fragen als Zugang zu Erwartungs-Erwartungen

Wenn, wie oben beschrieben, die jeweiligen Erwartungs-Erwartungen der Systemmitglieder entscheidenden Anteil an der Selbstorganisation ihres Leidens haben, dann ist es wichtig, diese im Lauf des therapeutischen Prozesses zu erreichen und zu verän-

3 Alle drei Zugangswege sind bereits verschiedentlich ausführlich beschrieben worden, z. B. zum zirkulären Fragen: Selvini Palazzoli et al. 1981; Tomm 1994; Simon u. Rech-Simon 1999; zu Skulpturen: Schweitzer u. Weber 1982; zu zirkulären Fragen und Skulpturen gemeinsam: v. Schlippe u. Kriz 1993; zum Reflektierenden Team: Andersen 1990; Hargens u. v. Schlippe 1998. Daher sollen sie an dieser Stelle nur noch einmal komprimiert skizziert werden. Für eine ausführlichere Einführung in die Methoden sei auf die erwähnte Literatur verwiesen.

dern. Hierzu ist es interessant, alles, was eine Person tut, wie sie sich verhält, ja auch, was sie über ihre Gefühle berichtet, als *Kommunikation* anzusehen, mit der eine Person sich zu der anderen entsprechend ihrer Erwartungs-Erwartungen in Beziehung setzt. Mit dem zirkulären Fragen wird dann sozusagen um die Ecke gefragt:

- Ein Dritter wird um Auskunft gebeten über die kommunikative Wirkung eines Verhaltens des einen auf den anderen: »Was, denken Sie, geht in Ihrer Tochter vor, wenn sie sieht, dass Ihr Mann weint?«
- Ein Familienmitglied wird nach Verhaltenssequenzen in der Familie gefragt: »Wenn Michael seine Hausaufgaben nicht gemacht hat, was macht dann die Mutter?« – »Und wenn sie es abends dann dem Vater erzählt hat: Was macht er dann? – Und wie reagiert dann die Mutter?«
- Ein Familienmitglied wird gebeten, Rangfolgen zu bestimmten Familienthemen zu erstellen: »Wer hatte das größte/geringste Interesse, hierher zu kommen, und warum wohl?« – »Für wen in der Familie wäre es am schwierigsten, wenn Michaela sich entscheiden würde, auszuziehen/einen Freund zu haben/noch 10 Jahre zu Hause zu leben?«
- Ein Familienmitglied wird aufgefordert, ganz allgemein Unterschiede in die familiären Beschreibungen einzuführen: »Wenn die Verantwortung für die Drogenabhängigkeit Ihres Sohns hundert Prozent wäre, was würden Sie sagen, wer hat wie viel Prozent? – Und was denken Sie, wie Ihr Sohn diese Aufteilung vornehmen würde?«

Die Information aus diesen Fragen ergibt ein Bild über die verschiedenen Perspektiven, die die Einzelnen auf das Geschehen haben, und jedes Mitglied erhält so auf einem komplexen Niveau eine Rückmeldung über die Struktur seiner Erwartungs-Erwartungen: »Wie sehen Sie als Vater die Beziehung zwischen Mutter und Tochter? Was denken Sie, wie Ihr Sohn sie beschreiben würde? Und wenn die Großmutter jetzt hier wäre, was würde sie dazu sagen?« Ob die Beziehung zwischen Mutter und Tochter wirklich so ist (wie immer das festzustellen sei), wie vom Vater beschrieben, ob der Sohn sie tatsächlich so sieht, wie der Vater vermutet, ist sekundär. Wichtig ist, dass sich das Bild, das die Genannten von dem Bild des Vaters über sie und ihre Beziehung haben, erweitert und verändert.

Zirkuläres Fragen als Zugang zu Wirklichkeitsbeschreibungen
Mit jeder zirkulären Frage wird vom Therapeuten ein Angebot darüber gemacht, wie die Wirklichkeit gesehen werden könnte. Auch unter dieser Perspektive zeigt sich, dass zirkuläre Fragen kein Instrument der Informationserhebung allein sind, sondern bereits Interventionen darstellen. Zur Erläuterung ein vereinfachtes idealtypisches Beispiel (nach v. Schlippe et al. 1998, S. 71):

Eine Mutter kommt mit ihrem Kind zur Therapie und legt ihre Wirklichkeitssicht dar: »Mein Junge ist böse!« Bereits mit der Frage: »Was tut Ihr Sohn, was Sie böse nennen?« wird eine neue Beschreibung angeboten. Es ist ein Verhalten, und zwar ein »von jemandem benanntes Verhalten« statt einer Eigenschaft, und es taucht eventuell nur zu bestimmten Zeiten auf: »Wann zeigt Ihr Junge dieses Verhalten?« In ihrer Antwort könnte die Mutter dieses Angebot leicht zurückweisen: »Mein Sohn benimmt sich ständig so!« – von der Eigenschaftsbeschreibung ist sie dann jedoch bereits abgerückt. Sie könnte aber auch sagen: »Er ist ständig böse!« und damit alle Angebote verwerfen. Weiter wäre es möglich zu fragen: »War das eher vor oder nach dem Tod der Großmutter, dass Ihr Sohn entschieden hat, sich öfter ›böse‹ zu verhalten?« (Angebot: »Böse« ist eine Form von Entscheidung des Sohns – für die gibt es Gründe und Hintergründe – und diese Entscheidung steht mit Beziehungen im Zusammenhang, und in diesen Beziehungen gibt es Differenzierungen). Auch kann man den weiteren Kontext des als problematisch bezeichneten Verhaltens erheben: »Wer in der Familie regt sich darüber am meisten/am wenigsten auf?«; »Angenommen, Ihr Sohn würde sich entscheiden, sich weniger ›böse‹ zu zeigen, würden Sie und Ihr Mann dann weniger oder mehr streiten?« (Angebot: »Böse« ist nicht nur eine Entscheidung, sondern auch veränderbar; und es steht vielleicht mit dem Kontext im Zusammenhang); »Wenn ich Sie bitten würde, zum Beispiel jetzt Ihren Sohn dazu zu bringen, dass er sich ›böse‹ verhält, wüssten Sie, wie Sie das machen könnten?« (Angebot: Es gibt für »böse« bestimmte Kontextbedingungen, und diese liegen zumindest teilweise auch in Mutters Hand).

In jedem Fall können die in den Fragen implizit enthaltenen Angebote von der Mutter leicht und ohne Gesichtsverlust abgelehnt werden (anders als etwa eine Deutung oder Interpretation). Es ist ein wichtiger

Bestandteil des Therapieprozesses, kreativ so lange zu suchen, bis ein Angebot gefunden wurde, das als sinnvolle Änderung in die Landkarte der Familie integriert werden kann. Die Leichtigkeit, mit der die Mutter die Implikationen ablehnen kann, schützt vor Blockierung durch zu starke Widerstände. Sie muss nicht widersprechen. Sie gibt lediglich eine Antwort auf eine Frage. So entsteht ein lebendiges Bild, in dem mit spielerischer Leichtigkeit im Prinzip von Versuch und Irrtum nach neuen Beschreibungen gesucht werden kann.

Eine wichtige Funktion zirkulärer Fragen liegt also darin, die Wirklichkeitsbeschreibungen in der Familie zu erweitern. In jeder Frage sind oft mehrere Implikationen darüber versteckt, wie die Wirklichkeit anders gesehen werden könnte. Sie stellen damit ein wesentliches Element der Infragestellung der gewohnten Beschreibungen in einem System dar. So lassen sich etwa erstarrte Krankheitskonzepte durch Fragen in Bewegung bringen:

- »Wann hat sich Ihre Tochter entschieden, nicht mehr zu essen?«
- »Heißt das, wenn sie sich eine Psychose leistet, dann braucht sie nicht so gewissenhaft zu sein? Kann man das so sagen? Psychose ist ein Stück Urlaub vom Gewissen?« (Simon u. Rech-Simon 1999, S. 137).
- »Gesetzt den Fall, Sie hätten sich damals entschieden, von zu Hause auszuziehen anstatt depressiv zu werden, wären Sie dann heute eher verheiratet oder eher ein Single?«

Eine besondere Variante des zirkulären Fragens in diesem Zusammenhang ist das Arbeiten mit hypothetischen Wirklichkeiten. Wenn Störungen als Ergebnis von Beschreibungen der Welt angesehen werden, dann hat das Umgehen mit hypothetischen Beschreibungen einen unmittelbar therapeutischen Effekt. Es vergrößert den Raum der Möglichkeiten, ohne gleichzeitig bereits eine Veränderungsrichtung vorzugeben.

- »Gesetzt den Fall, es gäbe keine Therapeuten auf der Welt – was würden Sie dann tun?«
- »Wenn Ihre Frau sich entscheiden würde, sich einen Liebhaber zuzulegen und dafür aber nicht mehr zum Analytiker zu gehen – würde Sie das mehr oder weniger belasten?«
- »Nehmen wir einmal an, Ihre Frau würde nicht mehr denken,

dass Sie und ihr Vater Schuld an ihrer Depression haben. Was hätte das für Folgen für Ihre Ehe, woran würden Sie das merken?«

Auch zukünftige oder gar irreale Szenarien lassen sich entwickeln:
- »Angenommen, Ihr Sohn entscheidet sich auszuziehen – wie würde sich das auf Ihr Leben auswirken?«
- »Gesetzt den Fall, Sie wären statt als Mädchen als Junge geboren worden – wäre das Verhältnis zu Ihrem Vater dann anders?«

Viele Elemente aus der lösungsorientierten Therapie (de Shazer 1988) werden auch in der systemischen Arbeit genutzt, etwa die »Wunderfrage«. Es lassen sich komplexe Szenarien ausmalen, wie ein Leben ohne das beklagte Problem aussähe:
- »Nehmen wir an, heute Nacht verschwindet die Krankheit/die Angst/das Problem. Vielleicht weil es dagegen ein neues Mittel gibt oder einfach durch ein Wunder. Wer würde es am ersten merken, dass sie nicht mehr da ist, und woran?«

Eine interessante Möglichkeit der Fragegestaltung liegt in der hypothetischen Umkehr von erlebten Kausalitäten und Motivationen:
- »Einfach mal angenommen, Sie hätten gar keine Lust zu trinken, aber Sie wollten aus irgendeinem Grund unbedingt dafür sorgen, dass sie darauf Lust bekommen. Was müssten Sie tun, was müsste vielleicht Ihre Frau, Ihr Sohn, Ihre Mutter tun, damit Sie Lust darauf bekommen? Also: Wie könnten Sie dafür sorgen, dass Sie wieder trinken?«

Die sich aus dieser Art von Fragen (und vor allem aus den daraus entstehenden Gesprächen) entfaltenden Vorstellungen dienen dazu, die in der Familie vorherrschenden Beschreibungen und narrativen Traditionen zu erweitern, zu verstören und zu verändern.

Skulpturarbeit

In der ursprünglichen Form der Familienskulptur wird ein Familienmitglied aufgefordert, die Familie in Haltung und Position so aufzustellen, wie er oder sie sie erlebt (»Stellen Sie sich vor, Sie wären ein Künstler, der die Aufgabe hätte, eine Skulptur von Ihrer Familie in Ihrem Garten aufzubauen!«). In Supervisionen, in Selbsterfahrung oder Ausbildung werden Skulpturen auch zur Hypothesenbildung über das familiäre Geschehen eingesetzt (dann übernehmen Gruppenteilnehmer die Rolle der Familienmitglieder). Die mit der Skulptur geschaffenen symbolischen Repräsentationen der Familienbeziehungen werden im Allgemeinen ohne Rückgriff auf Sprache verstanden. Gleichzeitig wird es möglich, familiäre Abläufe in ihrer Gleichzeitigkeit und gegenseitigen Bezogenheit darzustellen.

In einer Familie steckten Eltern und Sohn in einer Klemme: Der Junge hatte zahlreiche Dinge angestellt, die Eltern hatten ihn immer wieder »herausgehauen« und ermöglicht, dass der Sohn straffrei ausging. In der Skulptur hing der Sohn zwischen den Eltern, den Arm um die Schulter von Vater und Mutter gelegt. Dies Bild führte zu einem wichtigen Gespräch über die Zwangssituation, die alle erlebten: Die Eltern konnten sich nicht vorstellen, den Sohn fallen zu lassen. Aber auch der Sohn fand die Lage nicht gut; er konnte keine eigene Stärke erleben, kein Vertrauen in die eigene Stabilität entwickeln; niemand hatte »Schuld«, die Zirkularität des Familienmusters wurde sehr deutlich.

Die Methode ist von der des zirkulären Fragens äußerlich sehr verschieden – doch auf der Ebene der Erwartungs-Erwartungen zeigen sich deutliche Gemeinsamkeiten: Auch hier wirkt die Intervention dadurch, dass sie für jedes einzelne Familienmitglied eine komplexe Rückmeldung darüber bietet, wie ein anderer die Familienbeziehungen sieht (v. Schlippe u. Kriz 1993).

Es gehört zu den spannendsten – und meines Wissens bislang nicht erklärten – Phänomenen, dass zum einen die Familienmitglieder beim Aufbau einer Skulptur ihr inneres Bild offenbar sehr genau darstellen können, bis es passt (»Nein, Sie müssten noch fünf Zentimeter weiter nach rechts und den Kopf dahin drehen bitte, ja, so stimmt's!«), dass zum anderen Familienmitglieder sich in der Skulptur stimmig erleben (»Genauso fühle ich mich oft: Alle zerren an mir herum!«) oder Darsteller Empfindungen berichten, die passen (»Ja, von Magenschmerzen, wie du sie jetzt in der Rolle erlebst, hatte mein Onkel auch immer berichtet!«). Trotz aller Faszination bleibt es wichtig, den subjektiven und hypothesenbildenden Charakter der Skulpturarbeit im Blick zu behalten: Hier wird keine Wahrheit enthüllt oder abgebildet[4], das Instrument dient zur Intensivierung des Familiengesprächs, zur Bildung von Hypothesen im Kontext von Supervision oder als Selbsterfahrungsinstrument in der Ausbildung.

Schweitzer und Weber (1982) geben einige Grundelemente für die Skulpturarbeit an; der Therapeut/die Therapeutin kann durch entsprechende Fragen das stellende Familienmitglied unterstützen:

- Räumlicher Abstand als Symbol für emotionale Nähe: Wer steht wem wie nah, wie fern?
- Oben/unten als Symbol hierarchischer Strukturierung: Wer setzt sich am stärksten durch, steht vielleicht gar auf einem Podest (Stuhl o. Ä.)? Wer steht ganz unten in der familiären Entscheidungshierarchie, sitzt vielleicht auf dem Boden oder einem Stuhl?
- Mimik und Gestik als Ausdruck differenzierter Familienstrukturen: Wer fasst wen an? Wer guckt wohin? Wer steht gebeugt und mit geballten Fäusten da, wer gerade mit offenen Händen? Wer rüttelt heimlich am Fuß des »auf dem Podest« stehenden Mitglieds?

Der »Bildhauer« wird ermutigt, all diese Grundelemente zu verwenden, auszuprobieren und zu verändern, bis er/sie zufrieden ist. Anschließend werden alle aufgefordert, in der Position zu verharren und die damit verbundenen Empfindungen wahrzunehmen. Die angegebenen Gefühle, Änderungswünsche und Alternativskulpturen können dann Gegenstand des weiteren Gesprächs sein, das sich entweder an die Skulptur anschließt

4 Dies ist ein wichtiger Aspekt in der Auseinandersetzung mit der umstrittenen, m. E. aber durchaus diskussionswürdigen »Aufstellungsarbeit« nach Bert Hellinger – auf die an dieser Stelle nicht weiter eingegangen werden kann (Weber 1993).

oder geführt wird, während die Personen noch in der Skulptur stehen – so können sie dann jeweils leicht zeigen, wie die Familie aus ihrer Sicht dargestellt werden würde.

Hier bieten sich eine Reihe von Fragen an:

- »Was ist es für ein Gefühl, in dieser Position zu sein? Passt es zu dem Gefühl, das du/Sie in der Familie hast/haben?«
- »Wussten Sie/wusstest du, dass der ›Bildhauer‹ die Familie so sieht?«
- »Wussten Sie/wusstest du, dass er Sie/dich so sieht?«
- »Stimmen Sie/stimmst du mit dem Bild überein? Was sollte geändert werden?«
- »Welche Veränderungen wünscht sich jeder, um sich besser zu fühlen, und wie würde er/sie diese symbolisch darstellen?«

Die Varianten der Skulpturarbeit sind sehr zahlreich, von simulierten Familiensystemen in der Supervision über die Arbeit mit Figuren und Klötzchen, etwa im Familienbrett (Ludewig u. Wilken 2000) oder im Familien-System-Test FAST (Gehring 1993) – beide sind auch gut in der Diagnostik und Forschung einsetzbar – bis hin zu den erwähnten Familienaufstellungen.

Reflektierendes Team

Ein relativ junges Konzept systemischer Therapie ist die Arbeit mit dem Reflektierenden Team (RT). Im Sinn der anfänglich beschriebenen Prämissen des systemischen Ansatzes geht das Modell davon aus, dass es die aktiv aufrechterhaltene *Vielfalt* der Erzählperspektiven ist, die für komplexe Ereignisfolgen angemessen ist, die nicht auf eine einzige Erklärung zu reduzieren sind. So wird versucht, mit Rat suchenden Systemen in hilfreiche Konversationen einzutreten und einen Kontext von Kooperation zu eröffnen – ein Feld, in dem alle Beteiligten ihre Perspektiven, Anregungen und Lösungsideen gleichberechtigt nebeneinander stellen. Die Grundstruktur besteht darin, dass zwischen einem therapeutischen System – Familie (Team, Paar) mit der Beraterin/dem Berater – und einem beobachtenden System mit meist zwei bis vier Beobachtern, eine räumliche Trennung hergestellt und aufrechterhalten wird. Die unterschiedlichen Positionen im Raum ermöglichen unterschiedliche Perspektiven. Diese begünstigen unterschiedliche Beschreibungen, die unterschiedliche Bedeutungen erzeugen können (Hargens u. v. Schlippe 1998).

Wenn alle Familienmitglieder sich mit dem Vorgehen einverstanden erklären, beginnt das Gespräch, indem der Berater versucht, über meist zirkuläre Fragen Informationen zu generieren und dafür sorgt, dass jedes Familienmitglied die Möglichkeit hat, gehört zu werden oder zuzuhören. Nach etwa 30–40 Minuten wird die Sitzung unterbrochen, und das Team reflektiert über die Sitzung. Alle, das heißt auch der Berater, hören zu. Das Team spricht so über die Sitzung, dass

- freundlich, aus einer wertschätzenden Perspektive heraus über die einzelnen Personen gesprochen wird (was nicht bedeutet, dass immer »alles positiv« zu werten wäre),
- eher vorsichtig, suchend, im Konjunktiv gesprochen wird als festlegend und diagnostizierend,
- die Form dieser Reflexionen leicht eine Distanzierung von den geäußerten Inhalten für die Betroffenen ermöglicht. Eine Ablehnung, ein Nein ist »grundlegend« (Andersen 1990, S. 46).
- abweichende Meinungen im Reflektierenden Team als Anregung begrüßt werden, weiter nachzudenken, um jeweils neue, integrierende Perspektiven zu finden. Auf diese Weise wird die Konkurrenz: »Wer hat die beste (oder die eine richtige) Idee?« vermieden.
- die Reflexionen nicht zu viel Zeit in Anspruch nehmen sollten (ca. 5–10 Min.) und nicht durch zu viele Ideen verwirren.

Anschließend wird das Gespräch wieder aufgenommen. Der Berater sorgt dafür, dass jeder etwas über die Reflexion sagen kann. Der Fokus sollte dabei mehr auf dem Neuen liegen (»Gab es etwas, was bei Ihnen angeregt wurde? Sind Sie auf neue Zusammenhänge gekommen?«), weniger auf der Korrektur von Aussagen aus dem Reflektierenden Team. Meist gibt es dann kurz vor Schluss eine weitere Reflexionsrunde (selten eine dritte). Das Gespräch wird abgeschlossen, wenn jeder aus der Familie die Möglichkeit hatte, zu der Reflexion noch einmal Stellung zu beziehen.

Eines der Hauptargumente gegen das Reflektierende Team ist,

dass es sich dabei um eine Art Luxustherapie handle, die nur mit großem Aufwand bereitstellbar ist. Das mag für die »klassische Form« zutreffen, doch das Entscheidende ist die Idee des Spiels mit reflektierenden Positionen. So ist es möglich, wenn kein Team zur Verfügung steht, sich für einen bestimmten Zeitraum mit einem Paar oder mit Familienmitgliedern innerhalb des Raums umzusetzen und ein Gespräch über das Gespräch zu führen. In vielen Beratungsstellen wird die Möglichkeit genutzt, zu einer festen Zeit (ein Nachmittag im Monat – oder gar in der Woche) im Reflektierenden Team zu arbeiten. Die Familien kommen entweder aus den laufenden Beratungen für eine Sitzung dazu, oder es gibt eine Tradition des gemeinsamen Arbeitens über einen längeren Zeitraum (meist 5–8 Gespräche). Nouwens und Westermann (1998) beschrieben sehr eindrücklich die Bedeutung, die die gemeinsame Arbeit in dieser Struktur auch für das Team einer Erziehungsberatungsstelle haben kann: Eine Art von Teamentwicklung findet statt, nicht nur die Familien, auch das Team ändert sich im Lauf der Zeit. Aus ihrem Erfahrungsbericht ein kurzes Fallbeispiel zur Illustration:

»Familie O. kommt nach einem Jahr Pause zum zweiten RT-Gespräch. Anlaß des ersten war die unerträglich gewordene familiäre Spannung, welche sich auf das hochaggressive und trotzige Verhalten der älteren Tochter zurückführte. So die Interpunktion der meisten Familienmitglieder. Damals war die zwischenzeitliche Fremdunterbringung des Mädchens schon beschlossene Lösung und die Familie kam, um sich auf diesen Schritt einzustimmen. Die damalige Sitzung machte möglich, daß nicht allzu viele Schuldgefühle vor allem bei der Mutter entstanden und daß die Tochter erfuhr, wie schwer es den Familienmitgliedern fiel, sie wegzuschicken. Die zweite … Sitzung fand wieder zu einem schicksalhaften Zeitpunkt statt: Die Tochter sollte am nächsten Tag in die Familie zurückkehren.

Zunächst äußerten alle Familienmitglieder (Eltern, 16jährige Tochter, 14jähriger Sohn), wie sehr sie sich darüber freuten. Aber irgend etwas stimmte nicht. Keiner nahm den Vorschlag an, dies sei dann sicher ein Tag zum Feiern, und ich fühlte mich wie ein Kaninchen in der Falle. Das RT stellte sich dann in seiner ersten Gesprächsrunde die Frage, was jeder im vergangenen Jahr gewonnen hätte und was es heute eher möglich machen könnte, eine ähnliche Entwicklung wie früher zu verhindern. Die Familie griff diesen Faden auf. Die übereinstimmende vorherrschende Erklärung betraf die neugewonnene Durchsetzungsfähigkeit der Mutter. Ich spürte wieder einen Hauch, nein, wohl eher eine kräftige Brise von Unstimmigkeit, Festgefahrenheit, prüfte das selber für mich und erlebte mich sehr auf Seiten der Mutter, die in meinen Augen so ungerechtfertigt die Gesamtverantwortung für das Problem bekam. Wie aber konnte ich das mitteilen, ohne dem Vorwurf blinder Parteilichkeit von Frau zu Frau Tür und Tor zu öffnen?

Die zweite RT-Runde: Einer der Kollegen lehnt sich gelassen zurück, schaut sich ›frischvergnügt‹ im Zimmer um und pfeift dabei ein lustiges Liedchen; diese Attitüde, so äußert er den anderen gegenüber, sei vermutlich die Grundhaltung der Männer in dieser Familie und die Frauen sorgten für die Beseitigung der Probleme. Wieder Wechsel – die männlichen Familienmitglieder sind offenbar auf eine liebevolle Art ›ertappt‹ worden: Vater und Sohn wirken auf einmal aufmerksam und sehr viel mehr am Gespräch beteiligt. Wir nutzen das Ende der Stunde für einen direkten Dialog zwischen den weiblichen und männlichen Familienmitgliedern, und es ist erleichternd für uns alle zu sehen, daß einander auf einmal wirklich zugehört wird« (Nouwens u. Westermann 1998, S. 183).

Schlussbemerkungen

Systemische Beratung versteht sich analog zur systemischen Therapie als »Dialog unter Experten …, die ihren jeweiligen Sachverstand … einbringen« (Ludewig 1999). Sie sieht sich nicht als gezielte Reparaturmaßnahme oder Korrektur einer mehr oder weniger verdinglichten Struktur (Psyche, Paar, Familie, Gruppe). »Dialog unter Experten« heißt, dass die Ratsuchenden als Experten für ihr eigenes Leben gesehen werden, die von der Beraterin als Expertin für die Steuerung von konstruktiven Gesprächsprozessen darin unterstützt werden, sich in Richtung auf ihre eigenen Ziele, Wünsche und Möglichkeiten verändern zu können. Hierzu wird konsequent von dem Anliegen der Betroffenen selbst ausgegangen, von den ihnen zur Verfügung stehenden Ressourcen und Möglichkeiten, und es wird versucht – ohne im endlosen Suchen in der Vergangenheit und in möglichen Ursachenkonstellationen stecken zu bleiben –, möglichst bald in den Raum von Möglichkeiten vorzudringen. Diesen Raum zu entwickeln kann Spaß machen – und viele systemische Beratungssitzungen zeichnen sich in der Tat durch eine gewisse Leichtigkeit

Syst. Beratung = Dialog unter Experten

Experte

Raum von Möglichkeiten

Ratsuchende = Experte für das eigene Leben

aus, ohne dass schwere Themen dadurch überspielt werden. Doch wer sich auf die kreative Suche nach Möglichkeiten begibt, der entdeckt manchmal eben auch die Fülle – »die Tatsachen gehören alle zur Aufgabe, nicht zur Lösung« sagte Wittgenstein einmal (1996). In diesem Sinne geht es vielleicht vor allem darum, nicht zu sehr an (möglicherweise unveränderlichen) Tatsachen hängen zu bleiben, als vielmehr zu beweglichen und lebendigen Möglichkeiten zu gelangen.

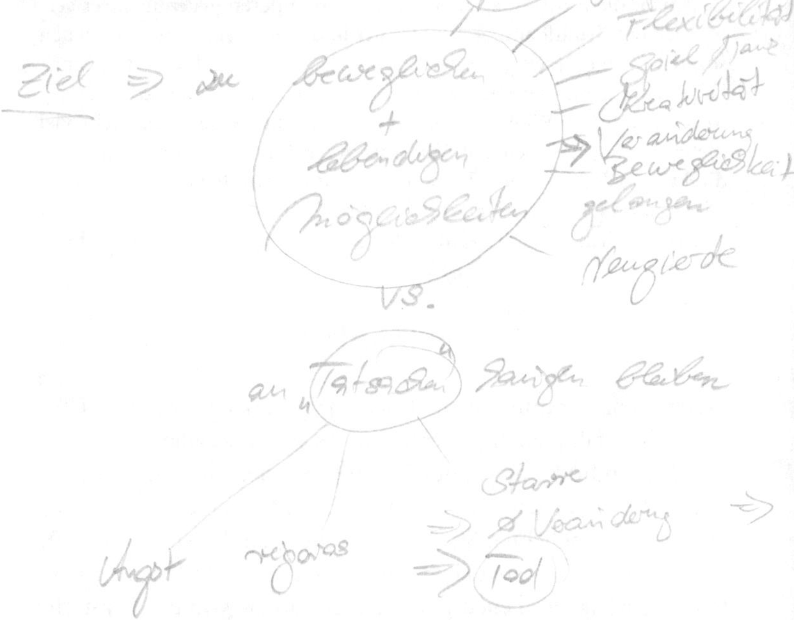

Systemische Praxis

„Mitte"
sowohl als auch

„Pol"
entweder/oder

Katharina Ratzke und Britta Zander

Systemische Beratung und Kooperation bei Familien, deren Kinder aggressives Verhalten zeigen

Je früher Kinder durch aggressive Symptome auffallen, umso höher ist das Risiko einzuschätzen, dass sie während ihrer Schulzeit und vor allem im Jugendalter mit erheblichen Anpassungsschwierigkeiten zu kämpfen haben (Dumas 1992). Längsschnittstudien zur Stabilität weisen darauf hin, dass ungefähr 50% der betroffenen Kinder aggressive Verhaltensweisen über mehrere Jahre hinweg beibehalten (Dittrich et al. 1996). Gezielte präventive Arbeit und eine möglichst frühe und effektive Beratung oder Therapie sind aus diesem Grund besonders wichtig.

Epidemiologische Studien zur Verbreitung aggressiver Verhaltensweisen bei Kindern und Jugendlichen geben Prävalenzen von 2% bis zu 12% an (Esser et al. 1992; Miller u. Hahlweg 2001). Die Ergebnisse einer neueren repäsentativen deutschen Studie machen deutlich, dass 6% aller Jungen und etwa 3% aller Mädchen von ihren Eltern als ausgesprochen aggressiv erlebt werden (Lehmkuhl et al. 1998). Aggressive Verhaltensstörungen gehen oft mit Aufmerksamkeitsproblemen und hyperaktiven Verhaltensweisen einher, wobei die Zahlen von 25% (Lehmkuhl et al. 1998) bis zu 60% variieren (Dumas 1989).

Die Relevanz des Themas für den Alltag in Erziehungsberatungsstellen soll anhand einer statistischen Auswertung der Inanspruchnahme des Beratungsangebots des Wiesbadener Instituts für Beratung und Therapie von Eltern und jungen Menschen über einen Fünfjahreszeitraum kurz skizziert werden. 5,7% der dokumentierten Fälle nannten als Anmeldungsgrund nach außen gerichtetes aggressives Verhalten der Kinder oder Jugendlichen. Die hier vorliegenden Zahlen unterstreichen das aus der Literatur bekannte Phänomen, dass aggressives Verhalten vor allem ein Problem von Jungen zu sein scheint (83,2% der betroffenen Kinder und Jugendlichen sind männlich). Bei der Altersverteilung zeigt sich im Vergleich zur Gesamtstichprobe, dass die Altersgruppe der Sechs- bis Achtjährigen stärker vertreten ist. Das mag ein erster Hinweis auf die wichtige Funktion sein, die der Schule bei der Entstehung, aber auch bei der Lösungssuche im Kontext einer Beratung oder Therapie zukommen kann. Das gilt auch für die Tatsache, dass die Überweisung an die Beratungsstelle durch andere Institutionen im Vergleich zur Gesamtstichprobe ebenfalls höher liegt, so dass institutionelle Kooperationsmodelle sowie die Berücksichtigung der Vermutung, dass ein Teil der Familien nicht freiwillig zur Beratung oder Therapie kommt, wichtige Bausteine im Beratungskonzept dieser Familien bilden.

Der Begriff »Aggressives Verhalten«

Nach wie vor werden die Begriffe gewalttätiges oder gewaltbereites und aggressives Verhalten oft synonym verwendet. Da der Gewaltbegriff eindeutig negativ konnotiert ist und in der gesellschaftlichen Diskussion in den letzten Jahren oft in dramatisierender und stigmatisierender Absicht instrumentalisiert wurde, soll zunächst kurz auf die Unterschiede zwischen beiden Termini hingewiesen werden (ausführlich s. Ratzke 1999).

Im Gegensatz zum Gewaltbegriff umfasst der Begriff der Aggression sowohl positive als auch negative Verhaltensmuster und beschreibt eine basale, menschliche Fähigkeit, mit der Umwelt und anderen in Kontakt zu treten und sich in spielerischer Art mit dieser Umwelt auseinander zu setzen (Remschmidt et al. 1990). Vor diesem Hintergrund kommt der Aggression eine wichtige Bedeutung sowohl in der kognitiven als auch in der emotionalen Entwicklung von Kindern zu. Die soziale Kompetenz, eigene Wünsche und Bedürfnisse auch gegen Widerstände anderer durchzusetzen und eigene Positionen zu behaupten, ist ohne aggressive Energie kaum aufrechtzuerhalten.

Neben diesen eindeutig konstruktiven Formen der Aggression, die auch als Selbstbehauptung, Selbstsicherheit oder Tatkraft beschrieben werden können, lassen sich destruktive Aggressionen beobachten, die darauf abzielen, Dinge zu beschädigen oder zu zerstören, Personen zu verletzen, zu schwächen oder in Angst zu versetzen. Anders als die angeborenen, konstruktiven Aggressionsformen äußert sich die destruktive Aggression nicht spontan, sondern resultiert aus Erfahrungen von Unlust und Frustration, die bei den betroffenen Kindern mit starken negativen Affekten wie Wut und Feindseligkeit einhergehen (Parens 1993). Es sind allein diese destruktiven Erscheinungsformen der Aggression, die gemeint sind, wenn wir im Folgenden von aggressiven Verhaltensweisen sprechen.

Die von uns gewählte Definition beruht auf einem Verständnis von aggressivem Verhalten als einer Interaktionsstörung. Mit dieser Perspektive werden individualisierende Zuschreibungsprozesse vermieden, die vielfach den Beginn einer »Gewaltkarriere« markieren:

- »Kinder, die aggressives Verhalten zeigen, fallen ihrer Umgebung dadurch auf, dass sie andere Menschen physisch oder psychisch verletzen, Verletzungen androhen, Gegenstände zerstören und/oder selbstverletzendes Verhalten zeigen.
- Aggressives Verhalten als ›soziale Krankheit‹ entsteht aus der Wechselwirkung von individuellen, interpersonellen und sozialen/gesellschaftlichen Konflikten und zeigt sich in unterschiedlichen Kontexten (Familie, Kindergarten, Schule, Öffentlichkeit).
- Wichtig ist hierbei, dass der Ursprungsort der Konflikte nicht immer mit dem Ort der Aggressionsäußerung identisch ist.
- Aggressives Verhalten wird als Möglichkeit zur Lösung dieser Konflikte eingesetzt und/oder als Ausdrucksmöglichkeit einer eskalierenden Situation, wenn keine anderen Kommunikationsformen zur Verfügung zu stehen scheinen« (Ratzke 1999, S. 19).

Ein Risikomodell für die Entwicklung aggressiver Verhaltensweisen bei Kindern

Das im Folgenden dargestellte Familienrisikomodell (Ratzke u. Cierpka 1999) bietet eine Matrix, die der Vielfalt der potentiellen individuellen, familiären und gesellschaftlichen Risikofaktoren Rechnung trägt. Wie es der Name vermuten lässt, werden darin vorrangig familiäre Aspekte beschrieben, die die Entstehung oder auch Aufrechterhaltung aggressiver kindlicher Verhaltensweisen beeinflussen. Gleichwohl wird in diesem Erklärungsansatz auch die Bedeutung des gesellschaftlichen Kontextes für die Rahmenbedingungen des Familienlebens aufgegriffen (s. Abb. 3).[1]

Ob es angesichts realer Belastungsfaktoren und problematischer Entwicklungen, die als prädisponierende Faktoren verstanden werden können, tatsächlich zur Manifestation aggressiver Verhaltensweisen kommt, hängt neben den jeweiligen, sehr unterschiedlichen situativen Auslösern entscheidend von den so genannten vermittelnden und auslösenden Faktoren ab (Ratzke 1999).

Finden Kinder innerhalb ihrer (weiteren) Familie oder der näheren sozialen Umgebung, etwa in einer Erzieherin oder Lehrerin, eine konstante Bezugsperson, an die sie sich mit ihren Problemen wenden können und die sich mit ihnen auseinander setzt, so kann ihnen dies helfen, konflikthafte Situationen zu bewältigen, ohne auf aggressives Verhalten zurückzugreifen. Bei den auslösenden Faktoren richtet sich der Fokus auf das Zusammenspiel zwischen objektiven Lebensbedingungen und deren subjektiver Wahrnehmung. Bedeutungszuschreibungen und individuelle Interpretationsmuster biographischer Erlebnisse führen dazu, dass vergleichbare Ausgangssituationen höchst unterschiedlich erlebt und verarbeitet werden, was wiederum unterschiedliche Reaktionsweisen nach sich zieht. Die Betonung dieses

1 Da es in diesem Kapitel um die Arbeit mit Familien geht, werden die nicht minder bedeutsamen Faktoren, die in der Schule aggressives Verhalten hervorrufen und fördern, aber auch zu dessen Lösung beitragen können, an dieser Stelle nicht berücksichtigt (vgl. Hennig u. Knödler 1998; Sanders u. Krannich 1999).

Zusammenspiels ist uns besonders wichtig, da es in der Systemischen Therapie vorrangig darum geht, neue Perspektiven zu eröffnen und Prozesse anzuregen, die über die Veränderung von Wahrnehmungsmustern zu einer Änderung von Interaktions- und Verhaltensmustern führen können.

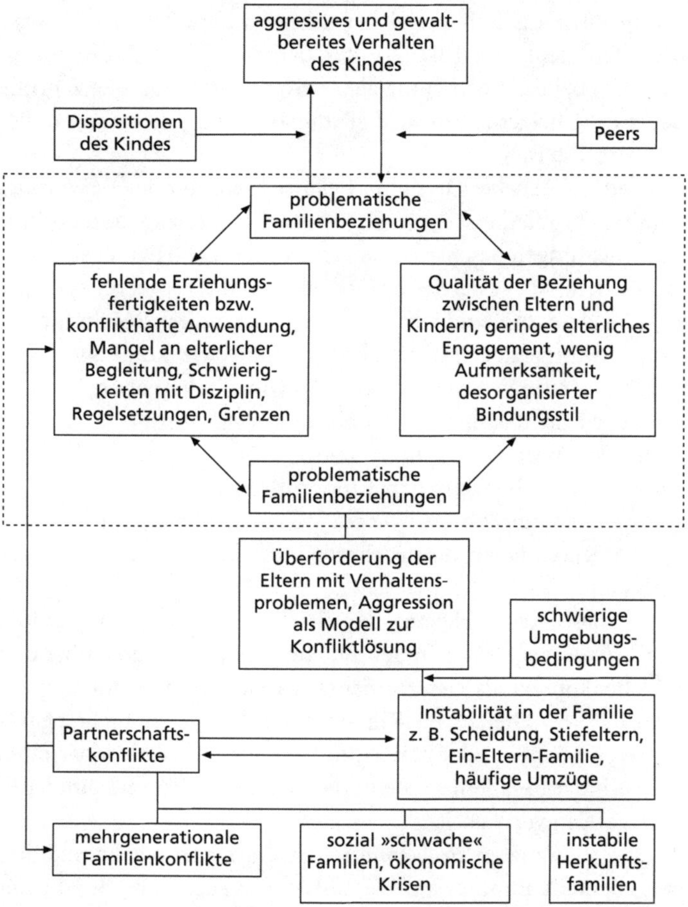

Abb. 3: Risikomodell für die Entwicklung aggressiver Verhaltensweisen bei Kindern (vgl. Ratzke u. Cierpka 1999, S. 60)

Das elterliche Erziehungsverhalten

So unterschiedlich die Familien, in denen die aggressiven Verhaltensweisen ihrer Kinder zum Problem werden, in Bezug auf den sozioökonomischen Status und auf ihre Strukturmerkmale auch sein mögen, sie alle verbindet unseres Erachtens das Merkmal einer problematischen Erziehungspraxis. Elterliches Erziehungsverhalten stellt den Faktor unter den familiären Bedingungen dar, dem bei der Entstehung aggressiven Verhaltens eine zentrale Bedeutung beigemessen wird (Patterson 1982; Petermann u. Petermann 1994).

Die fünf Aspekte Disziplin, Beaufsichtigung oder Begleitung, familiäre Problemlösestrategien, elterliches Interesse und positive Rückmeldungen beschreiben hierbei wesentliche Dimensionen.

Für den Aspekt der *Disziplin* stellt sich die Frage, ob es in der Familie klare und eindeutige Regeln gibt, ob diese Regeln für alle Familienmitglieder transparent sind und wie konsequent auf Regelübertretungen reagiert wird. Sowohl ein Verhalten, bei dem die Eltern nicht konsequent und konsistent auf die Einhaltung ihnen wichtiger Regeln und Grenzen achten und bestehen, als auch ein Verhalten, das den Kindern wenig Freiraum und Mitspracherecht einräumt, sowie ein Wechseln zwischen diesen beiden konträren Polen verunsichert Kinder und fördert aggressives Verhalten.

Die besondere Relevanz der elterlichen *Beaufsichtigung und Begleitung* spiegelt sich in den Ergebnissen einer Studie über den Familienkontext als Determinante der Gewalt an Schulen wider (Funk 1996). Diejenigen Kinder, deren Eltern sie nicht beaufsichtigen konnten oder keine Informationen über die Aktivitäten ihrer Kinder besaßen, waren in der Schule signifikant häufiger in Schlägereien verwickelt.

Die bevorzugten *Problemlösungsstrategien* in der Familie haben ebenfalls Einfluss auf die Entsehung aggressiver kindlicher Verhaltensweisen. Ganz unmittelbar übernehmen Eltern Modellfunktion bei ihrem persönlichen Umgang mit Konflikten. Die Fähigkeiten, Probleme zu erkennen, und die Bereitschaft, nach Lösungen zu suchen, die für alle Beteiligten akzeptabel sind und unterschiedliche Sichtweisen miteinbeziehen, sowie die Kompetenz, sich mit Worten auseinander zu setzen anstatt das vermeintliche Recht des Stärkeren zu propagieren, werden vor allem in der Familie vermittelt.

Oft verstärken Eltern – unabsichtlich – die aggressiven Verhaltensweisen ihrer Kinder dadurch, dass sie deren Wutausbrüche durch erhöhte Aufmerksamkeit quasi belohnen oder ihnen nachgeben und sie beispielsweise von bestimmten Aufgaben befreien, damit wieder Ruhe einkehrt. Gleichzeitig geben sie ihren Kindern viel zu wenig *positive Rückmeldungen*, wenn diese von den Eltern gewünschte Verhaltensweisen zeigen, so dass positives Verhalten nicht verstärkt und damit nicht in das kindliche Verhaltensrepertoire aufgenommen wird.

Das elterliche *Interesse und Engagement* zeigt sich beispielsweise in einem interessierten Nachfragen nach dem, was das Kind getan hat oder was es beschäftigt, und in gemeinsamen Aktivitäten.

An diesem Punkt wird deutlich, dass neben den unterschiedlichen Kontrollstrategien als einer grundlegenden Dimension elterlichen Erziehungsverhaltens der affektiven Qualität der Beziehung zwischen Eltern und Kindern als weiterer Dimension eine ebenso hohe Bedeutung zukommt. Die emotionale Beziehung hängt unter anderem von den vorherrschenden Bindungsmustern in den Familien ab. Aufgrund eigener Bindungserfahrungen in den Herkunftsfamilien (Ainsworth et al. 1978) sowie aufgrund einer hohen psychischen Belastung oder Überforderung ist es einem Teil der Eltern nicht möglich, die Bedürfnisse ihrer Kinder nach Nähe, Zuwendung und Trost wahrzunehmen oder gar zu stillen. Unsichere oder desorganisierte Bindungsstile erschweren dann den Aufbau eines vertrauensvollen und wertschätzenden Umgangs in der Familie.

Die Interaktionen zwischen Eltern und ihren Kindern und damit auch das elterliche Erziehungsverhalten werden jedoch vom Zeitpunkt der Geburt durch den Säugling und dessen individuelle Besonderheiten mitgeprägt. Treffen Kleinkinder, die beispielsweise sehr unruhig sind, viel schreien, wenig schlafen und nur schlecht trinken, auf unsichere und unerfahrene Eltern, kann sich sehr schnell ein Teufelskreislauf etablieren. Die Eltern erleben sich als ohnmächtig und überfordert, sind von ihren Kindern und ihrer Elternschaft enttäuscht und vermitteln mit ihrer steigenden Ungeduld und Unzufriedenheit ihren Kindern das Gefühl, abgelehnt zu werden. Die Kinder reagieren darauf mit ängstlicher Verunsicherung und suchen nach Aufmerksamkeit – und sei es um den Preis negativer Aufmerksamkeit.

Erschwerend kommt in vielen Familien hinzu, dass die Erziehungsverantwortung meist von der Mutter allein getragen wird. Selbst wenn die Familie nach außen hin vollständig ist, wirken die Väter oft unerreichbar und wenig präsent.

Die Paar- und Familienbeziehungen

In vielen Familien gelingt es den Eltern nicht, in wesentlichen Erziehungszielen und -praktiken Übereinstimmung zu erreichen. Diese Unstimmigkeiten sind vielfach auf erhebliche Konflikte in der Paarbeziehung zurückzuführen. Zum Teil werden Konflikte, auch vor den Augen der Kinder, gewalttätig ausgetragen. Doch auch wenn die Schwierigkeiten des Paars nicht in aggressivem Handeln enden, werden die Kinder oft mehr oder weniger subtil in die elterlichen Auseinandersetzungen miteinbezogen; sei es als Verbündeter eines Elternteils, als Beschützer oder als Schlichter.

Diese Rollenübernahme, aber auch die Rolle der Kinder als Partnerersatz, verweisen auf eine typische familiendynamische Konstellation in Familien mit sich aggressiv zeigenden Kindern, nämlich der Schwierigkeit, Grenzen zu ziehen. Diese Schwierigkeit zeigt sich beispielsweise in der eben erläuterten Verwischung der Generationsgrenzen, die die Eltern vielfach bereits in ihrer Herkunftsfamilie erlebt haben, in einer mangelnden Abgrenzung der Eltern gegenüber den eigenen Eltern sowie in den oben beschriebenen Problemen, im erzieherischen Alltag klare und eindeutige Grenzen zu setzen.

Bei einem Teil der betroffenen Familien lässt sich darüber hinaus eine Tradierung aggressiver und gewalttätiger Interaktionsmuster zurückverfolgen, die in Vernachlässigung, physischer und psychischer Misshandlung und/oder sexueller Ausbeutung zum Ausdruck kommen kann (Levold et al. 1993). Die eigene Gewalterfahrung der Eltern in ihrer Kindheit führt jedoch nicht zwangsläufig zur Manifestation innerfamiliärer Gewaltanwendung, wenn sie selbst eine Familie gründen. Die Reproduktion der Gewalt scheint eher von Depressionen und anderen Krankheiten der Eltern sowie dem Gefühl der Überforderung bestimmt zu werden (Engfer 1991).

Psychische Auffälligkeiten bei den Eltern und Verhaltensauffälligkeiten wie Delinquenz können zu einem Zusammenbruch elterlicher Erziehungsfertigkeiten führen und zu einer Entwicklung aggressiver kindlicher Verhaltensweisen beitragen (Patterson u. Dishion 1988).

Die Ausführungen machen deutlich, dass die Mitglieder in den betroffenen Familien nicht nur vielfältigen Belastungen im Sinne von kritischen Lebensereignissen, sondern oft auch traumatischen Erfahrungen ausgesetzt sind und waren. Wie mit diesen erlebten Verletzungen innerhalb der Familie umgegangen wird, ist ein wichtiges Thema für die Beratung und Therapie.

Der sozialökologische Kontext

Während es durchaus Familien mit sich aggressiv verhaltenden Kindern gibt, die über ausreichende Ressourcen biologischer, psychischer und sozioökonomischer Art verfügen, soll an dieser Stelle kurz auf die so genannten deprivierten oder sozial schwachen Familien eingegangen werden. Hierzu zählen die Familien, deren Alltag oft seit Generationen von Armut und Arbeitslosigkeit geprägt ist und deren Existenzsicherung oft allein aufgrund öffentlicher Gelder gewährleistet wird. Familien, in denen es zum Teil immer wieder zu Misshandlungen und Vernachlässigung der Kinder gekommen ist und die schon aufgrund chaotischer, innerfamiliärer Strukturen oder aufgrund sozialer und wirtschaftlicher Krisen kaum oder gar nicht in der Lage sind, angemessen auf die Bedürfnisse eines Kindes einzugehen. Gerade bei diesen gesellschaftlichen Rahmenbedingungen stellt sich die Frage, inwieweit das aggressive Verhalten von Kindern nicht eine elementare und sogar die scheinbar einzige Überlebensstrategie darstellt und als Ausdruck sozialer Ungleichheit und gesellschaftlicher Desintegration sowie fehlender Zukunftsaussichten zu verstehen ist (Heitmeyer 1992).

Ein Fallbeispiel aus der Erziehungsberatung

Familie K.

Frau K. meldete sich und ihren 7-jährigen Sohn Daniel auf Drängen der Lehrerin in der Erziehungsberatungsstelle an. Daniel, so behaupte die Lehrerin, sei durch aggressives Verhalten in der Schule und im Hort kaum noch tragbar. Im Erstgespräch berichten die Mutter und deren Partner, dass sie Daniel ganz anders erleben. Zu Hause sei er lieb, er gucke viel Fernsehen und beschäftige sich mit seiner Spielkonsole. Manchmal merke man gar nicht, dass er da sei. Die Mutter räumt ein, dass sie nur aus Angst, man könnte ihr das Kind wegnehmen, die Beratungsstelle aufgesucht habe, und erklärt, dass sie gar nicht genau wisse, was der Sohn in der Schule ändern solle. Vielmehr äußert sie den Verdacht, dass die Lehrerin Daniel nicht leiden könne und ihm deshalb an allem die Schuld gebe. Wenn Daniel mit einem negativen Eintrag nach Hause kommt, ärgere sie sich sehr. Besonders wütend werde sie, wenn Daniel sie belüge. Sie könne ihn dann einfach nicht mehr lieb haben. Sie spiele dann am Wochenende keine Gesellschaftsspiele mit ihm, verbiete das Fernsehen und lasse ihn einfach links liegen. Manchmal rutsche ihr auch die Hand aus, da sie immer sehr schnell aus der Fassung gerate und sich dann auch nicht mehr im Griff habe. Wenn sie Daniel geschlagen habe, tue es ihr meist leid, und sie versuche, es wieder gut zu machen. Es sei ihr schon immer schwer gefallen, körperliche Nähe zu ihrem Sohn zuzulassen oder gar zu genießen. Seit Daniel größer sei, wolle er immer so komische Küsse von ihr, was sie gar nicht leiden könne.

Um zu klären, warum der Familie die Inanspruchnahme einer Erziehungsberatungsstelle von der Schule nahe gelegt wurde, luden wir mit dem Einverständnis der Mutter die Klassenlehrerin von Daniel zur nächsten Sitzung ein. Die Lehrerin berichtet, dass Daniel andere Kinder oft unvermutet trete und schlage, ohne dass es vorher Streit oder Angriffe gab. Er verletze andere Kinder subtil, indem er Gemeinheiten sage und sich lautstark über sie lustig mache. Daniel verhalte sich undiszipliniert und regelwidrig, indem er beispielsweise durch lautes Pfeifen und Herumlaufen den Unterricht störe. Der Schulbusfahrer weigere sich inzwischen, Daniel zu befördern, da dieser durch sein Verhalten den Transport der anderen Kinder gefährde. Daniel brauche sehr viel Aufmerksamkeit. Wenn er im Mittelpunkt stehen dürfe, blühe er förmlich auf und sei wie umgewandelt. Im Einzelkontakt sei Daniel das liebste Kind. Er sauge die Zuwendung dann wie ein Schwamm auf. Daniel suche immer wieder Körperkontakt, möchte gestreichelt und auf den Schoß genommen werden. Er beanspruche und fordere die ganze Aufmerksamkeit, und sei es um den Preis negativer Konsequenzen. Die Lehrerin meint, dass Daniel unter großem psychischen Druck stehe und sein Verhalten nicht kontrollieren könne. Wenn sein Verhalten für die Klasse und sie selbst nicht mehr tragbar sei, lasse sie Daniel von der Mutter aus der Schule abholen. Daniel weine dann bitterlich und habe ihr einmal erzählt, zu Hause bekomme er dann Schläge mit dem Kochlöffel oder müsse den ganzen Tag im Bett liegen.

In weiteren Gesprächen werden folgende Informationen zusammengetragen: Daniel lebt zusammen mit seiner Mutter und ihrem Lebensgefährten beengt in einer Zweizimmerwohnung. Der Lebensgefährte lebt seit sechs Monaten in der Familie. Zum leiblichen Vater gibt es keinen Kontakt. Frau K. wurde mit 17 Jahren schwanger. Erst nach der Geburt des Kindes, auf das sie sich sehr gefreut habe, wurde ihr klar, wie anstrengend und zeitraubend ein Kind sei. So konnte sie beispielsweise nicht mehr wie ihre Freunde in die Disko gehen. Auch ihre Ausbildung zur Verkäuferin musste sie abbrechen. Auf Hilfe von den eigenen Eltern oder anderen Verwandten konnte sie nicht zurückgreifen. Als sie sieben Jahre alt war, stürzte ihre Mutter nach einem Streit mit dem Stiefvater aus dem Fenster ihrer Wohnung und erlitt tödliche Verletzungen. Der Stiefvater hatte sie selbst und die Mutter regelmäßig geschlagen, so dass die Mutter häufig die Polizei alarmierte. Frau K. wuchs dann bei ihren Großeltern (ms.) auf, die sehr streng gewesen seien und bei denen sie nichts gedurft hätte.

Die Familie hat kaum Außenkontakte. Gemeinsame Unternehmungen scheitern am fehlenden Geld und den Schulden, die zurückgezahlt werden müssen. Daniel hat weder in der Schule noch im Hort oder in der Nachbarschaft Freunde. Er verbringt die meiste Zeit in der Wohnung, da seine Mutter Angst hat, dass ihm draußen etwas passieren könnte. Daniel selbst würde sehr gern in einen Fußballverein gehen, was seine Mutter bisher aber abgelehnt hat. Erst müsse sich sein Benehmen bessern und dann müsse eine größere Wohnung gefunden werden.

In Einzelgesprächen schildert die Mutter auch persönliche psychische Probleme. Sie habe schon seit vielen Jahren eine Bulimie. Außerdem leide sie in der Partnerschaft unter starken Eifersuchtsgefühlen und reagiere sogar mit Eifersucht, wenn sich ihr Partner einmal mit Daniel beschäftige. Diese Haltung belaste bereits die neue Beziehung.

Risikofaktoren im Lebensalltag der Familie K.

Bereits diese Skizze unterstreicht die Kumulation oben dargestellter familiärer und gesellschaftlicher Risikofaktoren in der Familie von Daniel und seiner Mutter, die schon in der Herkunftsfamilie von Frau K. eine Rolle gespielt haben. Nehmen wir als Ausgangspunkt familiendynamischer Betrachtungen das Verhalten und die bisherigen Erfahrungen von Daniels Mutter, so wird deutlich, dass deren Leben durch eine Anhäufung kritischer Lebensereignisse und traumatischer Erfahrungen geprägt war. Das, was wir über ihre Art der Beziehungsaufnahme und -gestaltungen zu ihrem Sohn und ihrem jetzigen Partner erfahren, lässt auf eher unsicher-vermeidende oder gar desorganisierte eigene Bindungserfahrungen schließen, die eine vertrauensvolle Nähe ohne die ständige Angst, sich des Anderen und seiner Zuwendung nicht sicher sein zu können, kaum aufkommen lässt. Auch die Reproduktion gewalttätiger innerfamiliärer Konfliktlösungsmuster kann aufgrund der psychischen Belastung und chronischen Überforderung der Mutter, die beispielsweise in deren bulimischem Essverhalten eine Ausdrucksmöglichkeit findet, nicht durchbrochen werden. Diese Situation der Überforderung, die sich noch dadurch zuspitzte, dass Frau K. sehr jung Mutter wurde und dann über lange Zeit die erzieherische Verantwortung allein getragen hat, findet auch in dieser Familie ihren Niederschlag in einem problematischen erzieherischen Verhalten – einem Erziehungsverhalten, das zwischen Verwöhnung, Sich-selbst-Überlassen und körperlichen Bestrafungen hin- und herschwankt und in seiner Nichtvorhersehbarkeit bei Daniel zu Gefühlen des ohnmächtigen Ausgeliefertseins und der Verunsicherung führen mag.

Die Schwierigkeiten, die die zahlreichen Diskontinuitäten, Brüche und ungünstigen Bindungsmuster, die nicht nur das Leben von Frau K., sondern auch das Aufwachsen von Daniel geprägt haben, nach sich ziehen, verschärfen sich noch durch die desolate ökonomische Situation der Familie sowie durch die sehr beengten Wohnverhältnisse. Die hinzukommende soziale Isolation erschwert es insbesondere Daniel, in seinem nahen Umfeld eine Bezugsperson zu finden, die ihm förderliche und korrigierende Lern- und Beziehungserfahrungen ermöglicht.

Beratungsverlauf und therapeutische Interventionen

Ein möglicher Stolperstein für eine erfolgreiche und effektive Arbeit mit Familien, in denen Kinder eine aggressive Symptomatik zeigen, liegt in der Unfreiwilligkeit, mit der diese oft eine Beratung oder Therapie beginnen. Diese Unfreiwilligkeit resultiert meist daraus, dass die Beratung durch einen Dritten initiiert wird und viele Familien – wie auch Frau K. – aus Angst davor, dass ihnen ansonsten das Sorgerecht entzogen wird oder dass ihre Kinder den Kindergarten oder die Schule verlassen müssen, therapeutische Gespräche in Anspruch nehmen. Sobald jedoch ein außerfamiliäres System – sei es das Jugendamt oder wie in unserem Beispiel die Institution Schule, vertreten durch die Klassenlehrerin – als Auftraggeber hinzukommt, steht am Beginn der Beratung meist eine erbitterte Auseinandersetzung um die richtige Definition des Problems, die sich schnell zu einem eskalierendem Machtkampf ausweiten kann. Um in diesem Machtkampf handlungsfähig zu bleiben und therapeutisch wirksam werden zu können, ist es unerlässlich, gerade für die verschiedenen Problemdefinitionen die therapeutische Neutralität zu wahren. Als Lösung für die Arbeit mit scheinbar unmotivierten Klienten schlägt Conen (1999) vor, dieses Dilemma als Ressource zu nutzen und die Familien beispielsweise zu fragen, wie und womit ihnen geholfen werden kann, dass die Auftraggeber von außerhalb (und damit auch die Berater und Beraterinnen selbst) die Familie schnell wieder in Ruhe lassen. Das heißt, die Kritik, die jemand von außen hat, und die zunächst meist Abwehr erzeugt, wird zum Anlass genommen, mit der Familie zu arbeiten, ohne dass diese Kritik geteilt werden würde. Durch die so in Gang gesetzte Auseinandersetzung mit der Problemdefinition anderer Systeme kann eine gemeinsame Problemdefinition ausgehandelt werden, ohne dass die betroffenen Familien in ihrer Selbstachtung verletzt werden.

So wie die Unfreiwilligkeit als Ausdruck noch vorhandener Selbstachtung und Zuversicht in die eigenen Kompetenzen und Fähigkeiten der Familie (Conen 1999) positiv konnotiert werden kann, können und sollten die zahlreichen »misstrauischen und destruktiven Verhaltensmuster«, die nicht nur die Kinder, sondern auch andere Familienmitglieder gegenüber öffentlichen Institutionen und auch gegenüber dem therapeutischen Angebot an den Tag legen, unter Hinweis auf frühere (Beziehungs-)Erfahrungen ausdrücklich als Überlebensstrategie und »gesunde« Skepsis gewürdigt werden (Schweitzer 1997). Rückzug, Abbruchversuche, Vergessen von Terminen und Entwertung werden zu Verhaltensweisen umgedeutet, mit deren Hilfe die Verlässlichkeit und Ernsthaftigkeit der therapeutischen Beziehung getestet werden und sich die Familie vor weiteren Misserfolgserlebnissen schützen kann (Martens-Schmid 1995).

Diese Überlegungen verdeutlichen, dass die für den systemischen Ansatz typische genaue Auftragsklärung, bei der der Überweisungskontext sowie die jeweiligen Erwartungen und Befürchtungen der Beteiligten abgefragt werden, bei Familien, die nicht freiwillig in die Beratungsstelle kommen, besonders wichtig ist und Therapieabbrüche verhindern kann.

Beim nächsten Schritt, der Analyse des Problemkontextes, werden die zahlreichen systemischen Fragetechniken genutzt, die eine differenzierte und konkrete Beschreibung des als problematisch etikettierten Verhaltens ermöglichen und somit Verhaltensweisen rekontextualisieren und verflüssigen. Darüber hinaus werden die unterschiedlichen Erklärungsmodelle und Konstrukte der Beteiligten zum Thema gemacht wie auch die bisherigen Lösungsversuche. Die so gewonnenen Informationen dienen unter anderem dazu, das relevante Problem- oder Lösungssystem zu bestimmen, um dann zu entscheiden, wer in die Arbeit sinnvoll miteinbezogen werden sollte.

Systemische Hypothesen gehen grundsätzlich von einer wertschätzenden und wohlwollenden Haltung gegenüber den Beteiligten aus und stiften durch positive Umdeutungen des symptomatischen Verhaltens neuen Sinn für bisher nur als leidvoll und schwierig erlebte Situationen. Daniel beispielsweise, der ansonsten sehr isoliert aufwächst, nutzt die Kontakte, die sich aus seinem Schul- und Hortbesuch ergeben, um auf die gravierenden Probleme seiner Familie aufmerksam zu machen. Gleichzeitig sorgt er dafür, dass seine Mutter, deren bulimische Symptomatik deutlich macht, wie groß die Sehnsucht nach emotionaler Geborgenheit in der Familie ist, die Möglichkeit einer therapeutischen Unterstützung bekommt.

Aufgrund des beschriebenen Risikomodells empfiehlt es sich, bei der Beratung und Therapie von Familien, deren Kinder durch aggressives Verhalten auffallen, folgende Themen zu berücksichtigen: das elterliche Erziehungsverhalten, die Paarbeziehung, die Konfliktlösungsmuster der Eltern und der jeweiligen Herkunftsfamilien, Bedeutung und Bewertung von Aggression und Gewalt in der Familie, Bindungs- und Beziehungserfahrungen der Familienmitglieder in den ersten Lebensjahren und Erfahrungen mit traumatischen Erlebnissen. Je nach Gesprächsfokus bietet sich bei der Beratung und Therapie der betroffenen Familien eine Kombination von Einzel-, Paar- und Familiengesprächen an. In Abhängigkeit vom Ausmaß der psychischen Belastung eines Familienmitglieds kann dann auch eine zusätzliche Einzeltherapie indiziert sein.

Während die oben aufgelisteten Themen nicht bei jeder Beratung eine gleichermaßen bedeutsame Rolle spielen und die Familien auch nicht immer einen diesbezüglichen Beratungsauftrag haben, sollten Fragen zur Erziehungspraxis und danach, wie gewalttätiges Handeln und Aggressionen in der Familie bewertet werden, in jedem Fall erörtert werden. Viele Eltern sehen sich in alltäglichen Auseinandersetzungen mit ihren Kindern mit dem Problem konfrontiert, klare Positionen zu beziehen, ohne sich in eskalierende Machtkämpfe zu verstricken oder auf körperliche Gewalt zurückzugreifen. Mit dem Schlagwort von der elterlichen Präsenz als systemischem Konzept ermutigen Omer und von Schlippe (2002) anhand zahlreicher Fallbeispiele Eltern, Berater und Therapeuten dazu, auch mit unorthodoxen Methoden die elterliche Handlungs- und Entscheidungsfreiheit zu wahren oder zurückzugewinnen (ausführlicher s. das folgende Kapitel »Gewaltfreier Widerstand«, S. 77).

Bei denjenigen Eltern, deren problematische Erziehungspraxis nicht vor allem Ausdruck ihrer eigenen Überlastung und Überforderung oder konflikthafter Beziehungen ist, kann es sehr nützlich sein, zu Beginn der Gespräche Informationen über förderliches Erziehungsverhalten sowie über lerntheoretische Prinzipien zu geben.

Ein anderer Teil betroffener Eltern profitiert darüber hinaus von regelrechten Erziehungstrainings, in denen es neben der Informationsvermittlung darum geht, konkrete Erziehungsstrategien im Rollenspiel einzuüben und die Erfahrungen, die die Eltern bei der Umsetzung im Alltag gemacht haben, anschließend zu reflektieren. Ein sehr umfassendes Programm, das nicht nur das elterliche Erziehungsverhalten verbessern, sondern auch deren soziale Kompetenzen sowie Problemlösungs- und verbale Fähigkeiten trainieren will, liegt mit Triple P vor (Positive Parenting Program, Sanders 1999).

Um jedoch als Beraterin oder Berater nicht in die Gefahr zu kommen, die bisherigen Leistungen der Eltern und ihre vorhandenen Fähigkeiten zu missachten oder gar als die besseren Eltern dazustehen, empfiehlt es sich, die verhaltenstherapeutischen Trainingsbausteine als ein Angebot vorzustellen, das jedoch nur auf Nachfrage der Eltern durchgeführt wird. Die möglichen negativen Effekte dieser Trainings auf die Selbstachtung und das Selbstbild der Eltern sollten im Vorfeld durch hypothetische und zirkuläre Fragen exploriert werden. Angesichts der geäußerten, möglichen »Nebenwirkungen« werden die Eltern dann aufgefordert, sich für oder gegen ein Erziehungstraining zu entscheiden.

In Familien, in denen ökonomische Krisen oder ein völlig chaotischer Alltag im Vordergrund stehen, muss die engere therapeutische Arbeit durch Hausbesuche in Krisensituationen, sozialpädagogische Familienhilfe oder eine Schuldnerberatung ergänzt werden. Um die soziale Isolation der Familie aufzuweichen und um verschiedene Hilfeleistungen zu vernetzen, bietet sich die Analyse und stärkere Berücksichtigung sozialräumlicher Bedingungen an (Kaisen 2001).

Institutionelle Kooperation

Wir versuchen die Interaktionssysteme, in welchen das problematische Verhalten gezeigt wird, in die Beratungsarbeit einzubinden. Das gleiche gilt für den Aufbau von Kooperationsbeziehungen zu Systemen, die möglicherweise zu einer Lösung oder Minderung des Problems beitragen können. In Anlehnung an Schweitzer (1998, S. 26) verstehen wir unter Kooperation »die Handlungen mindestens zweier Parteien …, die in einem Kontext professioneller Dienstleistungen sich auf dasselbe (nicht unbedingt ähnlich definierte) Problem beziehen und bezüglich dieses Problems ein Arbeitsergebnis erzielen wollen (über das keine Einigung bestehen muss).« Kooperatives Verhalten findet statt, wenn es sich für alle Beteiligten lohnt, das heißt, wenn die Kooperationspartner im Hinblick auf ihre eigenen Interessen profitieren oder negative Konsequenzen vermeiden können (Schweitzer 1998). Im Folgenden soll dargestellt werden, wann wir mit institutionellen Außensystemen (wie Kindergarten, Schule, Jugendamt oder Heimeinrichtung) kooperieren und was sich dabei als hilfreich, aber auch als wenig nützlich oder sogar kontraproduktiv erwiesen hat.

Institutionelle Kooperation ist sinnvoll:

- wenn das aggressive Verhalten des Kindes zu einer Belastung oder Überforderung des Außensystems führt,
- wenn das Außensystem zur Bearbeitung oder Lösung des Problems beitragen kann, etwa indem es selbst Ressourcen aktiviert oder Lösungsideen entwickelt,

- wenn das Kind eine besondere Rolle in dem Außensystem hat (beispielsweise eine Sündenbockrolle in der Klasse),
- wenn das Außensystem mit seiner Sicht der Problematik neue Aspekte einbringen kann, die für die Gesamtsicht des Problems hilfreich erscheinen,
- wenn sich das Außensystem selbst um Kooperation bemüht oder bei Beratungsbeginn schon am Prozess beteiligt ist.

Institutionelle Kooperation ist notwendig:
- zur Klärung des Beratungsauftrags, wenn die Familie nicht der eigentliche Auftraggeber ist und die Beratungsempfehlung »nicht nachvollziehen« kann oder
- wenn die Familie eine divergierende Einschätzung der Situation oder einen anderen Auftrag hat,
- wenn das Außensystem zur Entstehung, Aufrechterhaltung oder Verstärkung des Problems direkt beiträgt (etwa wenn das aggressive Verhalten des Kindes Ausdruck von Konflikten zwischen dem Eltern- und dem Lehrersystem ist),
- wenn das Außensystem eine Verantwortung im Fall innehat oder übernimmt (beispielsweise Funktionen sozialer Kontrolle mit eventuellen Sanktionen gegenüber der Familie).

Kooperation ist nicht immer und überall sinnvoll oder notwendig. Sie ist kontraindiziert, wenn sie gegen den Willen der Familie (etwa wenn es zwischen der Familie und der Institution starke Spannungen und Misstrauen gibt und für die Beraterin oder den Berater die Gefahr einer Triangulation besteht) oder des Außensystems erfolgt.

Bei der Initiierung von Kooperationsbeziehungen hat sich in unserer Arbeit folgendes Vorgehen bewährt: Erfolgt die Anmeldung der Familie durch eine Institution, etwa durch das Jugendamt, so laufen alle Absprachen und die Terminkoordination bis zum Erstgespräch über diese Institution. Zur Klärung des Beratungsauftrags wird der Institutionsvertreter zum Erstgespräch eingeladen. Erweist sich in einer laufenden Beratung der Aufbau einer Kooperationsbeziehung als sinnvoll oder notwendig, macht die Beraterin oder der Berater ihr/sein Interesse an der Kooperation deutlich und klärt mit der Familie, worin ihr Interesse besteht oder bestehen könnte. Sowohl die Entscheidung, die Kooperation einzuleiten als auch die Herstellung des Kontakts mit der Institution und die Terminkoordination überlassen wir der Familie. Nur in Ausnahmefällen, wenn die Planung und Organisation die Familie überfordern würde und die Familie uns um Unterstützung bittet, sind wir nach vorheriger Klärung bereit, dies selbst zu übernehmen.

Mit der direkten Einbeziehung des Institutionsvertreters in die Sitzung haben wir die besten Erfahrungen gemacht. Signalisiert das Außensystem lediglich die Bereitschaft zu telefonischen Kontakten, ist vorher genau zu klären, was hierbei besprochen und abgefragt werden und wie die Rückmeldung an die Familie erfolgen soll. In diesem Fall lassen wir uns in schriftlicher Form von der Schweigepflicht entbinden. Nicht bewährt hat sich die Herstellung eines indirekten Kontakts zum Außensystem über das Kundensystem (Nachrichten vermitteln, etwas bestellen oder abklären lassen). Die Kommunikation mit dem Außensystem hinter dem Rücken der Familie ist für den Beratungsprozess kontraproduktiv und verbietet sich.

Im Fallbeispiel fand zunächst ein Kooperationsgespräch mit Daniels Klassenlehrerin zur Auftragsklärung statt. Eine Mitarbeiterin des Jugendamtes wurde im weiteren Beratungsverlauf mit in die Fallarbeit einbezogen, um gemeinsam über eine flankierende Jugendhilfemaßnahme für Daniel nachzudenken. Daneben wurden Rundtischgespräche in der Schule mit der Mutter, dem Schulleiter, der Klassenlehrerin, einer von der Schule eingeschalteten Mitarbeiterin des sonderpädagogischen Beratungs- und Förderzentrums, der zuständigen Bezirkssozialarbeiterin des Jugendamts und der Beraterin geführt. Dabei wurden Informationen über den aktuellen Stand ausgetauscht, die laufenden Maßnahmen transparent gemacht und weitere Vorgehensweisen abgesprochen und geplant.

Eine Voraussetzung für gelingende Kooperation ist eine professionelle Haltung der Fachleute und der professionelle Umgang miteinander. Dazu gehört, dass die möglicherweise unterschiedlichen Aufträge, Konzepte und Helfermodelle den Beteiligten bekannt sind und diesen sowie der Fachkraft und ihrer Profession mit Respekt, Achtung und Akzeptanz begegnet wird. Erleichternd wirkt sich aus, wenn die Helfer oder ihre Systeme bereits gute Erfahrungen miteinander gemacht haben und die Kooperation frühzeitig, nicht erst wenn es »brennt«, eingeleitet wird. Der respektvolle und wohlwollende Umgang mit den Kooperationspartnern sowie eine sorgfältige Indikationsstellung sind umso wichtiger, da eine ungünstig verlaufende, unprofessionell geführte Kooperation in ihrem Ergebnis meist fruchtlos ist und sogar zu einer Zuspitzung des Problems beitragen kann. Neben Nicht-Wissen, Vorurteilen, Konkurrenz, Arroganz, Entwertung und persönlicher Antipathie wirkt sich behindernd aus, wenn Kooperationspartner eher Arbeit delegieren und sich zurückziehen als selber ihren Teil zur Lösung beizutragen.

Haim Omer

Gewaltfreier Widerstand: Elterlicher Umgang mit kindlicher Destruktion[1]

Während die Eskalation von Feindseligkeit zwischen Eltern und Kindern ein bekanntes Problem ist, gibt es noch eine nicht weniger schädliche Art von Eskalation: die Eskalation, die entsteht, wenn die Eltern den Forderungen des Kindes nachgeben, das Kind seine Forderungen steigert und so weiter. Bateson (1972) folgend werden wir diese zwei Arten von Eskalation *symmetrische* (Feindseligkeit erzeugt Feindseligkeit) und *komplementäre* (Nachgiebigkeit erzeugt gesteigerte Forderungen) nennen. Die Interaktion zwischen diesen zwei Prozessen ist eine der wichtigsten Einsichten von Pattersons Theorie familiärer Zwangsprozesse (coercive family process) (Patterson et al. 1992). Patterson zeigte, dass die elterliche Nachgiebigkeit nicht nur die kindlichen Forderungen steigert (komplementäre Eskalation), sondern auch die Wahrscheinlichkeit, dass entweder die Eltern oder das Kind (oder beide) höhere Niveaus von Gewalttätigkeit in dem nächsten Zusammenstoß zeigen werden (symmetrische Eskalation).

Die Wirkungen dieser zwei Arten von Eskalation sind mannigfaltig:

– das Kind wird immer sicherer in seiner Macht und mehr und mehr machtorientiert, während die Eltern hoffnungs- und hilfsloser werden,
– es gibt eine graduelle Anpassung an ein immer höheres Stö-

1 Das vorliegende Kapitel ist eine gekürzte und überarbeitete Fassung eines gleichnamigen Artikels, der in der Zeitschrift des Weinheimer Instituts für Familientherapie »systhema« (2/2001, 15. Jahrgang, S. 119-136) erschienen ist. Eine ausführliche Darstellung des Konzepts findet sich bei Omer und v. Schlippe (2002).

rungsniveau, so dass die hilflosen Eltern »lernen«, die tagtäglichen Störungen zu ignorieren (Patterson 1980),
- die Interaktion zwischen Eltern und Kind wird progressiv auf die Konfliktgebiete eingeengt,
- die elterliche Angst vor weiterer Eskalation führt zu einer Verringerung der Kooperation mit therapeutischen Programmen,
- da das Kind seine Drohungen unter Beweis stellen muss, wird sein Benehmen stets gefährlicher und destruktiver.

Ein Beispiel für symmetrische Eskalation ist, dass mehrere Jugendliche die Entdeckung machen, dass, wenn sie von den Eltern bestraft werden, sie selbst die Eltern ihrerseits noch härter bestrafen können. In einem unserer Fälle (Omer 2000) erfand ein gewalttätiger Achtzehnjähriger eine originelle Weise, seinen Vater zu bestrafen, wenn dieser sich schlimm benahm: Er parkte das Auto des Vaters so, dass dieser es nicht finden konnte. Die Bestrafung wurde der Größe der väterlichen Sanktion angepasst (von einem Tag bis zwei Wochen ohne Auto). Der Vater hätte vielleicht mit einer unangenehmeren Konsequenz reagieren können, aber wir vermuten, dass der Sohn eine solche Entwicklung nicht passiv hingenommen hätte.

Das folgende Beispiel beschreibt eine komplementäre Eskalation: Die dreizehnjährige Tochter einer allein erziehenden Mutter schrieb dieser genau vor, wann sie morgens die Wohnung verlassen musste und wann sie am Nachmittag wieder nach Hause zurück kommen durfte. Während die Tochter in der Wohnung war, musste die Mutter sich in ihrem Zimmer aufhalten. Nur wenn die Tochter essen wollte, durfte die Mutter etwas für sie in der Küche zurechtmachen. Sie durfte der Tochter auch bei den Hausaufgaben helfen, wenn diese es wünschte. Die Tochter beschimpfte und beleidigte die Mutter und kommandierte sie schikanös herum (zum Beispiel den Fernseher an- und ausstellen). Wenn die Mutter sich weigerte, der Tochter zu gehorchen, wurde sie von der Tochter bedroht und geschlagen. Die Mutter traute sich nicht, sich gegen die Schläge zu wehren, da sie Angst davor hatte, die Tochter zu verletzen. Auch hatte sie zunehmend mehr Angst, von der Tochter zusammengeschlagen zu werden. Sie versuchte durch Gehorsam, die Tochter möglichst nicht zu provozieren. Die Mutter hatte der Tochter gegenüber starke Schuldgefühle, da die Tochter ohne Vater aufwachsen musste und die Familie wenig Geld hatte. Obwohl die Mutter versucht hatte, auf jeden Wunsch der Tochter einzugehen und sie ohne Zwang zu erziehen, zweifelte sie daran, eine gute Mutter zu sein. In ihrer eigenen Kindheit hatte die Mutter Entbehrungen und Gewalt erlitten und sich deshalb geschworen, dass ihr eigenes Kind es einmal besser haben sollte.

Mein Vorschlag, beide Arten von Eskalation gleichzeitig anzusprechen, beruht auf Pattersons Analyse der Eskalationsverfahren, bietet jedoch eine Alternative zu einem reinen Verstärkungsmodell elterlicher Beratung. Das vorliegende Modell unterscheidet sich von dem verhaltenstherapeutischen nicht nur in der Praxis, sondern auch im Konzept. So gehen daraus Vorhersagen hervor, die sich von denen des klassischen verhaltenstheoretischen Modells abheben.

Gewaltfreier Widerstand

Unsere Strategie, mit beiden Arten von Eskalation zurechtzukommen, basiert auf dem Begriff vom gewaltfreien Widerstand. Demnach begegnen die Eltern den destruktiven Haltungen des Kindes mit der Botschaft: »Ich kann dein Verhalten nicht akzeptieren und werde alles tun, es zu stoppen, außer dich zu schlagen oder zu attackieren.« Diese Idee, die Gandhis politischem Denken entnommen wurde (Iyer 1991), entspricht einem Konzept von elterlicher Autorität, das nicht auf Macht, sondern auf Präsenz basiert. Dementsprechend offenbaren die Eltern ihre Präsenz den destruktiven Handlungen des Kindes gegenüber durch Handlungen, die besagen: »Ich gebe dir nicht nach und gebe dich nicht auf!« – »Ich bin dein/e Vater/Mutter und bleibe dein/e Vater/Mutter!« – »Ich werde nicht zulassen, ausgeblendet, abgeschüttelt zu werden oder unberücksichtigt zu bleiben!« Wie die gandhische Art von politischem gewaltfreien Widerstand eignet sich diese Strategie dazu, dass Eltern sich effektiv dem unannehmbaren Verhalten des Kindes entgegenstellen, ohne eine Eskalation zu provozieren.

Das Sit-in

Eine der Haupttechniken elterlichen gewaltlosen Widerstands ist das Sit-in. Dabei kommen die Eltern in das Zimmer des Kindes hinein und setzen sich so, dass damit der Ausgang des Zimmers blockiert wird. Wie man sieht, ist der gewaltlose Widerstand sehr aktiv: Dadurch dass sie die Tür blockieren, zeigen die Eltern, dass sie sich nach Kräften den destruktiven Handlungen entgegenzustellen beabsichtigen. Einmal im Zimmer befindlich, sagen sie: »Wir können nicht akzeptieren, dass du das und das tust [das unannehmbare Benehmen muss spezifisch definiert werden]. Wir werden hier sitzen und auf Ideen von dir warten, wie du dieses Benehmen in Zukunft vermeiden kannst.« Daraufhin bleiben die Eltern still sitzen und vermeiden jede Erklärung, Zurechtweisung, Beschuldigung oder Drohung. Sie weigern sich, sich auf jegliche Diskussion einzulassen. Die Zeit, die Stille und die entschiedene Präsenz vermittelt die Botschaft des gewaltfreien Widerstands. Auf Vorschläge wie: »Wenn du mir das und das kaufst, tue ich was du willst!« oder »Er ist schuld! Nicht ich!« erwidern die Eltern kurz, aber nicht beschuldigend, dass sie dies nicht akzeptieren können. Wenn das Kind jedoch irgendeine positive Idee vorbringt, und sei es eine Aussage wie: »Ich werde mein Bestes tun, es zu vermeiden!«, sollen die Eltern dies ernst nehmen, beispielsweise indem sie dazu einige Frage stellen, die mehr guten Willen als Argwohn zeigen. Darauf verlassen sie das Zimmer, ohne jegliche warnende oder bedrohende Bemerkung, auch keine angedeutete. Unterlässt es das Kind, einen Vorschlag zu machen, bleiben die Eltern im Zimmer, so lang wie sie es vorher verabredet hatten (von einer halben Stunde bis zu zwei Stunden sind gewöhnliche Zeitspannen). In solchen Fällen sagen sie, wenn sie das Zimmer verlassen, dass keine Lösung erreicht wurde. Das Verfahren wird dann am nächsten oder übernächsten Tag wiederholt (und so handeln sie auch, wenn der von dem Kind gemachte Vorschlag nicht verwirklicht wurde). Falls das Kind sie körperlich angreift, sollen die Eltern sich verteidigen. Falls es sie beschimpft, sollen sie bis auf das Ende der besprochenen Zeit still bleiben (um so eine Eskalation zu vermeiden). Falls die Eltern bezweifeln, dass sie fähig sind, sich gegenüber körperlichen

Angriffen zu verteidigen, können sie eine dritte Person (einen Freund oder Verwandten) bitten, in dem benachbarten Zimmer während des ganzen Verfahrens anwesend zu sein. Die Anwesenheit dieser Person soll dem Kind mitgeteilt werden. Die möglichen Funktionen dieser Person sind:

- die kindliche Aggression durch ihre bloße Anwesenheit zu hemmen (in allen unseren Fällen gab es keinen gewalttätigen Ausbruch, wenn eine dritte Person vorhanden war),
- den Eltern zu helfen, sich zu verteidigen, falls eine körperliche Aggression stattfindet,
- wenn nötig der Vermittler zu sein, um Eltern und Kind beim Abschluss eines Abkommens zu helfen. Wir schlagen dabei vor, dass die dritte Person als Vermittler nach frühestens drei Stunden Sit-in eintritt. Das vorgeschlagene Verfahren sieht dann so aus, dass die Eltern das Zimmer verlassen und die dritte Person kommt und sagt: »Vielleicht kann ich helfen, wenn du damit einverstanden bist. Ich glaube, deine Eltern werden einen vernünftigen Kompromiss akzeptieren. Ich respektiere auch dein Recht, deine Selbstachtung zu wahren. Was denkst du?«

Einige weitere Punkte:

- Falls das Kind den Fernseher oder Computer anzustellen versucht, stellen ihn die Eltern wieder ab. Aber falls das Kind ihn wieder anstellt, warten die Eltern still ab, bis die verabredete Zeit vergeht (um eine Eskalation zu vermeiden). Der Fernseher oder Computer muss jedoch vor dem nächsten elterlichen Eintritt abgestellt werden.
- Das Sit-in sollte nicht während der Konfliktzuspitzung veranstaltet werden, sondern später in einer stilleren Zeit (wir nennen das die Aufforderung: »Schmiede das Eisen, wenn es kalt ist!«).
- Falls das Kind triumphierend johlt, wenn die Eltern das Zimmer verlassen, können sie ihm leise sagen (oder kurzerhand schreiben), dass sie es nicht besiegen können und es auch nicht wollen.
- Nach dem Vorgang fahren die Eltern in ihrem üblichen Umgang mit dem Kind fort, ohne Zorn oder Mitleid zu zeigen.

- In den folgenden Tagen können die Eltern dem Kind helfen oder ihm beliebige Gefälligkeiten tun (sie können ihm helfen, das Zimmer aufzuräumen, falls es seine Sachen wütend herumschleuderte, oder es in die Schule oder ins Kinofahren, oder sein Lieblingsgericht kochen). Diese Versöhnungsgesten werden ohne Erwähnung der vorherigen Vorfälle veranstaltet. Jegliche Diskussion des Grunds, der hinter den Versöhnungsgesten steckt, soll vermieden werden. Wenn das Kind will, steht es ihm frei, die elterlichen Versöhnungsgesten abzuschlagen. Die Eltern sollten es keineswegs für eine solche Entscheidung anklagen.

Die Unterstützung des Therapeuten (ebenso wie die eines Verwandten oder Freundes) ist oft hilfreich für den Erfolg der Intervention. Wenn die Eltern beispielsweise sich unschlüssig fühlen, ob sie die Vorschläge des Kindes akzeptieren sollen oder ob es schon an der Zeit ist, den Vermittler einzusetzen, oder wie sie auf allerlei problematische Entwicklungen reagieren sollen, können sie dies mit dem Therapeuten diskutieren. Wenn die Eltern Angst vor dem Sit-in haben, kann der Therapeut während des ganzen Sit-ins telefonisch erreichbar bleiben. Für gewöhnlich entscheiden die Eltern selbst, wann sie das Sit-in beenden sollen, aber falls sie das Bedürfnis verspüren, können sie dies auch mit dem Therapeuten diskutieren (üblicherweise empfehlen wir für das Sit-in eine Dauer von einer Stunde). Die Grundsätze des Sit-ins werden üblicherweise in der zweiten Therapiestunde vorgestellt. Von den ersten 40 Fällen, in denen wir das Sit-in vorschlugen, versuchten es 32 Eltern. Die höchste Anzahl von Sit-ins in einem Fall betrug sechs. Meistens wurden nicht mehr als zwei Sit-ins benötigt. In zwei dieser 32 Fälle erlebten die Eltern, dass die Intervention keine Wirkung hatte. In der Hälfte der Fälle erklärten die Eltern das Problem für gelöst. In der anderen Hälfte kam es zu einer bedeutenden Verbesserung. Zudem hatte das Sit-in auch eine positive Wirkung auf die Eskalationsprozesse. Warum?

Zuallererst ist das Sit-in geeignet, den Prozess der komplementären Eskalation zu unterbrechen: Die Eltern zeigen auf das Klarste, dass sie nicht bereit sind, vor Drohungen und Störungen zurückzuweichen. In ihrer stillen, beharrlichen Weise zeigen sie:

»Wir geben nicht auf! Du kannst uns nicht abschütteln! Wir bleiben da!« Die elterliche Präsenz wird also greifbar.

Das Sit-in ist auch dazu geeignet, den Faktoren, die in der symmetrischen Eskalation von Bedeutung sind, entgegenzuwirken. Zum einen demonstriert das Sit-in der Eltern eine Haltung, die das Gegenteil von Herrschaftsausrichtung bedeutet. Auch die Eltern sehen allmählich ein, dass die Wirkung des Sit-ins nicht davon abhängt, dass sie als Sieger hervorkommen. In zwei unserer Fälle verschwanden die Verhaltensprobleme ganz und gar, obwohl das Kind bei jedem Sit-in die Eltern »besiegte« (indem es keinen Vorschlag machte und den elterlichen Abgang mit einem Triumphschrei kommentierte). Manchmal lohnt es sich, die Eltern darauf vorzubereiten – besonders wenn das Kind auf eine extreme Weise herrschaftsorientiert ist –, bei jedem Sit-in zu »verlieren«. In einigen Fällen schlugen wir sogar vor, dass die Eltern eine schriftliche Deklaration verfassen, womit sie erklärten, dass das Kind nicht besiegbar war und dass sie seine Meinung nicht ändern konnten. Falls das Kind sie fragte, warum sie dann das Sit-in dennoch fortsetzten, konnten die Eltern antworten, dass sie es taten, weil sie es mussten. Eine solche Erklärung kann den Versuch des Kindes, der Boss zu sein, ganz und gar vereiteln. Auch die Eltern sollen nicht versuchen, der Boss zu sein. Eine elterliche Aussage von der Art: »Du wirst noch sehen!« oder »Ich werde es dir schon zeigen!« kann mit einem Schlag die Herrschaftsausrichtung des Kindes (und der Eltern) wiederherstellen.

Das Sit-in ist außerdem geeignet, die physiologische Erregung zu minimieren. Daher soll es nie als eine unmittelbare Reaktion auf kindliche Provokationen unternommen werden. Die Eltern werden angewiesen, das Zimmer des Kindes nur zu betreten, wenn sie nicht aufgeregt sind. Gewiss wird das Erregungsniveau steigen, wenn die Eltern erst einmal im Zimmer sind, aber aufgrund der ruhigeren Ausgangssituation ist die Wahrscheinlichkeit größer, dass der Siedepunkt nicht so leicht erreicht wird. Auch die Tatsache, dass die Eltern still sitzen, wird sich als ein erregungs-verringerndes Mittel auswirken: Letztendlich ist es schwer, jemanden zu schlagen oder zu treten, der passiv dasitzt. Man könnte einwenden, dass die negative Verstärkung, die durch das Sit-in vermittelt wird, weniger wirksam ist, da sie nicht unmittelbar nach dem problematischen Verhalten verabreicht wird. Das Sit-in ist jedoch nicht als eine negative Verstärkung, sondern als Botschaft gemeint. Im Gegensatz zu verhaltenstheoretischen Modellen geht dieser Ansatz davon aus, dass die Intervention nicht weniger wirksam ist, dass sie aber weniger eskalationsauslösend ist, wenn man »das Eisen schmiedet, wenn es kalt ist«.

Wie alle Elternberater wissen, ist es nicht leicht, das negative Reden der Eltern auszuschalten. Dies ist aber viel leichter, wenn die Eltern sich nicht mehr hilflos fühlen. Dieses Ziel wird durch das Sit-in erreicht. Bei unserem Projekt waren mehrere Eltern positiv überrascht, dass sie die Falle der Beredsamkeit so erfolgreich meiden konnten. Die Botschaft der Eltern, dass sie unfähig und nicht gewillt sind, die Gedanken und Vorlieben des Jugendlichen zu ändern, hat besonders gegenüber rebellischen Teenagern eine beruhigende Wirkung. Diese Botschaft trägt dazu bei, dass diese Jugendlichen nicht mehr denken, dass ihr Recht auf ihre eigene Meinung bedroht ist. Eltern fragen oft, ob das nicht auf eine Kapitulation hinausläuft: Letztendlich ist es das elterliche Ziel, nicht nur die äußerlichen Handlungen, sondern auch die innerlichen Werte des Kindes zu ändern. Eltern verstehen aber auch, dass bei rebellischen Jugendlichen Predigten und Mahnungen nicht dazu führen, Werte zu vermitteln. In Wahrheit tendiert diese Art von Reden dazu, dass die Teenager gegen die elterlichen Werte geimpft werden. Nur durch eine entschiedene Haltung können die Eltern die Werte eines rebellischen Teenagers letztendlich beeinflussen. Ausgerechnet eine solche Haltung wird durch den gewaltfreien Widerstand am klarsten erzeugt.

Wie gesagt, ist es wichtig, dass nach dem Sit-in die Eltern zu ihren normalen Handlungen dem Kind gegenüber zurückkehren. Würden dem Sit-in Strafmaßnahmen oder ein Abbruch der Beziehung folgen, hätte das dann aller Wahrscheinlichkeit nach eine Eskalation zur Folge. Ebenso wichtig ist es, dass die Eltern Zeichen von Mitleid oder Schuld vermeiden. Positive Versöhnungsschritte seitens der Eltern können jedoch ein oder zwei Tage nach dem Sit-in vorteilhaft sein. Solche Gesten deuten darauf hin, dass der Konflikt nicht die ganze Beziehung zwischen Eltern und Kind ausmacht. In einem unserer Fälle warf das elfjährige, obsessiv-impulsive Kind, das wiederholt seine jüngere Schwester geschlagen hatte, alle seine Bücher und Kleider wütend zu Boden, als die Eltern das Sit-in durchführten. Die Eltern warteten im Stillen und beschränkten sich auf Selbstverteidigung, als es sie zu schlagen versuchte. Sie warnten den Sohn nicht einmal, dass er sich wegen seines Reinlichkeits- und Ordnungszwangs mit allen seinen Büchern und Kleidern auf dem Boden schlecht fühlen würde. Das Sit-in dauerte zwei Stunden und das Kind heulte noch lang danach. Am nächsten Morgen kam die Mutter zu ihm und bot ihm ihre Hilfe an, das Zimmer aufzuräumen. Anfangs lehnte der Sohn mürrisch ab, aber kurz danach half er der Mutter dabei. Der Vater seinerseits fand Anlass, seine Bewunderung über den Umgang seines Sohnes mit Schulschwierigkeiten auszudrücken. Zwei Tage danach wiederholten die Eltern das Sit-in. Diesmal warf der Sohn nicht seine Bücher und Kleider herum, sondern begnügte sich damit, die Eltern zu beschimpfen. Demzufolge schrieben die Eltern eine Erklärung, dass der Sohn nicht besiegbar war. Die Gewalttätigkeit gegen die Schwester hörte auf. Wie wir sehen können, ist Versöhnung nicht dasselbe wie Nachgiebigkeit. Man kann Versöhnungsmaßnahmen unternehmen, ohne seine Forderungen aufzugeben: In diesem Fall beispielsweise wiederholten die Eltern das Sit-in nach den Versöhnungsmaßnahmen.

Versöhnungsmaßnahmen können nicht geradewegs aus dem Begriff des gewaltfreien Widerstands hergeleitet werden. Sie sind eher mit dem Begriff elterlicher Präsenz verknüpft, da jede Verbreiterung des Verhältnisses zwischen Eltern und Kind (wie es durch Versöhnungsmaßnahmen zu erreichen ist) eine reichere Erfahrung von elterlicher Präsenz ermöglicht. Wenn im Gegensatz dazu sich die Interaktion nur auf die konflikthaften Bereiche beschränkt, wird die Erfahrung der elterlichen Präsenz zu einer flachen Karikatur. Außerdem vergrößert eine stärkere Erfahrung elterlicher Präsenz die Wirkung des gewaltfreien Widerstands: Je reicher das Verhältnis zwischen Eltern und Kind letztendlich ist, desto bedeutender ist die elterliche Haltung für das Kind.

Das Sträuben der Eltern, Versöhnungsmaßnahmen zu unternehmen, entspringt oft der Sorge, dass solche Maßnahmen die Herrschaftsausrichtung des Kindes verstärken können. »Er wird denken, dass er uns besiegt hat!« oder »Sie wird denken, wir bereuen, was wir taten!« Diese Gedanken sind in der Herrschaftsausrichtung der Eltern begründet. Man sollte dann den Eltern erklären, dass Sieg und Niederlage nichts mit elterlicher Präsenz zu tun haben. Der Widerstand der Eltern gegenüber den Versöhnungsschritten wird außerdem geringer, wenn man ihnen erklärt, dass sie sich nicht in eine Diskussion mit dem Kind über den Grund für diese Schritte einlassen sollen. Wenn das Kind will, steht es ihm frei die Versöhnungsschritte zurückzuweisen.

Das Sit-in kann auch bei mehreren Kindern auf einmal angewendet werden. In einem unserer Fälle veranstalteten die Eltern von zwölf Kindern Sit-ins mit zehn Kindern auf einmal (Omer 2000). Das Sit-in kann auch nützlich sein, um mit Geschwisterstreitigkeiten umzugehen. Die Eltern sollten dann mit beiden Kindern zusammensitzen, ohne sich in eine Diskussion einzulassen, wer von ihnen schuldig ist. Zurzeit wird ein Schulprojekt veranstaltet, in dem das Sit-in verwendet wird, um mit jugendlichem Vandalismus umzugehen: Mitsamt den Lehrern, einem Anteil der Eltern und Vertretern des Schülergremiums (die sich willens erklärt hatten, sich an dem Projekt zu beteiligen) wird die gesamte Klasse, in der es zu vandalischen Vorfällen kam, versammelt. Der Schulpsychologe eröffnet die Sitzung mit der Erklärung, dass die Lehrer, Eltern und Vertreter des Gremiums den Vandalismus als Feind der Kinder und Erwachsenen zugleich ansehen und sich deshalb mit den Schülern versammelt haben, um Wege zu finden, den Vandalismus zu stoppen. Die Schüler sollen nicht beschuldigt werden. Die Erwachsenen sollen die Vorschläge der Jugendlichen im Stillen erwarten.

Gewaltfreie Behinderung

Es ist bekannt, dass elterliche Beaufsichtigung oder sogar die bloße Tatsache, dass die Eltern wissen, wo sich ihr Kind befindet, eine hemmende Wirkung auf antisoziales Benehmen hat (Steinberg 1986). Zuweilen muss jedoch die elterliche Kenntnis auch von aktiveren, behindernden Schritten begleitet werden, beispielsweise vom Eintreffen der Eltern an der Stelle des kindlichen Problemverhaltens (Diskothek, Straßenecke, Drogenparty) und ihrer Weigerung, sich vom Fleck zu rühren, bis das Kind bereit sein wird, mit ihnen heimzukehren (oder bis das Kind wegläuft, wobei dann die gewaltfreie Behinderung später wiederholt wird). Der Unterschied zwischen dem Sit-in und der gewaltfreien Behinderung liegt darin, dass in der Letzteren die Eltern an Ort und Stelle des kindlichen Problemverhaltens erscheinen. Da diese aktiveren, hindernden Schritte mehr Wagnis als das Sit-in erfordern, beginnen wir oft damit, dass wir den Eltern helfen, ein Unterstützungsnetz zu entwickeln.

In der politischen Art gewaltfreien Widerstands spielt die Unterstützung der Öffentlichkeit eine höchst wichtige Rolle. Nur wenn die Widerstandshandlungen der Wenigen von einem breiteren Kreis von Befürwortern und von der öffentlichen Meinung unterstützt werden, erlangt der Widerstand seine Wirkung. Desgleichen können die Eltern von rebellischen Jugendlichen ihre Wirksamkeit verstärken, wenn sie aus ihrer selbstauferlegten Heimlichkeit herauskommen und ein Unterstützungsnetz aufbauen.

Betrachten wir die folgenden Beispiele:

- Die Eltern eines 15-jährigen Mädchens, das zweimal von zu Hause weggelaufen ist, kontaktierten ihre Freunde, die Eltern ihrer Freunde, ihre Lehrer, den Leiter ihrer Schule und den Leiter der Diskothek, in der sie zu tanzen pflegte, und baten um Hilfe, um das Weglaufen zu unterbinden oder um das Mädchen ausfindig zu machen.
- Der Vater eines 17-jährigen Mädchens, das dabei war, drogensüchtig zu werden, versammelte vier ihrer Freunde (die keine Drogen nahmen) und brachte sie zu einem Treffen mit dem Therapeuten. Der Therapeut half dem Vater und den Freunden des Mädchens, eine monatelange Wache aufzustellen, um das Mädchen davon abzuhalten, Drogen zu nehmen.
- Die schwangere Frau eines 19-Jährigen erzählte seinen Eltern, dass ihr Mann plane, Selbstmord zu begehen. Die Eltern luden alle ein, die sich um ihn kümmerten, und baten alle, zu ihm zu kommen und um sein Leben zu flehen. Unter den Flehenden (außer seiner Frau und den Eltern) waren zugegen: seine zwei kleinen Schwestern (6- und 10-jährig), seine Grundschullehrerin, seine Großeltern und seine Schwägerin. In allen

diesen Fällen wurde die Aufstellung des Hilfsnetzes und die resultierenden verhindernden Handlungen zum Wendepunkt der Therapie.

Außer der von dem Unterstützungsnetz herrührenden praktischen und emotionalen Hilfe schenkt das Netz dem elterlichen gewaltfreien Widerstand auch den Stempel der gesellschaftlichen Billigung. Betrachten wir den Fall, dass die Eltern ganz allein eine höchst ungewöhnliche Handlung unternehmen, beispielsweise einen Teenager mitten in der Nacht in einer Diskothek aufzusuchen. Aller Wahrscheinlichkeit nach wird der Teenager eine solche Handlung als eine verrückte einmalige Erscheinung ansehen. Wäre jedoch dieselbe Tat vor einem Chor unterstützender Stimmen (das Netz) aufgeführt, könnte sie dann nicht mehr als eine einmalige belanglose Erscheinung abgetan werden. Diese Unterstützung hätte den Besuch zu einer neuen Realität verwandelt, mit der man rechnen muss. Das Netz verleiht der elterlichen Geste also Gewicht und erhebt sie dabei zu einer neuen Regel.

Der folgende Plan wurde entwickelt, um den Eltern eines 14-jährigen Mädchens zu helfen, das zwei- oder dreimal die Woche die Nacht im Haus seines 17-jährigen delinquenten Freundes verbrachte. Als das Mädchen das nächste Mal bei ihm blieb, sollten die Eltern mit einem Freund oder Verwandten zu ihm gehen (er wohnte bei seinem drogensüchtigen Vater). Sie sollten klingeln, sich ausweisen und sagen, dass sie ihre Tochter mitnehmen wollten. Unter keinen Umständen sollten sie sich in eine Diskussion mit der Tochter oder mit den Hausbewohnern einlassen. Falls sie provoziert würden, sollten sie still bleiben und jede fünfzehn Minuten wieder klingeln. Wenn nötig, sollte das Verfahren die ganze Nacht andauern. Falls die Tochter wieder bei dem Freund zu übernachten versuchte, sollte das Verfahren wiederholt werden. Ferner sollten die Eltern die Eltern der anderen Freunde des Mädchens kontaktieren und sie bitten, die Übernachtung ihrer Tochter ohne entsprechende elterliche Erlaubnis bei ihnen nicht zu erlauben (es war zu erwarten, dass einige dieser Eltern kooperieren und einige nicht kooperieren würden). Die Eltern entdeckten auch, dass zumindest einmal das junge Paar die Nacht in einem Motel verbracht hatte, bei dem bekannt war, dass es Teenager aufnimmt. Diese Nachrichten halfen den Eltern, sich auf eine langfristige Kampagne von gewaltfreier Behinderung vorzubereiten. Es stellte sich heraus, dass ein einziger nächtlicher Besuch genügte, um den Anfang des Wandels auszulösen. Das Schicksal griff auch zugunsten der Eltern ein: Einen Monat nach dem Besuch wurde der Freund inhaftiert.

Abschließende Bemerkungen

Die Frage, ob die hier vorgeschlagenen Mittel elterlichen Widerstands wirklich gewaltfrei sind, ist strittig. Vielleicht ist der einzige Konsens über die Definition der Gewalttätigkeit der, dass sie undefinierbar ist (Silverberg u. Gray 1992). Der Gebrauch dieses Terminus in dem vorliegenden Artikel ist ziemlich begrenzt. Als gewalttätig werden solche Handlungen bezeichnet, die direkte körperliche oder wörtliche Attacken beinhalten. Der Grund, die Definition so zu begrenzen, ist, dass körperliche und wörtliche Attacken am meisten zu Eskalationsverfahren beitragen. Außerdem kommen wir mit diesem begrenzten Gebrauch des Terminus der gandhischen Definition am nächsten, da Gandhi letztendlich auch die Benutzung sehr militanter Mittel von gewaltfreiem Widerstand befürwortete. Laut dieser begrenzten Definition von Gewalttätigkeit sind die hier vorgeschlagenen Mittel gewaltfrei.

Den Methoden des gewaltfreien Widerstands fehlt noch eine systematische empirische Evaluation.[2] Die klinische Erfahrung mit dieser Methode (und mit dem Begriff elterlicher Präsenz) ist jedoch ziemlich reichhaltig. Neben den über hundert Familien in unserer anfänglichen Stichprobe (die vor und nach der Beratung systematisch interviewt wurden) wurden Hunderte von Familien von mehr als 40 Therapeuten, die sich unter der Beaufsichtigung des Autors befinden, beraten und behandelt. Außerdem haben

2 Nach der Verfassung dieses Artikels wurde in der Universität von Tel-Aviv mit einer empirischen Untersuchung der Methoden des gewaltfreien Widerstands begonnen. Bei 30 Familien verbesserten sich nicht nur die Verhaltensprobleme der Kinder, sondern auch die Ausbrüche der Eltern verringerten sich erheblich.

sich über 3000 Fachleute in Israel, Brasilien und Deutschland an Workshops und Seminaren über elterliche Präsenz beteiligt. Aufgrund dieser großen Zuhörerschaft und ihrer positiven Reaktion wagen wir zu behaupten, dass gewaltfreier Widerstand und elterliche Präsenz im professionellen Feld höchst akzeptable Begriffe sind. Die Annehmbarkeit ist sehr wichtig für jegliches Programm in diesem Gebiet, denn wenn Eltern und Fachleute die therapeutischen Ideen nicht völlig akzeptieren, wird ihre Kooperationsbereitschaft eingeschränkt. Die Reaktion von Fachleuten ist nicht weniger wichtig als die der Eltern, weil in den meisten Fällen von kindlicher Gewalttätigkeit oft mehrere Fachleute (Therapeuten, Sozialarbeiter, Neurologen, Lehrer, Bewährungshelfer, Richter) involviert sind. Dann wird der Mangel einer gemeinsamen Sprache zwischen ihnen oft zu einem Vorzeichen des therapeutischen Scheiterns (Elizur u. Minuchin 1993). In unserer Erfahrung schaffen die Begriffe von gewaltfreiem Widerstand und elterlicher Präsenz eine solche gemeinsame Sprache und ermöglichen dadurch die Kooperation zwischen Mitwirkenden verschiedener Fächer und Ansätze.

Peter Schmidt

Konzeptionelle Aspekte systemischen Arbeitens bei sexuellem Missbrauch von Kindern und Jugendlichen

Ein Schwerpunkt der beraterischen und therapeutischen Angebote unserer Erziehungsberatungsstelle richtet sich an Jungen, die sexuelle Gewalt in unterschiedlichen Formen erlitten haben, sowie an deren Familien und weitere Bezugspersonen. Dieser Schwerpunkt entspringt keinem speziellen parteiischen Arbeitsansatz und schließt auch keine Beratung oder Therapie von Mädchen, deren Eltern oder Familien grundsätzlich aus. Er entstand aus der Struktur des psychosozialen Versorgungssystems vor Ort: Mädchenspezifischen Einrichtungen für Beratung, Therapie und Prävention stand kein vergleichbares Angebot für Jungen gegenüber. Es wurde daher ein Angebot für die Zielgruppe »Jungen, die sexuelle Gewalt erlitten haben« entwickelt.

Ausgehend von diesem Einzelfall-Hilfeangebot wuchs auf dem Hintergrund eines systemischen Verständnisses und aus konkreten Fall-Erfahrungen mit dem Ein- und Zusammenwirken unterschiedlicher Systeme ein umfassenderes Konzept für den Umgang mit der Thematik des sexuellen Missbrauchs. Aufgrund der Vielschichtigkeit der Missbrauchsproblematik und der Vielzahl der beteiligten Systeme ist ein eindimensionaler Arbeitsansatz, beispielsweise die ausschließliche Beschäftigung mit dem betroffenen Kind oder Jugendlichen und seiner Familie, nicht ausreichend. Inzwischen bilden verschiedene Module das Gesamtkonzept (s. Abb. 4):

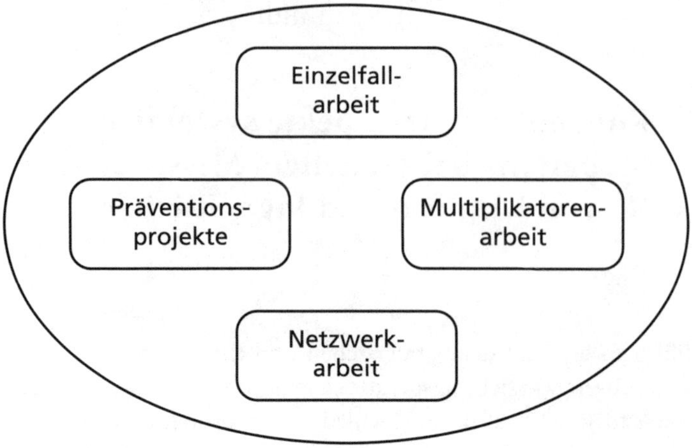

Abb. 4: Module für den Umgang mit der Thematik des sexuellen Missbrauchs

Die Einzelfallarbeit

Der Zugang zur Beratungsstelle erfolgt in verschiedenen Überweisungskontexten und mit unterschiedlichen Ausgangslagen: Entweder ist ein sexueller Missbrauch aufgedeckt und durch eindeutige Aussagen, Geständnisse oder andere Fakten belegt oder es handelt sich um Fälle, in denen ein Missbrauch vermutet wird. Eine Auswertung aller Fälle der letzten fünf Jahre zeigte, dass die Beratungsstelle überwiegend *nach Aufdeckung* einer Missbrauchshandlung aufgesucht wurde (83% aller Missbrauchsfälle). Dabei überwogen wiederum jene Fälle, in denen der Bezirkssozialdienst des Jugendamts die Vermittlung übernahm (76%), nachdem dieser entweder anlässlich einer Strafanzeige oder aufgrund eines Hilfeersuchens der Eltern vom Missbrauch Kenntnis erhalten hatte. Ansonsten erfolgte der Zugang durch die Eigeninitiative der Eltern und durch Hinweise anderer Beratungseinrichtungen. Wenn ein Missbrauch entweder noch nicht außerhalb der Familie offen gemacht worden war oder sich noch im Bereich einer Vermutung oder eines begründeten Verdachts befand, erfolgte der Zugang zur Beratungsstelle überwiegend durch die Eigeninitiative der Eltern.

Hinsichtlich der Täterschaft ist festzustellen, dass in fast 80 Prozent der Fälle der Täter oder die Täterin zwar in einer Vertrauensbeziehung zum Opfer stand, jedoch nicht zum engeren Kreis des familiären Beziehungssystems des Kindes oder Jugendlichen gehörte, teilweise sogar in keinerlei Bezug zur Familie stand. Dies entspricht der allgemeinen Erkenntnis, dass Jungen deutlich weniger als Mädchen innerhalb der eigenen Familie sexuell missbraucht werden – zumindest im Hinblick auf die offen gemachten Fälle.

Auffälliges gemeinsames Merkmal bei einem großen Teil dieser Fallgruppe ist, dass die Jungen aus schwierigen familiären Lebenskontexten mit Mehrfachbelastungen in ihrer bisherigen Sozialisation kamen: Die meisten lebten bei allein erziehenden Müttern, hatten wenig bis keinen Kontakt zu ihren Vätern und mehrfach Trennungen und unterschiedliche Formen familiärer Gewalt erfahren. Häufig war eine eingeschränkte Fähigkeit des emotionalen Kontakts der Familienmitglieder untereinander und im angemessenen Umgang mit Grenzen festzustellen. In der überwiegenden Zahl waren die von sexueller Gewalt betroffenen Jungen bereits vor dem Zeitpunkt der Missbrauchserfahrung in ihrem Selbstwert massiv beeinträchtigt. Bei vielen Familien der Opfer wurde im Beratungsverlauf deutlich, dass sie in schwierigen ökonomischen Rahmenbedingungen lebten.

In der Konsequenz heißt dies, dass ein Großteil der Jungen, die außerhalb des eigenen familiären Beziehungsraums sexuellen Missbrauch erlebten, eine zusätzliche Belastung zu bereits vorhandenen Belastungen erfahren haben.

Bei der Gesamtsicht der Fälle wirkt zunächst paradox, dass die überwiegende Anzahl der Jungen den außerhalb ihrer Familie stattfindenden sexuellen Missbrauch nicht nur über längere Zeiträume erduldet hatten. Vielmehr hatten sie sich immer wieder in die Missbrauchssituation hineinbegeben, obwohl dieser aufgrund der Gegebenheiten eher hätte ausgewichen werden können, als bei einer Missbrauchssituation innerhalb der Familie.

Die Einzelfallarbeit mit Opfern sexuellen Missbrauchs umfasst verschiedene Hilfe-Elemente, welche, vom jeweiligen Fall abhängig, unterschiedlich miteinander kombiniert werden. Dies sind:

- Einzeltherapeutische Arbeit mit dem Kind/Jugendlichen,
- Beratung und Therapie der Eltern/Familie,
- Begleitung des Kindes/Jugendlichen und seiner Familie während polizeilicher und strafrechtlicher Ermittlungen sowie bei gerichtlichen Strafverfahren,
- Kooperation mit Institutionen aus der Lebenswelt des Kindes/Jugendlichen sowie mit weiteren Helfersystemen.

Bei Verdacht auf sexuellen Missbrauch besteht für die Eltern die Möglichkeit einer beraterischen Begleitung sowohl zur Verdachtsklärung als auch zur Erarbeitung von Handlungskonsequenzen bei der Bestätigung des Verdachts.

In der Arbeit mit der größeren Fallgruppe, den außerhalb der Familie missbrauchten Jungen, zeigte sich, dass sie den Missbrauch zwiespältig wahrnahmen: Zwar wurde die Unzulässigkeit der Missbrauchshandlung des Erwachsenen realisiert und auch als unangenehm, teilweise gar als ekelhaft empfunden, aber der Kontakt mit dem Täter oder der Täterin sowie die persönliche und materielle Zuwendung stellten für die Jungen eine Form der Beachtung, der Wertschätzung, der Aufwertung und der Erweiterung ihres Lebens- und Erfahrungsraums dar. Bei fast allen Jungen führte dies zu einer ambivalenten Wahrnehmung und Bewertung des Missbrauchs: Einerseits wurde die Missbrauchshandlung als eine Art unangenehme Begleiterscheinung einer angenehmen Sache, der Beziehung zum Erwachsenen, erlebt – andererseits entstanden Schuldgefühle für das »Mitmachen« und eine hieraus empfundene Mitverantwortung für das, was stets im Verborgenen geschah. Diese Dynamik verhinderte bei den Jungen, den missbrauchenden und ausbeutenden Aspekt der Beziehung wahrzunehmen, und trug bei den meisten erschwerend dazu bei, in der therapeutischen Arbeit die Perspektive des Opfers einnehmen zu können.

Für den therapeutischen Prozess bedeutet die beschriebene Ausgangssituation, dass mit diesen Jungen mehrschichtig gearbeitet werden muss: an früheren Belastungen und Traumatisierungen, am sexuellen Missbrauch und an der Stärkung des Selbstwerts. Darüber hinaus besteht meist die Notwendigkeit, an der Bewältigung akuter Problemlagen und Konflikten in der

Familie, in der Schule und im Freizeitbereich zu arbeiten, die teilweise schon vorhanden waren und durch den Missbrauch verstärkt oder neu ausgelöst wurden. Hieraus erwächst bei systemischer Fallbetrachtung die Erfordernis, nicht ausschließlich kinder- oder jugendtherapeutisch zu arbeiten, sondern weitere Systeme aus dem Lebenskontext der betroffenen Jungen mit in den Hilfeprozess einzubeziehen. Vorrangig gilt dies für das Familiensystem. Hierbei geht es sowohl um die Unterstützung der Eltern für den aktuellen Umgang mit der sexuellen Traumatisierung ihres Kindes als auch um dessen zukünftige Unterstützung seiner Entwicklung. Es zeigte sich auch, dass sehr häufig Hilfebedarf der Eltern hinsichtlich der Stärkung ihrer allgemeinen erzieherischen Kompetenz für das von sexueller Gewalt betroffene Kind und vorhandener Geschwisterkinder bestand.

Ziel der Einbindung außerfamilialer Systeme ist es, Verständnis und Nachvollziehbarkeit für bestimmte Verhaltens- und Reaktionsweisen der Jungen zu schaffen und die vorhandenen Unterstützungsressourcen im Hinblick auf Erfolgserlebnisse und eine positive Stärkung des Selbstwerts der Jungen zu aktivieren. So war es in der überwiegenden Zahl der Fälle angezeigt, die Schule sowie Betreuungseinrichtungen und darüber hinaus teilweise auch Freizeiteinrichtungen (beispielsweise Sportverein, Pfadfinder), welche die Jungen besuchten, mittelbar oder unmittelbar in den Unterstützungsprozess einzubinden. Die Entscheidung hierüber und die Kontaktanbahnung lag dabei jeweils in der Verantwortung der Eltern – unter Einbeziehung des betroffenen Jungen.

Hilfreich war in einigen Fällen, zusätzlich zur einzeltherapeutischen Arbeit nach einiger Zeit Jugendhilfemaßnahmen wie sozialpädagogische Einzelbetreuung zu etablieren, um einerseits Entwicklungsschritte des Jungen in der Alltagsrealität zu begleiten und andererseits schwierige Alltags-Rahmenbedingungen direkt sowohl mit dem Jungen als auch den Eltern bearbeiten zu können.

Für die Arbeit mit den Jungen, die Opfer sexuellen Missbrauchs innerhalb der Familie wurden, gilt im Großen und Ganzen das, was vorher beschrieben wurde. Entscheidender Unterschied ist hierbei jedoch der Schutz des Kindes innerhalb der

Familie: Voraussetzung für die Übernahme eines therapeutischen Auftrags ist, dass zumindest das Jugendamt eingeschaltet ist und auf der Basis von Konfrontations- und/oder Hilfeplangesprächen geklärt wurde, wie der Kindesschutz gewährleistet wird. In der Praxis bedeutet dies, dass der missbrauchende Elternteil keinen unkontrollierten Zugang mehr zum Kind hat. Besonders beim Verbleiben des Kindes in der Familie ist daher dessen Schutz vor weiterem Missbrauch durch den nicht missbrauchenden Elternteil sicherzustellen.

Darüber hinaus besteht in der Arbeit mit dem Familiensystem unabhängig vom Setting die Notwendigkeit, die durch den Missbrauch gebrochenen interindividuellen und innerfamiliären Grenzen wieder herzustellen, beispielsweise den Respekt der Eltern vor dem eigenen Willen eines Kindes und seinem »Nein« zu entwickeln, die Grenzen zwischen der Erwachsenen- und der Kinderebene zu etablieren oder auch ganz einfach nur räumliche Grenzen innerhalb der Familienwohnung zu vereinbaren und zu respektieren (Ebbecke-Nohlen 1999).

Bei Missbrauch innerhalb der Familie gibt es für den missbrauchenden Elternteil das Angebot und auf Wunsch auch die Vermittlung einer Tätertherapie. Da in der Regel in der Beratungsstelle mit dem betroffenen Jungen, dem nicht missbrauchenden Elternteil und mit den Geschwistern, sofern vorhanden, an der Grenzrekonstruktion innerhalb des missbrauchenden Familiensystems gearbeitet wird, geschieht die Tätertherapie jedoch in einer anderen Institution.

Ein äußerst schwieriger Aspekt für alle Beteiligten im Fall eines sexuellen Missbrauchs ist dann gegeben, wenn dessen strafrechtliche Verfolgung zu einem Gerichtsverfahren führt und die Jungen zuerst im Verlauf der Ermittlungen und dann in der Hauptverhandlung in ihrer Doppelrolle als Opfer und als Zeuge agieren müssen. Mehrere Untersuchungen hierzu zeigen, dass eine Aussage vor Gericht für die meisten Kinder und Jugendlichen eine äußerst belastende Erfahrung bedeutet (Busse et al. 1996; Dannenberg et al. 1997; Volbert u. Pieters 1993). Trotz verschiedener Ansätze zur Reformierung der Strafprozessordnung, um diese Belastung und eine daraus möglicherweise entstehende sekundäre Traumatisierung kindlicher Opfer zu verhindern, ist es

– im Fall der Leugnung durch den Täter oder die Täterin – derzeit häufig immer noch notwendig, die Opfer selbst auch als Zeugen hören zu müssen, um eine Verurteilung erreichen zu können.

Missbrauchsopfer sind zwischen der Strafanzeige und dem Abschluss des Strafverfahrens zu unterschiedlichen Zeitpunkten unterschiedlichen Belastungsformen ausgesetzt. Der gesamte Verfahrensablauf lässt sich in drei große Zeitblöcke einteilen – vor, während und nach der Hauptverhandlung. Geht ein Verfahren in die Berufung oder Revision, dann durchläuft und durchleidet das Opfer die benannten Zeiträume erneut. Die betroffenen Jungen und deren Eltern bedürfen daher über die gesamte Dauer, die sich über mehrere Jahre erstrecken kann, einer planvollen und auf den jeweiligen Stand des Verfahrens abgestimmte Begleitung.

Typisch für die Begleitung von Gerichtsverfahren bei sexuellem Missbrauch ist, dass die Arbeit mit den betroffenen Jungen und ihren Eltern oder Familien stets parallel auf zwei Ebenen verlaufen muss: die Arbeit an der emotionalen Befindlichkeit (Wiederbelebung der traumatischen Erfahrung, Schuldempfinden für die Bestrafung des Täters, Verarbeitung der Verhandlung, Umgang mit dem Verfahrensergebnis) und die Arbeit an formalen und informellen Themen (Aufgaben und Rollen der am Gerichtsverfahren Beteiligten, Kennenlernen des Gerichtsgebäudes, Wissen über den Ablauf einer Verhandlung).

Als sinnvoll hat sich erwiesen, den Eltern anzuraten, Anwälte oder Anwältinnen, die sowohl mit der Thematik des sexuellen Missbrauchs an Kindern als auch im Umgang mit Kindern in Gerichtsverfahren vertraut sind, mit der Vertretung einer Nebenklage zu betrauen. Dies ermöglicht einen direkten Zugang zu den Gerichtsunterlagen sowie eine Eingriffsmöglichkeit in die Verfahrensabläufe. Darüber hinaus kann diese Person in der Verhandlung selbst sowohl eine emotionale Stütze des Kindes sein als auch parteiisch auf die Wahrung seiner Rechte achten. In der Begleitarbeit hat sich eine Kooperation des Kindertherapeuten mit dem Anwalt oder der Anwältin als hilfreich erwiesen: Es ist hierdurch gewährleistet, über den jeweiligen aktuellen Verfahrensstand informiert zu sein und den als notwendig erachteten

Schutz und die Unterstützung für den Jungen in der Hauptverhandlung zu erörtern und abzusprechen (unter anderem Umgehen mit Verständnisproblemen des Jungen bei an ihn gerichtete Fragen, Schutz vor Bedrohungen oder Abwertungen durch Angeklagte, Ausschluss der Angeklagten während der Vernehmung). Die Möglichkeit einer persönlichen Begleitung des Jungen durch den Therapeuten während der Verhandlung, direkt beim Kind zu sitzen und Schutz zu vermitteln, ergibt einen weiteren Kooperationsaspekt mit dem Anwalt. Hierbei erfolgt eine Absprache über die jeweilige Funktion von Anwalt und Therapeut, über die Form der gegenseitigen Verständigung in der Verhandlung und über die Situationen in denen gegebenenfalls eine Verhandlungsunterbrechung beantragt werden sollte (wie bei massiver Bedrängung des Jungen durch die Verteidigung oder den Angeklagten oder wenn die emotionale Belastungsgrenze des Kindes erreicht wird).

Als sehr hilfreich zur Angstreduzierung für die Jungen haben sich in der Verfahrensvorbereitung das Kennenlernen des Gerichtsgebäudes, seiner Räumlichkeiten und die Information über den Verfahrensablauf herausgestellt. Fast alle Jungen hatten entweder keine oder von US-amerikanischen Filmen geprägte Vorstellungen von einem Gerichtsverfahren und dem Auftreten der Beteiligten. Um über die verbalen Informationen hinaus einen realen Eindruck zu vermitteln, wurde durch die Kooperation mit einem Jugendrichter die Möglichkeit geschaffen, bei Jugendgerichtsprozessen mit geringen dramatischen Anlässen gemeinsam mit dem Jungen einer solchen Verhandlung beizuwohnen.

Als ein nicht zu unterschätzender Teil der Verfahrensbegleitung hat sich die Nachbereitung der Gerichtsverfahren herausgestellt. Hier stand bei den betreuten Fällen neben der Verarbeitung des Erlebten sowohl bei den Kindern und Jugendlichen als auch den Eltern die Auseinandersetzung mit dem Ausgang des Verfahrens häufig im Vordergrund. Bei fast allen war eine Enttäuschung über das »zu geringe« Strafmaß und die Frage, »ob es sich dafür gelohnt hat«, die zurückliegenden Belastungen auf sich genommen zu haben, vorhanden und bedurfte einer intensiven Nachbearbeitung. Dies vor allem dann, wenn eine Strafe für den Täter zur Bewährung ausgesetzt worden war und die

Vorstellung, dem Täter in Kürze begegnen zu können, bei den Jungen starke Verunsicherung und Ängstigung auslöste.

Ähnliches zeigte sich auch in Fällen, bei denen Täter ihre Strafen im Gefängnis verbüßen mussten: Die Opfer realisierten bei Gefängnisstrafen den ungefähren Entlassungszeitpunkt der Täter und erlebten dann um diesen Zeitpunkt herum, selbst nach mehreren Jahren, eine Krise, indem sie Ängste vor einer Begegnung mit dem entlassenen Täter oder vor dessen Rache empfanden. Alpträume, Konzentrationsstörungen und vermehrtes aggressives Verhalten waren dann häufig zu beobachten. Eine erneute therapeutische Intervention und Elternberatung wurden dann notwendig. Aus dieser Erfahrung heraus gehört es inzwischen zum Konzept unserer Beratungsstelle, in der Abschlussphase der therapeutischen Arbeit Eltern und Kinder auf diesen Effekt vorzubereiten und bereits zu verabreden, dass die Eltern sich zum gegebenen Zeitraum zu einem gemeinsamen Gespräch mit ihrem Kind melden.

Die Vernetzung bei Fällen sexueller Gewalt gegen Kinder

Über die beschriebene Einzelfallarbeit mit sexuell missbrauchten Jungen hinaus geschieht eine Vernetzung unserer Arbeit derzeit auf drei Ebenen:

- Institutionelle Vernetzung und Kooperation mit anderen Hilfesystemen im Rahmen der Einzelfallarbeit,
- Mitarbeit an der Entwicklung und Evaluation einer Konzeption für die institutionelle Kooperation bei Fällen von sexuellem Missbrauch für die gesamte Region,
- Mitarbeit in Fachgremien zur Entwicklung des Kinderschutzes in der Region.

Die *institutionelle Fall-Kooperation* basiert auf zwei Grundlagen: Dies sind zum einen die zentrale Verantwortlichkeit der Eltern bei der Entscheidung über eine Kooperation sowie absolute Transparenz der Kooperationsabläufe und zum anderen klare Regeln und Absprachen hinsichtlich der Aufgaben und Funktionen der jeweiligen Helfer/Institutionen. In der Praxis bedeutet dies, dass alle Kontakte mit anderen (Hilfe-)Systemen in gemeinsamen Sitzungen mit den Eltern und gegebenenfalls mit den Jungen stattfinden und hierbei die erforderlichen Klärungsprozesse und Absprachen erfolgen.

Zentrale Aspekte sind dabei der Auftrag und das Unterstützungsziel der jeweiligen Institution, die Verschwiegenheitspflicht der Beratungsstelle hinsichtlich der beraterischen und therapeutischen Inhalte und die Form und die Inhalte des Informationsaustausches. So war es beispielsweise in einem Fall sinnvoll, mit der teilstationären Einrichtung, die ein Junge besuchte, zu vereinbaren, dass diese den Auftrag übernahm, die Gruppenfähigkeit des Jungen und dessen soziale Kompetenz im Umgang mit Gleichaltrigen zu fördern, damit dieser sich aus seiner sozialen Isolation herauslösen konnte, während im therapeutischen Setting die Bearbeitung der Missbrauchserfahrung im Vordergrund stand.

Grundsätzlich wird hinsichtlich des Informationsaustausches angestrebt, dass alle Informationsvermittlungen im Beisein der Eltern – und gegebenenfalls des Jungen – erfolgen. Wenn dies nicht möglich ist, geschieht die Informationsweitergabe durch die Eltern selbst.

Die Entwicklung einer *Konzeption für die institutionelle Kooperation* bei Fällen von sexuellem Missbrauch entstand aus einer Fallarbeit unserer Beratungsstelle. Bei der notwendig gewordenen Kooperation mit einer anderen Beratungsstelle wurde eine Diffusion hinsichtlich der Aufgaben, Rollen und Funktionen der beteiligten Institutionen und Personen sowie der Verfahrensweisen wahrgenommen. Die Analyse der komplexen Systemstruktur in Fällen sexuellen Missbrauchs führte unter Einbeziehung des Jugendamts, des jugendärztlichen Dienstes und der Kinderklinik zu einer Konzeption institutioneller Kooperation, in der die Verfahrensabläufe, die Aufgaben und Funktionen aller im Fall Beteiligten definiert sind (Konzeption des Arbeitskreises Hilfe statt Gewalt 2002).

Die *Mitarbeit in Fachgremien* zum Kinderschutz bildet das Dach des Netzwerks, da hier der Bedarf der Versorgungsregion eruiert sowie Hilfsangebote entwickelt und koordiniert werden. Darüber hinaus bildet dies eine Möglichkeit, weitere Systeme im

Interesse der fachlichen Arbeit für Kinder und Jugendliche zu erreichen und einzubeziehen. Dies sind vor allem die politischen Gremien und die politischen Parteien, die entscheidend dazu beitragen müssen, die Rahmenbedingungen für fachlich kompetente Leistungsangebote für Kinder, Jugendliche und Eltern zu sichern und bei Bedarf weiterzuentwickeln.

Die Multiplikatorenarbeit

Systemisches Arbeiten heißt nicht nur fallbezogen die Gesamtheit der in den Einzelfall involvierten Systeme und deren Wechselwirkung zu sehen, sondern auch nicht direkt involvierte Systeme wahrzunehmen, deren Einfluss auf den Einzelfall zu untersuchen und – beim Missbrauchsthema – im Interesse und zum Schutz von Kindern und Jugendlichen aktiv zu deren Weiterentwicklung beizutragen. Die Weitergabe von fachlichem Know-how an Personen, die mit Kindern und Jugendlichen professionell zu tun haben, ist deshalb das Ziel der Arbeit mit Multiplikatoren.

Es gibt daher seitens unserer Beratungsstelle ein offenes Beratungsangebot für all jene, die aus ihrem beruflichen Kontext heraus mit der Frage eines eventuell vorliegenden sexuellen Missbrauchs oder mit der Offenlegung eines solchen konfrontiert sind und Unterstützung für den Umgang hierfür benötigen. Diese Unterstützung in Form einer Fallberatung dient – bei durch Kinder oder Jugendliche offen gelegten Missbrauch – dazu, Strategien zu entwickeln, um einerseits dem Kind/dem Jugendlichen gegenüber als Vertrauensperson stützend agieren zu können und andererseits Handlungsschritte zur Einleitung von Schutzmaßnahmen zu erarbeiten.

Im Fall eines Verdachts geht es vorrangig darum zu erarbeiten, wie der Verdacht zustande kam, und die vorliegenden Informationen in Fakten und Vermutungen zu trennen. Im weiteren Verlauf steht dann die Bewertung der Faktenlage an und der Klärungsprozess, inwieweit ausreichend Informationen für eine Intervention vorhanden sind, weitere Informationen gesammelt werden müssen oder der Verdacht als nicht bestätigt aufgegeben werden kann.

Im Gegensatz zur beschriebenen offenen gibt es auch eine zielgruppenbezogene Multiplikatorenarbeit: In Kooperation mit einer Ausbildungsstätte für Kinderkrankenpflegerinnen und -pfleger findet mit jeder Ausbildungsgruppe eine Arbeitseinheit über sexuellen Missbrauch an Mädchen und Jungen statt. Die mehrjährige Erfahrung hiermit zeigt, dass trotz der teilweisen gesellschaftlichen Enttabuisierung des Themas und seiner Behandlung in der Öffentlichkeit bei den überwiegend jungen Menschen in der Ausbildung noch immer große Informationsdefizite und -bedürfnisse vorhanden sind, und bestätigt die Notwendigkeit, immer wieder grundlegendes Wissen über sexuellen Missbrauch an Kindern und dessen Auswirkungen zu vermitteln.

Die Präventionsprojekte

Ähnlich wie bei der Multiplikatorenarbeit beschrieben, entstanden Präventionsprojekte gegen sexuellen Missbrauch aus Praxiserfahrungen und der Wahrnehmung, dass in Systemen, in denen Kinder und Jugendliche leben, Bedingungen anzutreffen sind, die Gefährdung und mangelnden Schutz vor sexuellen Übergriffen beinhalten.

Ausgangssituation für das folgende Projektbeispiel war der Fall eines 12-jährigen Jungen, der von einem 25-jährigen Mann in einem Freibad vergewaltigt wurde. Niemand bemerkte den Vorfall. Als der Junge weinend zu einem Schwimmmeister lief und berichtete, dass ihm jemand etwas getan hätte, konnte dieser, gestresst von einem Tag mit Hochbetrieb von mehreren tausend Besuchern und der Tatsache, dass Schlägereien und Konflikte zwischen Jugendlichen im Bad an der Tagesordnung sind, mit der Aussage des Jungen nicht viel anfangen und schickte ihn weg. Der Junge ging völlig verstört nach Hause und war erst nach mehreren Tagen und nach mehrfachem Nachfragen durch die Eltern, die wegen seines Verhaltens beunruhigt waren, in der Lage zu berichten, was mit ihm passiert war.

Nachdem in der Therapie mit dem Jungen dieser Ablauf deutlich geworden war, stellte sich die Frage, inwieweit an einem Ort wie einem Schwimmbad, an dem es häufig zu Grenzverletzungen der Intimität und zu sexuellen Grenzüberschreitungen kommt, die dort arbeitenden Menschen für diese Problematik sensibilisiert und gewappnet sind. Auf dem Hintergrund dieser Überlegung kam ein Gespräch mit dem Leiter des zuständigen Sportamts zustande, in dem die Problematik fallbezogen erörtert und die Anregung für eine Schulung der Mitarbeiter und Mitarbeiterinnen gegeben wurde. Diese Anregung wurde vom Sportamt aufgegriffen. Für die Durchführung des Projekts wurde von uns die Kooperation mit einer anderen Beratungsstelle gesucht, um vorhandene personelle und fachliche Ressourcen zu bündeln. Daraufhin wurden mehrere Arbeitseinheiten mit den Betriebsgruppen aller Bäder unter Einbeziehung der Schwimmmeister, des Kassen- und Reinigungspersonals sowie ehrenamtlich tätiger Badeaufsichten durchgeführt. Inhaltlich ging es darum, das Personal für die unterschiedlichsten Formen sexueller Übergriffe und von Missbrauchshandlungen zu sensibilisieren und deren Auswirkungen auf das Erleben von Kindern und Jugendlichen zu verstehen. Hierüber sollte erreicht werden, Missbrauchshandlungen eher wahrzunehmen und auf die Signale und Botschaften von Kindern und Jugendlichen, die auf sexuelle Übergriffe hinweisen, angemessen reagieren zu können. Deshalb wurden Formen des Reagierens auf solche Situationen erarbeitet, bis hin zur Frage, wo sich im jeweiligen Schwimmbad ein angemessener Raum befindet, in den man sich mit einem betroffenen Kind oder Jugendlichen zum Gespräch zurückziehen könnte. Möglichkeiten der akuten Hilfe und Intervention sowie das Hinzuziehen anderer Institutionen wie Polizei und Jugendamt waren weitere Punkte, um das Handlungsrepertoire zu erweitern.

Bereits im Verlauf der Veranstaltungen zeigte sich, dass durch die Enttabuisierung des Themas einzelne Mitarbeiterinnen Beobachtungen von Grenzüberschreitungen aus ihrem Alltag und von ihrer Unsicherheit, damit umzugehen, einbrachten. Verschiedene Mitarbeiterinnen und Mitarbeiter berichteten von Männern, die ihnen immer wieder durch ihre Annäherungsversuche an Kinder auffielen. Strategien der Intervention, die gemeinsam überlegt wurden, sollten Sicherheit geben und Mut machen zum Eingreifen. Wichtig war für die Mitarbeiterinnen und Mitarbeiter zu erfahren, dass sie bei dieser Thematik Rückendeckung auch von der Administration hatten, auch in solchen Fällen, wo sich eine Intervention eventuell als vorschnell herausstellen würde.

Abgeschlossen wurde das Projekt mit einer Öffentlichkeitsaktion, bei der in allen Bädern Plakate zum Thema sexueller Missbrauch aufgehängt wurden, die auch Hinweise auf Beratungsstellen enthielten. Darüber hinaus wurden Informationsblätter an den Kassen ausgelegt.

Ein ähnliches Projekt entwickelte sich ausgehend von einer Häufung von Fällen, in denen Jungen von Trainern in ihren Sportvereinen sexuell missbraucht wurden. Hierbei wurde mit Sportfunktionären auf übergeordneter Ebene Kontakt gesucht. Daraus entstand eine Einladung ins höchste Sportgremium, in welchem die Problematik erörtert wurde, um sowohl bei Verantwortlichen als auch bei Aktiven das Thema sexuellen Missbrauchs im Sportverein aus der Tabuzone zu holen und Präventionsansätze zu entwickeln.

Thomas Symalla und Holger Walther

Homosexuelle Jugendliche und ihre Familien

Es gibt so viele Erscheinungsbilder von Homosexualität wie sie bei heterosexuellen Identitäten auch vorkommen. So existieren auch keine diagnostischen Instrumente, um die primäre sexuelle Präferenz von außen zu bestimmen. Weiterhin gibt es auch keine Kriterien, anhand derer Homosexualität durch Verhaltensweisen, Reaktionen oder Äußerungen bestimmt werden kann. Deshalb kann Rat suchenden Eltern von professioneller Seite zunächst nicht geholfen werden, wenn diese eine eindeutige Aussage über die sexuelle Orientierung ihres Kindes oder Jugendlichen erwarten. Selbst gelegentliche homosexuelle Rollenspiele oder Doktorspiele können als Ausprobieren bewertet werden, ohne damit eine Präferenz aufzuzeigen. Erste Anzeichen einer homosexuellen Orientierung werden erst deutlich, wenn der emotionale Druck massiv und unausweichlich wird. Dies zeigt sich häufig dadurch, dass der Jugendliche sich von seiner Familie überdurchschnittlich abgrenzt und sich verschließt.

Erziehungsberatung von Familien mit homosexuellen Jugendlichen

Eine eindeutige Stellungnahme kann nur von dem Jugendlichen als Selbstkategorisierung ausgesprochen werden. Dies ist ein sehr bedeutender Schritt; die eingeschalteten Helfer können nur behilflich sein, diesen akzeptierenden Schritt zu begleiten. Erst wenn durch den Jugendlichen Tatsachen durch Äußerungen oder Handlungen geschaffen wurden, wird das Thema Homosexualität systemimmanent. Oft wird dieser Prozess von anderen, ablenkenden Symptomen des Jugendlichen (beispielsweise Leistungseinbrüche) begleitet. Phantasierte Konsequenzen oder auch eine phantasierte Katastrophe können sich durch die rückkoppelnde Wechselwirkung hemmend auf den Selbstfindungsprozess auswirken.

In der Erziehungsberatung von Familien mit homosexuellen Jugendlichen geht es darum, sowohl dem Jugendlichen zu ermöglichen, mit seinen Gefühlen und Irritationen in der Familie und der Gesellschaft seine Position zu finden, als auch den Eltern zu helfen, einen Weg zur Akzeptanz und einen Umgang mit ihrem Kind zu entwickeln.

Fallbeispiel

Der telefonische Anmeldungsgrund der Familie F. sind Schulschwierigkeiten ihres 16-jährigen Sohnes Kevin, im Erscheinungsbild als Konzentrationsschwierigkeiten mit Abfall der Leistungen, Schulunlust und Schulangst.

Die Rat suchende Familie besteht aus Frau F. (31 Jahre, halbtags als Verkäuferin tätig), Herrn F. (35 Jahre, als Malermeister ganztags angestellt), Kevin (16 Jahre, Gymnasium), Mike (14 Jahre, Gymnasium) und Miriam (11 Jahre, Orientierungsstufe).

Die Familie lebt in einer Großstadt-Reihenhaussiedlung. Einen Teil ihrer sozialen Beziehungen pflegt sie in ihrer eigenen und der angrenzenden Siedlung. Beide Großelternpaare, darüber hinaus die Schwester von Herrn F. mit Mann und zwei Kindern sowie der Bruder von Frau F. mit seiner Frau leben in der unmittelbaren Umgebung.

Im ersten Gespräch ist die Kernfamilie anwesend. Die Themen und die Ziele für die Beratung kreisen um die Schulschwierigkeiten von Kevin. Die emotionsgeladenen und wie unter Zeitdruck geäußerten Beschreibungen der einzelnen Familienmitglieder machen deutlich, dass die Familie mit den pubertierenden Kindern stark beschäftigt ist und wie wenig Zeit für jedes einzelne Familienmitglied zur Verfügung steht. Diesen Zustand nimmt der Berater zum Anlass, Teilsysteme der Familie einzuladen. Zum zweiten Gespräch werden nur Kevin und seine Eltern eingeladen.

Die Stimmung in dieser Konstellation ist sehr viel vertrauter, offener und ruhiger als im Gesamtsystem. Gleich nach der Eröffnung des Gesprächs durch den Therapeuten gelingt es der Mutter, das eigentliche Thema anzusprechen, indem sie berichtet, Kevin meine, er sei homosexuell. Er habe es ihr vor einigen Wochen vertraulich erzählt. Bisher wüssten nur Frau F. und Herr F. von Kevins Äußerung und es dürfe auch niemand etwas davon erfahren. Herr F. reagiert barsch und scheint die Situation nicht ernst zu nehmen. Kevin verhält sich in jugendlich-cooler, abweisender Manier. Durch Befragung Kevins wird deutlich, dass er hauptsächlich zu Mädchen intensive Kontakte pflegt, sich im Kontakt zu anderen Jungen unwohl fühle und diese eher meide. Nur für einige wenige Jungen aus der Umgebung interessiere er sich und verbringe mit ihnen Teile seiner Freizeit. Die Eltern sind hilflos und sprachlos, mit der Tendenz, die Äußerung nicht als endgültig und wahr einzustufen. Von der Beratung erhoffen sie sich, dass Kevin beim Zugang zu seinen wahren Gefühlen (den heterosexuellen) geholfen würde und er seine Schule schaffen möge.

In den weiteren Gesprächen wird vom Therapeuten das Interesse der Eltern an ihrem Sohn gefördert, so dass sie nachvollziehen können, welchen emotionalen Bedeutungsinhalt die Homosexualität für ihr Kind hat. Die Eltern reagieren zunächst enttäuscht, da ihre Erwartungen an die Beratung nicht erfüllt werden. Trotzdem lassen sie sich auf den Prozess ein, im siebten Gespräch ist es Kevins Idee, seine Geschwister mitzubringen und es ihnen zu erzählen.

Der Ausgang der Beratungsreihe, die 25 Sitzungen verteilt auf ein Jahr umfasst, ist, dass Kevin sich frei zu seinen Gefühlen äußern kann, erste Kontakte zu einer vom Wohnort entfernteren Coming-out-Gruppe aufnimmt, er sich in der Schule wohler fühlt und seine Schulleistungen wieder dem Stand vor der Krise entsprechen.

Die Eltern bewegen sich weiterhin auf dem ambivalenten Pfad zwischen Enttäuschung und Toleranz. Mit ihnen allein werden in größeren Abständen Folgegespräche vereinbart, um ihnen den Prozess der Akzeptanz zu erleichtern.

Das Individuum

Inneres Coming-out

Um den Prozess der Auseinandersetzung mit der sexuellen Identitätsfindung bei homosexuellen Jugendlichen verstehen zu können, muss ein inneres von einem äußeren Coming-out unterschieden werden.

Ein Jugendlicher nimmt in der Pubertät erstmalig seine sexuellen Gefühle und Phantasien wahr. Bei der gleichgeschlechtlichen Orientierung tritt jedoch eine zusätzliche Irritation auf, da der vorpubertierende und pubertierende Jugendliche mit seinen Gefühlen für das gleiche Geschlecht spürt, den Normen nicht zu entsprechen. Damit ist der eigentliche pubertäre Prozess um den konfliktreichen Aspekt des Andersseins erweitert, der als Gefährdung der Zugehörigkeit zu den unterschiedlichen Subsystemen, in denen der Jugendliche lebt, interpretiert wird (Symalla u. Walther 1996). Durch überangepasstes Verhalten versucht der Jugendliche, die jeweilige Zugehörigkeit abzusichern oder im Gegensatz dazu durch provokative Äußerungen und Verhaltensweisen sich der Toleranzfähigkeit der anderen zu vergewissern.

Die sexuellen Wünsche werden somit von Gefühlen der Scham und der Angst überlagert. In diesem Prozess der Orientierung muss der Jugendliche also zunächst für sich selbst eine Entscheidung treffen, sich einer als immer noch diskriminiert wahrgenommenen Randgruppe zuzuordnen, um seinen Gefühlen gerecht zu werden. Dies stellt einen extrem belastenden inneren Entwicklungsschritt dar. Der Jugendliche befindet sich in einem Zustand der verstärkten emotionalen Unausgeglichenheit und reagiert vorwiegend mit emotionalem Rückzug. Dieser Prozess des inneren Coming-out endet, sofern die Konflikte nicht mittels Abwehrmechanismen verarbeitet werden, meist gelungen mit der Selbstkategorisierung »Ich bin homosexuell« und kommt einem inneren Eingeständnis gleich, durch das die sexuelle Orientierung in eine übergeordnete persönliche Identität eingeordnet wird (Savin-Williams 1995).

Fragt man erwachsene Homosexuelle retrospektiv nach dem ungefähren Zeitpunkt des ersten Wahrnehmens sowie nach dem

Abschluss des inneren Coming-out, so erfahren wir, dass diese sich im statistischen Mittel bereits mit 10 Jahren ihrer homosexuellen Orientierung bewusst waren. Sich selbst als homosexuell zu bezeichnen fand mit durchschnittlich 14,6 Jahren statt (D'Augelli et al. 1998).

Die Familien, die in dieser Entwicklungsphase ihres Kindes eine Beratung suchen, haben eher eine intuitive Ahnung von einer möglichen Homosexualität, die jedoch meist geleugnet wird. Dem Jugendlichen ist es zu diesem Zeitpunkt nicht möglich, sich über seine Gefühlslage mitzuteilen, so dass auch wohlwollende Hilfestellungen von außen nicht angenommen werden können. Erst wenn der Jugendliche sich im Übergang vom inneren zum äußeren Coming-out befindet, das heißt eine innere Klarheit und Haltung hat, ist es möglich, beratend tätig zu werden. Häufig fehlt den Eltern in dieser Phase der emotionale Zugang zum Jugendlichen. Im Verhalten der Eltern und im Elternkontakt spiegelt sich die Sprachlosigkeit des in Bezug auf sich selbst stark verunsicherten Jugendlichen wider. Wenn die Eltern versuchen, mit dem Jugendlichen zu reden, finden sie häufig nicht die richtigen Worte, um ihre Wahrnehmung und ihre Beobachtungen anzusprechen. Sie erleben die distanzierenden Verhaltensweisen so, als entgleite der Jugendliche ihrem Einfluss. Da sie keine adäquaten Kommunikationsmöglichkeiten haben, greifen die Eltern unter anderem zu provozierenden Äußerungen, um den Kontakt wieder herzustellen. Durch die verletzenden Bemerkungen begibt sich der Jugendliche noch mehr in die Distanzierung. Die daraus erwachsende Hilflosigkeit lähmt das System auf allen Ebenen.

Der Berater kann dem System Informationen über den typischen Verlauf einer Adoleszenz geben, so dass alle Mitglieder ihre Wahrnehmungen einordnen können, ohne dabei auf einer – von allen Seiten schließlich nur vermuteten – Sondersituation beharren zu müssen. So wird der Jugendliche zunächst aus dem Zentrum der kritischen Aufmerksamkeit genommen und seine Auffälligkeit in den größeren Systemzusammenhang gestellt.

Der Berater klärt diagnostisch, ob die im Erstgespräch beschriebenen Phänomene (etwa Kevins Schulangst) als möglicher Ausdruck eines notwendigen inneren Rückzugs gelten können.

Kann diese Hypothese verifiziert werden, so zielen die Interventionen darauf ab, Zeiten für einen Rückzug des Jugendlichen einzurichten. Gleichzeitig sollen die Familienmitglieder zu bestimmten anderen Zeiten miteinander in Kontakt treten.

- Angenommen, der Rückzug Kevins ist wie eine besondere Sprache. Was denken Sie, was er Ihnen eigentlich damit sagen will, wenn er sich vermehrt zurückzieht?
- Wenn Kevin wieder zur Schule ginge und damit den ganzen Tag unter Freunden wäre, wie könnte er danach zu Hause dann mehr für sich allein sein, ohne dass sich andere vernachlässigt vorkommen?
- An den Vater: Was bedeutet es für Sie, wenn Kevin tatsächlich mehr mit Mädchen spielt und ihm diese Kontakte mehr bedeuten als Kontakte zu Jungen?
- An die Mutter: Was denken Sie über sich, wenn Sie immer wieder feststellen, dass der eine Sohn sich so viel zurückzieht, während es doch der andere nicht tut?

Äußeres Coming-out

Der Jugendliche öffnet sich nicht unweigerlich als Folge eines inneren Coming-out seiner Umgebung. Vielmehr kann sich diese Zeit über Jahre erstrecken. Aber immer mehr spürt der Jugendliche die Notwendigkeit, seine Umgebung einzuweihen, um sich frei verhalten zu können. Er befürchtet, dass aus vielen seiner Handlungen, seien sie auch noch so verdeckt, auf die innere Einstellung geschlossen werden kann. Bezugspersonen vermitteln dies durch Bemerkungen, die ein heterosexuell normiertes Modell zugrunde legen: »Und hast du denn auch schon eine Freundin?«

So glaubt der Jugendliche, dass aus der Verneinung derartiger Fragen oder aus einem formulierten Wunsch (etwa bei einem Freund zu übernachten) direkt auf seine sexuelle Präferenz geschlossen werden könne. In dieser Phase überdeckt die Homosexualität alle anderen Persönlichkeitsanteile. Der Jugendliche definiert sich selbst ausschließlich als homosexuell und diese Sichtweise wird später oft auch von anderen eingenommen. Dies kann eine erhöhte Kontrolle des Verhaltens bewirken. Seine Selbstwahrnehmung verstärkt sich derart, dass seine eigenen Gedanken auf Beobachter projiziert werden. So denkt der Jugendliche, dass man ihn als homosexuell identifizieren kann, weil er eine Unterwäschewerbung für Männer im Katalog aufschlägt oder weil er einen Fernsehsender wählt, in dem zufällig eine homosexuelle Person auftaucht.

Der Jugendliche lebt damit unter dem permanenten Druck, seine Umgebung eigentlich informieren zu müssen, um die emotionale Belastung zu reduzieren. Das Durchschnittsalter zum Zeitpunkt des Sich-Öffnens beträgt 17 Jahre. Dies bedeutet, dass der Jugendliche circa 2 bis 3 Jahre im Bewusstsein seiner sexuellen Orientierung lebt, ohne dies Nahestehenden mitzuteilen. Es ist ein guter Freund oder eine gute Freundin, dem oder der sich die meisten zunächst anvertrauen. Sofern zu Beginn oder in Folge auch Eltern eingeweiht werden, wählen sie häufiger die Mutter als den Vater als Person des Vertrauens. Dabei stößt etwa ein Drittel der sich öffnenden Personen auf ablehnende Reaktionen, beispielsweise Androhung von Gewalt oder Strafe.

Bemerkenswert ist, dass Geschwister nur in Ausnahmefällen zur ersten Person werden, der sich anvertraut wird. Und auch hier wird immer eine Schwester gewählt, aber nie ein Bruder. Im weiteren Verlauf sind es eher die Männer der Herkunftsfamilie, die unwissend bleiben, so als sei hier die geringste Unterstützung oder die stärkere Ablehnung zu erwarten (D'Augelli et al. 1998).

Häufig befürchten die Familienmitglieder, dass es durch die homosexuelle Entwicklung zu Beziehungsveränderungen in der Familie kommt. Diese Befürchtungen bewirken dann nicht selten, dass der Jugendliche sich plötzlich und unkontrolliert zu seiner Homosexualität äußert, indem es aus ihm herausbricht. In anderen Fällen ertappen Familienmitglieder den Jugendlichen bei homosexuellen Handlungen, so dass er sich gezwungenermaßen zu seiner Homosexualität äußern muss. Selbst wenn die Familie bereits länger homosexuelle Neigungen und Handlungen vermutete, reagiert sie dennoch meist bestürzt. Die plötzliche Konfrontation schockiert mehr als die Tatsache der Homosexualität.

Sind die Ängste des Jugendlichen vor den Reaktionen der Eltern sehr groß, wählt der Jugendliche eine günstige Gelegenheit, die eine Äußerung ohne unmittelbare Konfrontation ermöglicht. So kann ein Brief an die Eltern in deren Urlaub geschrieben werden. Oder einer Freundin wird ein Brief für die Eltern gegeben, wenn der Jugendliche selbst eine Klassenfahrt unternimmt. Der Jugendliche plant dabei ein, dass er der spontanen Reaktion der Informierten entgeht, die er als ablehnend antizipiert. Und gleichzeitig setzt er auf den Austausch der Informierten untereinander, so dass anfängliche negative Reaktionen im Lauf der Zeit einer vernünftigen Umgehensweise weichen können.

In der Beratungssituation wird die nötige Offenheit aufgebaut, die die Beteiligten selbst nicht herstellen können. Dies erfordert vom Berater eine unvoreingenommene Offenheit gegenüber dem Thema Homosexualität. Alle Aspekte sollten vom Berater zur Sprache gebracht werden können. Hat er selbst Hemmungen oder Tabubereiche, so übertragen sich diese auf das Hilfe suchende System, das lange mit einem Tabu gelebt hat.

Der Berater wählt für jedes einzelne Familienmitglied selbstwertstärkende Interventionen, um das Gesamtsystem bei seinen Bemühungen zu unterstützen, sich dem systemimmanenten Thema Homosexualität zu öffnen. Bewährt haben sich Reframings, die ressourcenorientiert das ausgelöste Familiendrama umdeuten.

- An die Eltern: Da Kevin sich Ihnen anvertraut hat, scheint in Ihrer Familie eine Atmosphäre zu sein, die Platz für Besonderheiten lässt. Wie sind Sie früher damit umgegangen, wenn ein Familienmitglied anders war als die anderen?
- An die Mutter: Was denken Sie, hätte es für Ihren Mann bedeutet, wenn sich Kevin ihm zuerst anvertraut hätte?
- An die Eltern: Was verändert sich für Sie, wenn Sie es so betrachten, dass Kevins Schulunlust seine einzige Möglichkeit war, seine Homosexualität in der Familie zu thematisieren?
- An die Eltern: Was schätzen Sie an Kevin, unabhängig von seiner Homosexualität?

Die Veränderungen im Familiensystem

Die Herkunftsfamilie

Die Homosexualität eines Jugendlichen konfrontiert die gesamte Familie mit einem unbekannten Thema, mit dem sich die Familienmitglieder zumindest aus der Betroffenenperspektive noch nicht beschäftigt haben. Die erste Reaktion ist eine absolute Verunsicherung im Umgang miteinander. Diese Unsicherheit bezieht sich nicht nur auf den Umgang mit dem Homosexuellen, selbst die Eltern und die Geschwister wissen nicht, wie sie sich zueinander verhalten sollen. Für diese Verunsicherungen und das aus der Balance geratene System wird das homosexuelle Familienmitglied verantwortlich gemacht, und so gerät es unfreiwillig wiederum in eine Außenseiterposition, diesmal sogar innerhalb der Familie. Dies stellt eine Wiederholung der momentanen Grundproblematik dar. Der homosexuelle Jugendliche befindet sich erneut in einer Situation, in der er nicht weiß, zu welcher Gruppe er jetzt gezwungenermaßen gehört, da ihm zu diesem Zeitpunkt eine homosexuelle Peergroup in der Regel noch fehlt. Diese Dynamik kann eine erneute Distanzierung und Vereinsamung auslösen, so dass die Gefahr besteht, dass alle Familienmitglieder sich aus Unsicherheit isolieren und eine Begegnung nicht mehr möglich ist.

Gleichzeitig werden Loyalitäten sowohl im aktuellen Familiensystem als auch über die Generationen hinweg verhandelt. Die Frage, wer zu wem steht und wie dies zu erklären ist, wird von jedem Familienmitglied innerlich abgewogen. Gerüchte über homosexuelle Familienmitglieder oder Familiengeschichten über das Schicksal von Homosexuellen fließen hier ebenfalls ein.

In dieser Beratungsphase ist der Berater am meisten gefordert, die Beziehungen und Kontaktmöglichkeiten im Gesamtsystem im Blick zu behalten. Der Berater erforscht beispielsweise, wie sich die Beziehungen jedes Einzelnen zu den anderen Familienmitgliedern verändert haben. Die Erforschung der Veränderungen begünstigt die Balancierung zwischen Bagatellisierung und Dramatisierung. Durch diese Herangehensweise schützt der Berater sich auf der einen Seite, in Form von Polarisierungen in das

System gezogen zu werden. Auf der anderen Seite verliert er so nicht seinen klaren Blick auf den Einschnitt in das Familienleben und kann eine neutrale Sicht auf die anstehenden Veränderungen und Konsequenzen für die Familie beibehalten.

- An die Eltern: Wie hat sich der Kontakt zwischen Kevin und Mike verändert?
- An die Eltern: Wem ist es am leichtesten gefallen, Kontakt zu Kevin zu halten?
- An Mike: Was denkt Kevin wohl, in welcher Form sich der Kontakt zwischen seinen Eltern verändert hat?
- An Kevin: Wer von den anderen tut am meisten so, als ob nichts geschehen sei?

Die Gefühle der Eltern

Neben der globalen Verunsicherung des gesamten Familiensystems löst die Mitteilung des Jugendlichen über seine Homosexualität ein massives Gefühlschaos bei den Eltern aus. Geschlechtsspezifisch agieren die Mütter ihre Gefühle meist direkter und offener, während die Väter eher distanzierter versuchen, über weite Phasen der Entwicklung ihre Gefühle zu kontrollieren.

Zwei Gefühlsdimensionen der Eltern sind hierbei zu beachten: Gefühle, die sich auf ihre Elternrolle beziehen, und Gefühle, welche die Beziehung zum Kind betreffen.

Die Elternrollen-bezogenen Gefühle kreisen um Scham, Schuld und Versagen: Was haben wir als Eltern falsch gemacht, dass es zu dieser Entwicklung kommen konnte? Derartige Fragen beziehen sich meist nicht auf konkrete Ereignisse, sondern spiegeln ein allgemein schlechtes Gewissen und die eigene Fassungslosigkeit wider, die oft in eine deprimierte Verfassung übergeht. Diese paart sich mit einer diffusen, eher unbegründeten Angst vor Vorwürfen von außen (Großeltern, Geschwister und Ursachenerforschung durch Professionelle, die auch eine Form von Schuldzuschreibung und Vorwürfen sein kann) und einer schwer zu beschreibenden Peinlichkeit. Zu dieser Gefühlspalette gehören weiterhin verschiedenartige Formen von Wut und Trauer. Sie treten entweder ungerichtet und diffus auf oder werden auf einzelne Personen oder Personenkreise projiziert. Dies können der Jugendliche selbst sein, der andere Elternteil, Familien, die keine homosexuellen Kinder haben, oder der vermeintlich schlechte Einfluss eines spezifischen Freundeskreises.

Die andere Gefühlsdimension bezieht sich auf die Sorge und die Angst um den Jugendlichen. »Keiner darf es je erfahren«, ist der Leitsatz des Jugendlichen und der Eltern häufig über eine längere Entwicklungsphase hinweg. Die Frage, wie es dem Jugendlichen tatsächlich emotional geht, bleibt unbeantwortet. Die Sorgen um den Jugendlichen werden geleitet von dem Wunsch zu verbergen. Sie werden überlagert von Phantasien zum stigmatisierten homosexuellen Milieu, mit den dazu gehörenden Vorurteilen und verzerrten Bildern. Zugleich entstehen irrationale Zukunftsängste über die schweren Lebensaufgaben eines homosexuellen Menschen im Vergleich zu einem heterosexuellen Lebensentwurf. Diese Ängste und Phantasien treten bei den Eltern auf, obwohl die gesellschaftliche Aufklärung in den letzten zwanzig Jahren sehr gewachsen ist. Jedoch besteht auch hier ein massiver Unterschied zwischen einer distanzierten Beschäftigung mit einem Thema und der direkten emotionalen Auseinandersetzung aufgrund der eigenen Betroffenheit.

Bei der Fokussierung auf die elterlichen Emotionen ist abzuwägen, in welcher Verfassung sich der Jugendliche befindet. Ist er in der Lage, sich mit den Gefühlen seiner Eltern zu konfrontieren, und ist es für das Ziel des gegenseitigen Verstehens, der Herstellung von Nähe und der Akzeptanz hilfreich, so sollte er in die Gespräche einbezogen werden.

Erscheint er sehr instabil, wenig belastbar und zeigt er Tendenzen, die Verantwortung für die »schlechte« Verfassung der Eltern zu übernehmen, ist es ratsam, die Gespräche mit den Eltern vorerst allein zu führen.

Wie bei anderen emotionalen Verunsicherungen sind Empathie und Aufklärung hilfreich, da die Realität häufig weniger bedrohlich ist als die Phantasie. Die Entlastung der Eltern von Eigen- und Fremdvorwürfen nimmt einen großen Teil der Beratung ein, damit die Eltern ihre alte Handlungsfähigkeit wiedererlangen können.

Den Mut, den Gegebenheiten in die Augen zu schauen, unterstützt und fördert der Berater durch seine Gelassenheit, Neutralität und sein Wissen zum Thema Homosexualität. Eventuell vermittelt er Kontakte zu Selbsthilfegruppen, in denen die Eltern ihre Erfahrungen mit anderen Eltern austauschen können.

- Angenommen, Ihnen gelänge es schnell, Kevins Homosexualität zu akzeptieren – was denken Sie, welche Meinung andere Familienmitglieder über Sie als Eltern dann hätten?
- Wenn Sie versuchen sollten, Ihre Traurigkeit zu steigern – was müssten Sie dazu über Homosexualität erfahren?
- Stellen Sie sich vor, es gelingt Ihnen, alles geheim zu halten. Gäbe es dann für Sie ungünstige Folgen, die Sie in Kauf nehmen würden?
- Könnte man das Gefühl, versagt zu haben, messen – welchen Wert hätten Sie und Ihr Partner jeweils auf einer Skala von 0 bis 100?

Die Erklärungsversuche der Eltern

In ihrem Gefühlschaos begeben sich die Eltern auf die Suche nach Erklärungen für das Verhalten ihres Kindes. Auf diese Weise versuchen sie, sich emotional zu entlasten und das Nichtverstehbare kognitiv nachvollziehbar zu machen. Hinter diesem Bemühen um Erklärungsversuche steht die Hoffnung auf die Zurückverwandlung des Jugendlichen in den heterosexuellen Zustand.

Die häufigsten Erklärungsversuche beziehen sich darauf, dass alles eine Übergangsphase sei: »Das ist doch nur …«

- »…, weil er so stark unter der Pubertät leidet, probiert er viel aus.«
- »…, weil er von seiner letzten Freundin so enttäuscht wurde, wendet er sich aus Schutz dem anderen Geschlecht zu.« (Motto: Es bräuchte nur die Richtige kommen, dann würde es schon klappen.)
- »…, weil er in letzter Zeit dem schlechten Einfluss einer Clique ausgesetzt war, ist er auf diese verrückte Idee gekommen.«
- »…, weil eine bestimmte Person ihn verführt hat. Es ist nicht aus ihm selbst heraus entstanden.«
- »…, weil er Probleme in der Schule hat.«

- »…, weil er schon immer einen Hang zum Experimentieren und zum Exotischen hatte.«

Die Eltern sind an Erklärungsmodellen interessierter als der betroffene Jugendliche. Denn dieser hat in jener Phase seine sexuelle Präferenz bereits gefunden. Häufig werden dem Jugendlichen von den Eltern Erklärungsmodelle angeboten, die eine bagatellisierende Einfärbung haben: »Es ist nicht so schlimm und es wird schon wieder besser.« Diese vermeintlich tröstenden Äußerungen vermitteln dem Jugendlichen jedoch, dass er nicht ernst genommen wird, dass er schlecht ist oder besser anders sein sollte.

Zu diesem Zeitpunkt der Beratung haben die Eltern die Erwartung an den professionellen Berater, dass er ihnen aufgrund seiner Diagnostik und seiner Erfahrung sagt, warum ihr Kind homosexuell ist oder aber dies nicht sein kann. Dieser Wunsch ist ambivalent: Sie möchten gern Genaueres wissen, die Ursachen sollten aber möglichst außerhalb ihrer Verantwortung liegen und ihre Hoffnung auf Veränderung soll bestätigt werden.

Der Berater kann nun Fachwissen zur Verfügung stellen, das im Wesentlichen beinhaltet, dass Homosexualität nicht pathologisch und auch nicht veränderbar ist. Dieses Vorgehen beinhaltet die Gefahr, die Eltern erneut zu enttäuschen. Dies kann passieren, wenn er Ergebnisse von Beobachtungen von homosexuellem Verhalten in der Tierwelt oder psychologische, neurologische und biochemische Theorien berichtet. Diese Ergebnisse liefern zwar keine Ursachenaufklärung, jedoch erweitern sie das Wissen und fördern letztendlich die Auseinandersetzung der Eltern mit dem Thema.

Wichtiger ist es, den Eltern die Möglichkeit zu geben, ihre eigenen Erklärungsmodelle zu formulieren und sich durch die offene Beschäftigung zu entlasten. Der Berater befindet sich in der schwierigen Situation, den Veränderungswunsch der Eltern aufzulösen und sie damit zu desillusionieren und gleichzeitig einen Prozess des Akzeptierens zu forcieren.

- An die Mutter: Was denken Sie, wofür ist es für Ihren Mann wichtig, eine Erklärung zu finden?
- Wenn es gelänge, weniger nach einer Erklärung zu suchen – mit welchen Themen würden Sie sich dann mehr beschäftigen?

- Welche Erklärung würde Ihnen im Moment am meisten helfen, damit Kevin wieder mehr Kontakt zu Ihnen bekommen kann?
- Angenommen, es gäbe keine Erklärung, was würde sich dann im Kontakt zu Kevin ändern?

Die enttäuschten Hoffnungen der Eltern

Die Gefühlslage der Eltern ist bestimmt durch Enttäuschung und Angst. Insbesondere bei männlichen homosexuellen Jugendlichen fürchten die Eltern zusätzlich zur Stigmatisierung eine Infektion mit HIV. Hier wird die Sexualität ihres Kindes gekoppelt an Krankheit und Tod.

Es besteht tatsächlich ein erhöhtes Infektionsrisiko, wenn Ausgrenzungserfahrungen in der Familie und ein mangelndes Selbstwertgefühl dazu führen, die eigene Homosexualität nicht zu akzeptieren (Hutter et al. 2000). Allen Familienmitgliedern hilft eine direkte Ansprache der Risikobeurteilung und der Möglichkeiten, eine Infektion zu verhindern. Die Krankheit Aids sollte mit jedem pubertierenden Jugendlichen besprochen werden, da im Zug der sexuellen Liberalisierung vermehrt bisexuelle Kontakte praktiziert werden.

Über diese Ängste hinaus werden die Eltern mit der Enttäuschung über die homosexuelle Entwicklung ihres Kindes konfrontiert und damit die Hoffnungen und Erwartungen an den Lebenslauf ihres Kindes meist zerstört. Der Lebenslauf des Kindes wird innerlich immer in Beziehung zur eigenen Person, zum Erziehungsverhalten und zum Idealbild von Familie gesetzt. Eine positive Entwicklung wird wie ein Gütezeichen oder wie ein Beweis für die Richtigkeit des eigenen Handelns gedeutet. In den seltensten Fällen wird von den Eltern die Homosexualität als Nachweis interpretiert, dass ihr Erziehungsverhalten zu Offenheit und Akzeptanz unterschiedlicher Lebensstile geführt hat und somit dem Kind ermöglichte, sich den inneren Bedürfnissen entsprechend zu entfalten.

Mit dem Auftreten von Homosexualität in der eigenen Familie werden innere Bilder, Wünsche und Träume zerstört, die sich auf eine nach gesellschaftlichem Vorbild intakte Familie beziehen. Die häufig gehegte Sichtweise, dass derartige Familienbesonderheiten ausschließlich anderen passieren, ist nicht mehr aufrechtzuerhalten. Des Weiteren wird der Wunsch der Familienfortführung durch das homosexuelle Kind zerstört, das heißt, der Traum von eigenen Enkelkindern muss sich auflösen. Dieser Effekt verstärkt sich zusätzlich, wenn es sich um ein Einzelkind handelt, da Zukunftswünsche nicht auf ein weiteres Kind verlagert werden können. Aber auch eine unkomplizierte Fortführung von Familienleben und Traditionen scheint nicht mehr möglich.

Da positive oder neutrale Erfahrungen mit Homosexualität in der Familiengeschichte meist nicht vorhanden sind, fehlen immer noch Vorbilder für einen vielleicht veränderten und unkonventionellen Umgang mit alten Familientraditionen. Der Beratungsprozess kann genutzt werden, um diesen zumindest gedanklich zu entwerfen und zu entwickeln.

Der Berater pendelt zwischen Aufklären, Begleiten und auf Veränderung zielende Interventionen, indem er auf der einen Seite die Enttäuschungen der Eltern würdigt, auf der anderen Seite ihre jetzt scheinbar nicht lebbaren Vorstellungen von Familienleben infrage stellt. Um hier einen Weg zu finden, kann er von den Lösungen anderer Familien berichten oder die Familie anregen, eigene neue Vorstellungen zu entwerfen. Seine Interventionen verändern die inneren Bilder der Eltern. An dieser Stelle können eigene Familienbilder und Vorstellungen im Hinblick auf geglückte Familienkonstellationen den Berater beeinflussen, so dass die Gefahr besteht, dass er die Enttäuschungen der Eltern noch verstärkt. Die Veränderung der inneren Bilder der Eltern kann nur gelingen, indem ihre alten Vorstellungen betrauert und verabschiedet werden. In einem weiteren Schritt werden dann neue zukunftsbezogene Bilder und Vorstellungen entworfen.

- An den Vater: Was denken Sie, welche Wünsche Ihre Frau wohl für Kevins Zukunft hatte?
- An die Eltern: Von anderen Familien kennen wir, dass es häufig ein Gefühl gibt, enttäuscht worden zu sein. Wenn das bei Ihnen auch so ist – welche Enttäuschungen gibt es?

- An die Eltern: Sicherlich hatten Sie sich Kevins Zukunft ganz anders vorgestellt. Wenn sich auch einiges ändern wird – was wird von den alten Vorstellungen bleiben können?
- An die Eltern: Angenommen Ihre Kinder sind erwachsen – wie stellen Sie sich Ihr gemeinsames Familienleben vor?

Die Reaktionen der Geschwister

Die ersten Reaktionen der Geschwister sind Unsicherheit oder Belustigung, die jedoch schnell durch ein Interesse ersetzt werden. Die Geschwister befürchten den Spott anderer Kinder und Jugendlicher, wenn diese von der Homosexualität des Geschwisters erfahren würden. Auch erwarten sie negative Auswirkungen auf das Familienleben. Wie bei Scheidungskindern beschäftigt sie die Frage, »was verändert sich jetzt bei uns und was bleibt, wie es ist?«

Je nach Geschlecht reagieren die Geschwister unterschiedlich: Mädchen sind häufig offener und interessierter, während Jungen dem Thema vorerst unsicher und zurückhaltend begegnen. Wenn es sich um ein Geschwister des gleichen Geschlechts handelt, reagieren Mädchen auch distanzierter, und bei Jungen verstärkt sich die Zurückhaltung. Dies erklärt sich dadurch, dass durch das Coming-out des Geschwisters ein Prozess des Überdenkens der eigenen Sexualität und eine Überprüfung der vergangenen und gegenwärtigen Begegnungen mit dem Geschwister angestoßen wird.

Die Reaktionen der Mitglieder des übrigen Familiensystems, der Peergroup, der Schule oder anderer Menschen (beispielsweise aus Sportvereinen, in denen der Jugendliche soziale Kontakte pflegt) sollten in der Beratung berücksichtigt werden.

Inwieweit die Geschwister mit ihren Reaktionen auf die familiären Veränderungen in den Beratungsprozess einbezogen werden können, ist abhängig von ihrem Alter und Entwicklungsstand.

Erfahrungsgemäß überfordert jüngere Geschwister bis circa zehn Jahre die Thematik. Sie können durch zirkuläre Fragen im Beratungsprozess berücksichtigt werden, während größere Geschwister direkt an den Sitzungen teilnehmen und davon profitieren können.

Die tatsächliche Einbeziehung der Geschwister in den Beratungsprozess ist abhängig von der allgemeinen familiären Atmosphäre und davon, wie offen die Familie über Sexualität reden kann. Der Berater berücksichtigt hierbei, wie bisher über Gefühle, Körperlichkeit und auch Sexualität in der Familie gesprochen wurde. Er achtet dabei auf seine eigene Wortwahl und den Tonfall, um den Schutz der Intimsphäre aller zu wahren. Seine altersentsprechende, kindgerechte und neutrale Wortwahl bietet allen Familienmitgliedern und speziell dem homosexuellen Jugendlichen den Rahmen, eine gegenseitige Akzeptanz und ein offenes Miteinander im Geschwisterkreis zu fördern. Hierbei fungiert der Berater als Modell.

- An den Vater: Wer reagiert – Ihrer Beobachtung nach – eigentlich am interessiertesten? Wer dann? Und wen interessiert die ganze Sache wohl am wenigsten?
- An Miriam: Was denkst du denn, was den Mike am meisten nerven könnte, wenn seine Freunde erfahren, dass er einen schwulen Bruder hat?
- An Mike: Wenn man messen könnte, wie sehr jeden einzelnen die ganze Sache nervt, und 0 bedeutet »gar nicht« und 10 bedeutet »total«. Was würde das Messgerät wohl bei dir und was bei deiner Schwester anzeigen?
- An Mike: Und denkst du, es gibt jemanden, der noch genervter ist?
- An Mike: Und wenn vielleicht sogar Kevin selbst genervt ist – was könnte man dann bei ihm messen?

Michael Knorr und Karin Grüter

»Ich bringe meine Eltern mit ins Heim« – Die Einbeziehung des Erziehers in den Therapieprozess des Kindes bei stationärer Unterbringung im Heim

> »Ordnen heißt Wiedererkennen. Wissen, daß in einem endlosen, unbekannten Meer eine Insel ist, wo man schon einmal war. Auf solche Inseln hatte sie gezeigt. Mit den Wörtern hatte sie sich ein Netz von wohlbekannten Menschen und Gegenständen geschaffen.
> ›Mama kommt bald‹.
> In die chaotische Trauer über die Trennung von der Frau hatte sie Ordnung gebracht durch die Erklärung, daß sie zeitlich begrenzt, vorübergehend war. Sie hatte die Zeit benutzt, um den Schmerz der Trennung zu überwinden.«
> (aus: Peter Høeg: Der Plan von der Abschaffung des Dunkels. Hamburg, 1998, S. 96)

In den vergangenen Jahren kamen Jugendliche, die aus Heimeinrichtungen[1] zu uns in die Beratung empfohlen oder geschickt wurden, nach wenigen Kontakten nicht mehr zum vereinbarten Termin, oder wir mussten uns auf die unregelmäßige Einhaltung der Termine einlassen. Unsere Unzufriedenheit darüber brachte uns zu Überlegungen, wie das System Heim verantwortlich in die therapeutische Arbeit einzubeziehen sei, und zwar unter Berücksichtigung unserer Schweigepflicht sowie der Achtung vor

1 In unserem Beitrag geben wir dem älteren Sprachgebrauch »Heim« den Vorrang; er drückt für uns den emotionalen Aspekt aus, im Gegensatz zum eher fachlich neutralen Begriff der »stationären Jugendhilfeeinrichtung«. Die Jugendlichen, mit denen wir arbeiten, sprechen vom »Heim«; das Wort bedeutet für sie mehr als die Beschreibung einer Jugendhilfemaßnahme.

dem Erziehungsauftrag der Heimerzieher, die in Sorge um das Kind sind.

Erzieher wissen oft sehr wenig über die Lebensgeschichte der ihnen anvertrauten Kinder und die Einrichtungen beziehen die Eltern dieser Kinder nicht selbstverständlich in ihre Arbeit ein. Ältere wie neuere Studien (vgl. Internationale Gesellschaft für Heimerziehung 1988; Thiersch 1998) kommen zu dem Ergebnis, dass die Bedeutung der Eltern zu wenig im Blick der Helfersysteme ist – obgleich für die Forscher zu erkennen war, dass Eltern im Prozess des Hilfeverlaufs für die Kinder und Jugendlichen eine ganz wesentliche Bedeutung haben (Thiersch 1998).

Wir betrachten die unterschiedlichen Teilsysteme Eltern, Kind, Jugendamt und Kinderheim mit ihrem unterschiedlichen Erleben im Bedeutungskontext der Fremdunterbringung – mit Respekt gegenüber den am Hilfeprozess Beteiligten, die in ihrer Arbeit in Konflikte gestellt werden, die lebensbedeutende Entscheidungen verlangen. Im Gegensatz zu uns therapeutisch arbeitenden Beratern können sie sich dieser Konflikte nicht entziehen.

Die Teilsysteme im Blick

Die Eltern

Eltern wollen gute Eltern sein. Kommt es zu einer Unterbringung in eine stationäre Jugendhilfeeinrichtung, haben sie in der Regel schwere Schuld- und Versagensgefühle. Wenn das Kind in der Einrichtung und mit den Erziehern gut zurechtkommt, so sehen die Eltern möglicherweise ihre elterliche Kompetenz infrage gestellt. Die Folge daraus kann eine offene oder verdeckte Rivalität mit den Erziehern sein. Verändert sich das Problemverhalten des Kindes nicht, so wäre dies aus der Sicht der Eltern der Beweis dafür, dass sie nicht Schuld am Verhalten des Kindes sind, und sie wären entlastet. Durch das Gefühlschaos, in dem sich die Eltern befinden, steigen sie häufig selbst aktiv in einen Machtkampf mit den Erziehern ein. Sie nutzen dann den Kontakt mit dem Kind in der Einrichtung, Fehler und Nachlässigkeiten in der Erziehung ausfindig zu machen. Sie teilen dem Kind manchmal sogar mit, ohne es wahr machen zu können, dass sie es nach Hause holen werden. In anderen Fällen kommt es zu einem totalen Rückzug der Eltern oder der Kontakt zum Kind wird nur sporadisch aufrechterhalten.

Durch das beschriebene elterliche Verhalten wird das Kind verunsichert und kann sich nicht auf den Heimalltag einlassen – es steht in einem ständigen Loyalitätskonflikt. Unabhängig davon, ob die Eltern mit Machtkampf oder Rückzug reagieren, erhält das Kind Doppelbotschaften: »Bessere dich, ohne uns bloßzustellen« oder »Bessere dich, ohne dich zu verändern.«

Damit machen es die Eltern dem Erzieherpersonal nicht leicht, auf ihrer Seite zu stehen und eine Zusammenarbeit mit der Heimeinrichtung anzubieten oder für diese sogar zu werben.

Das Kind

Kinder, die in stationären Jugendhilfeeinrichtungen leben, pendeln – manchmal im Wortsinn, manchmal im übertragenen Sinne – zwischen ihrer Herkunftsfamilie und ihrem Lebensort im Heim. Reale Kontakte zu den Eltern oder Gedanken und Erinnerungen an sie können Unruhe und Konflikte in den Alltag der Heimeinrichtung bringen.

Die Kinder erleben, dass sie nicht in ihrer eigenen Familie aufwachsen, so sehr sie auch versuchen, ihren jetzigen Lebensort zu ihrem »Eigenen« zu machen. Das löst sowohl Wünsche und Sehnsüchte nach der eigenen Familie aus, als auch Wut und Enttäuschung, verlassen worden zu sein.

Paul, 15 Jahre:
»Mein Vater ist eigentlich o.k. Ich sehe ihn so zwei- oder dreimal im Jahr. Er ist froh, dass da noch andere Kinder sind. Er hat halt eine neue Familie … Dort leben will ich da nicht mehr. Ich bin jetzt zehn Jahre im Heim, und meine Mutter hat mich erst ein einziges Mal besucht. Sie redet immer nur von sich. Eigentlich geht's ihr nicht gut, aber sie soll bleiben wo der Pfeffer wächst« (Graßl et al. 2000, S. 53).

Graßl et al. (2000) nennen aufgrund einer Befragung von Jugendlichen im Heim sechs Kriterien, die in dem Erleben von Kindern, die in stationären Jugendhilfeeinrichtungen aufwachsen, immer wieder eine Rolle spielen:

- Sehr viele Jugendliche beschrieben ihre Heimunterbringung als Erlebnis, das sie sehr belastet, auch wenn sie äußerten, sich im Heim wohl zu fühlen und nicht wieder nach Hause zurück zu wollen. Die Trennung von Eltern und Geschwistern und der Verlust aller Bezüge wurde häufig gravierender erlebt als die Unterbringung an sich.
- Viele Jugendliche fanden es grundsätzlich »normal«, dass Eltern ihre Kinder körperlich strafen. Elterliche Sanktionen wurden oft durch die aus ihrer Sicht berechtigten Gründe der Erwachsenen gerechtfertigt.
- Jeder Abbruch einer Beziehung, zum Beispiel aufgrund eines Arbeitsstellenwechsels eines Erziehers oder aus einer Veränderung der Zuständigkeiten, wurde von den Jugendlichen als erneuter Verlust beschrieben.
- Die Jugendlichen erleben nicht nur den Verlust von Beziehungen, sondern beschreiben häufig auch das Gefühl, es nicht geschafft, nicht genügt zu haben, zu frech oder sogar zu schlecht zu sein. Sie haben Schuldgefühle und machen sich selbst für das »Scheitern« der Familie verantwortlich.
- In der Regel bleiben bei Jugendlichen, die in ihrer Herkunftsfamilie aufgewachsen sind, nach ihrem Auszug von zu Hause Kontakte und Beziehungen zu den Eltern bestehen. Dies scheint bei Jugendlichen aus stationären Jugendhilfeeinrichtungen und ihren Erziehern wesentlich seltener der Fall zu sein.
- Das »Scheitern« der Eltern und der Wunsch, nicht so zu werden wie die Eltern, überschattet das Leben vieler Jugendlicher im Heim. Die durch die Eltern erfahrenen Verletzungen und Enttäuschungen prägen das Selbstbild der Jugendlichen in negativer Weise. Das kann sogar zu der Überzeugung führen, die »Unfähigkeit« der Eltern werde vererbt. Um den Schmerz zu verringern, erklären manche Jugendliche ihre Eltern sogar für tot.

Richard, 14 Jahre:
»Für mich sind die gestorben, die kenne ich gar nicht« (Wolf 2000, S. 32).

Aufgrund von Gefühlen wie Enttäuschung, Wut und Sehnsucht, die das Kind gegenüber den Eltern hat, sind die Eltern für das Kind, das im Heim lebt, immer präsent. Es bringt dadurch im übertragenen Sinn seine Eltern mit ins Heim. Die innere Beziehung zur Herkunftsfamilie kann nicht gekündigt werden – auch in der möglichen Ablehnung bleibt das Kind mit ihr verbunden. Es ist eine Herausforderung für jedes Kinderheim, mit den ambivalenten Gefühlen des Kindes umzugehen. Obwohl die Eltern räumlich nicht anwesend sind, müssen sich die Erzieher mit den Konflikten und Gefühlsschwankungen der Kinder, zum Beispiel wenn die Eltern einen Besuch zusagen, aber nicht kommen, auseinander setzen. Da abwesende Eltern eine bedeutende Rolle im Heimalltag spielen, ist jede Heimeinrichtung gefordert, Elternarbeit in ihr Konzept aufzunehmen.

Das Jugendamt

Die Mitarbeiter des Jugendamts stehen vor der schweren Aufgabe, die Entscheidung treffen zu müssen, ob und zu welchem Zeitpunkt ein Kind in eine stationäre Heimeinrichtung kommt. Bevor eine Heimeinweisung erwogen wird, werden in der Regel andere Jugendhilfemaßnahmen beschlossen. Oft stehen die Mitarbeiter vor hilflosen Eltern, die sich weniger als Orientierung gebende Erwachsene, denn als belastete Kinder ihren eigenen Kindern präsentieren. Die Fachleute des Jugendamts brauchen hier keinen systemischen Blick, um zu erkennen, dass nicht nur die Kinder, sondern auch die Eltern Unterstützung in ihrer Elternfunktion brauchen. Doch welche Interventionsmöglichkeiten bleibt dem Jugendamt, wenn die Eltern sich nicht für eine Beratung motivieren lassen? Vielleicht wird dann an eine sozialpädagogische Familienhilfe gedacht. Was tut der Sozialarbeiter des Jugendamts, wenn diese Intervention von den Eltern als Kontrolle erlebt wird, da sie der Maßnahme eigentlich nicht zugestimmt haben? Da bleibt vielleicht noch eine Einzelbetreuungsmaßnahme für das Kind oder den Jugendlichen. Dieser Betreuer mag dann die schwierige und mitunter unmögliche Aufgabe haben, die Ziele des Hilfeplans, die das Jugendamt mit der Familie ausgehandelt hat, zu erreichen. Doch wie kann das gelingen, wenn der Betreuer von den Eltern nicht explizit den Auftrag hat, an den familiären Strukturen zu arbeiten. Auch diese letzte Maßnahme wird möglicherweise scheitern, denn das familiäre System ist stärker als die engagierten Interventionen des Betreuers.

Trotz vieler intensiver Arbeitsbesprechungen und verschiedenster Interventionen, die Familie zu stärken, hat sich am System nichts verändert. Der Jugendamtsmitarbeiter wird sich jetzt vielleicht fragen, ob er versagt hat oder ob die Maßnahmen und die dort eingesetzten Mitarbeiter versagt haben. Und so mag es unausweichlich sein, dass das Kind oder der Jugendliche einer stationären Unterbringung in einer Heimeinrichtung entgegen sieht. Das Jugendamt erstellt nun einen Hilfeplan. Durch Einbeziehung der Eltern bei der Festlegung der Ziele im Hilfeplan erkennt das Jugendamt die Bedeutung des Elternsystems an. Bei der Zielformulierung kommt die Elternarbeit als wesentlicher Bestandteil vor, doch bleibt oft diffus, *wer* den Auftrag dazu hat. Obliegt der Auftrag dem ausgewählten Heim oder einer kooperierenden Beratungsstelle? Sind die Eltern über eine begleitende Elternarbeit und ihre Bedeutung informiert und haben sie der Elternarbeit zugestimmt? Welche Konzepte gibt es, die Eltern, wenn diese Skepsis zeigen, für eine Mitarbeit zu gewinnen? Wird das Jugendamt die Elternarbeit zum Beispiel durch Fahrtkostenbeihilfe unterstützen?

Das Jugendamt hat hier eine zentrale Rolle. Es kann sich als Koordinator zwischen Eltern und Heimeinrichtung anbieten. Es kann dafür sorgen, dass klar benannt wird, wer den Auftrag hat, mit den Eltern zu arbeiten, und sich versichern, ob die Eltern mit der beauftragten Institution kooperieren; es kann nach einem Jahr bei der Neugestaltung des Hilfeplans kritisch überprüfen, ob die Elternarbeit installiert wurde und ob sich die Eltern darauf eingelassen haben – und wenn nicht, warum nicht und welche Konsequenzen dies hat.

Klaus Wolf (2000, S. 12f.) schreibt in seinem Aufsatz über Heimerziehung: »Wenn die Entwicklungsziele unabhängig von den individuellen Lebenserfahrungen des Kindes festgelegt werden und wenn die pädagogische Interaktion nicht die Strategien und Alltagstheorien des Kindes berücksichtigt, sind Misserfolge vorprogrammiert: Die unprofessionell festgelegten Ziele werden verfehlt … Durch spezifische Zuschreibungsprozesse können die Ursachen für das Scheitern auf Mängel der Klienten zurückgeführt werden und nicht etwa auf unprofessionelle Planung … Es werden insbesondere diejenigen Informationen aufgegriffen, die belegen, dass das Kind schon immer, in verschiedenen Lebenssituationen, auch in anderen Einrichtungen und sowieso schon zu Hause, Schwierigkeiten gemacht hat.«

Hilfepläne sollten also nicht eine Ansammlung von Erziehungszielen für das Kind sein, die – von den Eltern getrennt – im pädagogisch geschulten Umfeld zu erfüllen sind. Wenn die Absicht der Verhaltensänderung des Kindes allzu sehr im Mittelpunkt steht, muss das schief gehen, weil die Kinder nicht als Teil eines Mobiles, also als Teil eines Systems mit den dazugehörigen Loyalitäten, Gefühlen, Verpflichtungen und unbewussten Aufträgen in Bindung zu ihrer Familie, gesehen werden. Die Vorstellung, Menschen nach Belieben durch Belohnung und Bestrafung erziehen zu können, wäre eine Überschätzung der Pädagogik. Die potentiellen Stärken von Jugendamt (und Heimerziehung) liegen eher darin, dass es Kindern ein Feld anbietet, in dem sie sich weiter entwickeln können. In diesem Feld kann, wenn es gut geht, einer lebensbejahenden Erfahrung ein Raum gegeben werden, in dem sich das Kind geschützt und begleitet erlebt. Das mag unter Umständen so aussehen, dass ein Jugendlicher in der Wut auf seine Eltern, die versprochen hatten ihn zu besuchen und wieder mal nicht gekommen sind, lautstark aus der Haut fahren darf – im Beisein eines Erziehers, der zuhört und sonst nichts tut, der den Jugendlichen aushält mit seiner Wut und Ohnmacht und auf Vertröstungen verzichtet.

Die Heimeinrichtung und der Erzieher

Der Erzieher ist von der Organisation des Heims abhängig. Ungelöste Organisationsprobleme einer Einrichtung (wie die Regelung von Krankheitsvertretungen oder die mangelnde Einarbeitung neuer Mitarbeiter) können pädagogische Anstrengungen der Erzieher zunichte machen. Es ist weitsichtig, wenn eine Einrichtung Organisation nicht als eine ärgerliche Randerscheinung, sondern als eine Voraussetzung für gelingende Heimerziehung betrachtet (Internationale Gesellschaft für Heimerziehung 1988).

Die professionelle Arbeit des Erziehers verlangt oft die ganze Person; er ist für eine bestimmte Zeit der Elternstellvertreter, kein Elternersatz. Neben seiner Aufgabe, das Kind in der Krise des Getrenntseins zu begleiten, stehen noch viele häusliche und organisatorische Pflichten. In einem engen Personalplan ist es beispielsweise für den engagierten Erzieher schwer, krisenbegleitende Gespräche zu führen. Es ist gut, wenn die Leitung dies würdigend in den Blick nimmt: Wer pflegende Aufgaben hat, braucht ebenso Pflege!

Emotional sichere Bindungen an verlässliche Bezugspersonen fördern eine gesunde psychische Entwicklung und dienen als Ressource für die Bewältigung von Lebensproblemen. Als Kriterien zum Aufbau einer sicheren Bindungsqualität gelten unter anderem Verlässlichkeit, Zugehörigkeit, eine Kontinuität der Umgebung sowie Vertrauen. Macht ein Kind wiederholt die Erfahrung, von seinen Bezugspersonen verlassen zu werden, so wird es womöglich das Vertrauen verlieren und das Risiko meiden, eine Bindung aufzubauen. Es sollte daher für jede Heimeinrichtung ein konzeptioneller Anspruch sein, dass die Personalfluktuation, etwa durch eine geplante Einarbeitung neuer Mitarbeiter, gering bleibt.

Finanzielle und auch organisatorische Gründe machen es Heimeinrichtungen oft schwer, Möglichkeiten und Bedingungen dafür zu schaffen, die Herkunftsfamilien in die praktische Arbeit einzubeziehen. In der Beratungsarbeit wurden uns von Erziehern darüber hinaus unzureichende Konzeptionen für Elternarbeit und enge Dienstpläne genannt. Von Bedeutung dürfte auch sein, dass eine alltagsverhaftete Parteilichkeit und eine auf das Kind verengte Sicht die Gleichrangigkeit der Arbeit mit dem Kind und der Familie erschwert.

Erzieher leben mit Kindern zusammen, die oft ein schweres Schicksal zu tragen haben: sei es, weil ihre Eltern ihnen nicht ermöglichen können, bei ihnen aufzuwachsen, oder weil sie ihren Kindern Schmerzvolles zugefügt haben. Erzieher sollten sich der Bedeutung bewusst sein, wie stark das Kind in sein Familiensystem eingebunden ist und damit auch den Grenzen, die ihnen als Erzieher gesetzt sind. Das kann unter Umständen bedeuten, dass sich ein bestimmtes Verhalten bei einem Kind nicht (oder jetzt noch nicht) ändern wird und dieses Verhalten zu dem Kind gehört, und zwar als seine individuelle Art, mit dem ihm gestellten Problem umzugehen; vielleicht auch mit dem Preis, sich selbst zu schaden. Dem zuzustimmen würde bedeuten, das Kind trotz seines schwierigen Verhaltens zu akzeptieren und es zu verstehen in seinem Eingebundensein in seine Herkunft und in der inneren Zugehörigkeit zu seinem Familiensystem.

Für eine erfolgreiche Arbeit ist es deshalb entscheidend, dass der Erzieher sehr viel Wissen und Verständnis für das Beziehungsgefüge, aus dem das Kind kommt, besitzt. Durch Kenntnisnahme der Familiengeschichte und Familiendynamik lässt sich das Kind im Alltag adäquater begleiten, da leichter verstanden werden kann, warum es gerade so und nicht anders handelt.

Die Einbeziehung des Erziehers in den Beratungsprozess – Wirkungen und Nebenwirkungen

Fallbeispiel: Rose, 15 Jahre

Rose hat philippinische Eltern. Sie, die Zweitälteste, hat zwei leibliche Geschwister und zwei Stiefgeschwister. Ihr Vater wurde, als sie drei Jahre war, auf den Philippinen erschossen. Ihre Mutter lebt mit den Kindern in Deutschland seit Roses achtem Lebensjahr und ist wieder verheiratet mit einem Mann spanischer Herkunft.

Rose wollte vor einem Jahr auf eigenen Wunsch in die Heimeinrichtung, da der Stiefvater sie sexuell belästigte. Im Therapiegespräch schildert sie ihre Mutter im Konflikt zwischen ihrem jetzigen Mann und ihr als Tochter: »Meine Mutter steht zwischen den Stühlen; sie hat sich für die Familie entschieden und für den Mann; sie durfte mir deshalb nicht glauben. Sie denkt, sie schafft es nicht mit fünf Kindern, und zurück auf die Philippinen kann sie auch nicht, die Armut dort ist zu groß …«

Der Kontakt zur Beratungsstelle kam auf Wunsch der Einrichtung zustande, in der Rose lebt; Rose fiele dort durch Wutausbrüche und Tätlichkeiten gegenüber anderen Jugendlichen auf. Rose war einverstanden, gemeinsam mit ihrer Erzieherin zu einem ersten Gespräch zu kommen.

Die Jugendliche beschreibt in einer reflektierten und erwachsenen Art, was die Erzieherin mit »Auffälligkeiten« meinen könnte: »Wenn mir jemand zu nahe kommt, werde ich aggressiv, und wenn mich jemand klein macht, ich mich entwürdigt fühle, dann kann ich zuschlagen …«

Weiter beschreibt die Jugendliche die erst wie zufälligen Berührungen des Stiefvaters, die dann in ihrer Zudringlichkeit und Deutlichkeit immer häufiger wurden, sowie ihre Not, nicht zu wissen, ob sie sich ihrer Mutter anvertrauen sollte. Nachdem sie dies tat und die Mutter ihr nicht glaubte, entschied sie sich, in eine Jugendhilfeeinrichtung zu gehen.

Auf die Frage des Beraters, was die Erzieherin von dem wisse, was die Jugendliche bisher beschrieb, erklärte die Erzieherin, dass sie zwar von der Tatsache sexueller Übergriffe gewusst habe, aber so genau, wie es jetzt von Rose geschildert wurde, bisher nicht informiert war. Sie wollte es auch nicht so genau wissen, denn jetzt beim Hören spüre sie Aggression gegen die Mutter und den Stiefvater. Rose stehe ihr im Moment sehr nahe und sie fühle mit ihr.

Daraufhin unterstützt der Berater die Erzieherin, genau erfahren zu wollen, was den ihr anvertrauten Jugendlichen in ihrer Lebensgeschichte geschehen ist – nicht aus Neugierde, sondern um angemessen als professionelle Fachkraft diese Jugendlichen in ihrem gegenwärtigen Konflikt begleiten zu können: »Rose hat diesen Konflikt mit in ihre Einrichtung gebracht und damit die Geschichte mit der Mutter und dem Stiefvater; vielleicht auch die

Sorge um die kleine Schwester …« Rose bestätigt diese Sorge und meint, sie fühle sich verantwortlich für ihre Schwester, etwas tun zu müssen; sie wisse aber nicht, was zu tun sei.

Ein Erzieher mag an solchen Stellen überfordert sein. Einerseits hat er sich vielleicht noch nicht mit der entsprechenden Thematik reflektierend auseinander gesetzt und muss sich erst seiner Gefühle bewusst werden, die er zu den Eltern des Jugendlichen hat. Andererseits fühlt er sich möglicherweise mit dem Jugendlichen in seiner Not verbunden, identifiziert sich mit ihm und verliert damit den notwendigen Abstand. Fühlt sich der Erzieher selbst als Opfer seiner Kindheitsgeschichte, wird er kaum der Einladung zur Identifikation mit dem Jugendlichen widerstehen können. Wut auf die Eltern würde hier eine Elternarbeit unmöglich machen, es sei denn, für diese Elternarbeit wäre eine andere, nicht involvierte Kraft aus der Einrichtung zuständig. An diesem Fallbeispiel mag deutlich werden, wie notwendig es ist, den Erzieher in den therapeutischen Prozess mit einzubeziehen, denn während der Berater sich aus der therapeutischen Arbeit wieder zurückzieht, wird der Erzieher den Jugendlichen weiter begleiten.

Der Berater stellt dann einen »leeren Stuhl« in den Kreis der Gesprächsrunde und hinter diesen einen weiteren. Dann bittet er die Erzieherin, sich vorzustellen, auf dem Stuhl säße Roses Mutter und auf dem dahinterstehenden Stuhl das kompliziert verwobene Schicksal dieser Mutter; nämlich ihre Herkunft als Philippinerin, die zurückgelassenen Eltern, die vier Geschwister von Rose, den Vater von Rose und natürlich Deutschland, dem Land, in dem diese Mutter jetzt lebt. Die Erzieherin schaut lange hin und reagiert sehr ergriffen. Daraufhin bittet der Berater sie, mit der imaginären Mutter zu sprechen, ihr zu sagen, was sie jetzt erlebt. Sie sagt: »Einerseits kann ich Sie verstehen, andererseits dürfen Sie so etwas nicht zulassen und Ihr Kind allein lassen. Das ist unmöglich.«

Der Berater bittet Rose um Rückmeldung, was sie dabei fühlen oder denken würde, wenn die Erzieherin dies zur Mutter in Wirklichkeit sagte. »Sie ist halt meine Mutter und ich liebe sie doch auch.« Daraufhin macht der Berater der Erzieherin den Vorschlag, der Mutter zu sagen: »Mir steht es nicht zu, über Sie zu urteilen und ich sehe die Liebe Ihrer Tochter zu Ihnen, die ich gern in Zukunft unterstützen werde.« Rose strahlt, doch was ist ein vorgeschlagener oder nachgesprochener Satz, hinter dem man nicht stehen kann?

Berater zu Rose: »Angenommen, die Erzieherin würde das, was sie sagt, auch so empfinden, wie wäre das für Sie?« – »Das wäre gut, sehr gut für mich. Ich müsste mich nicht auch noch für meine Mutter einsetzen und sie verteidigen.«

Im weitergehenden Gespräch mit Rose wird deutlich, wie schwer es für Rose ist, die Besuche zu Hause zu gestalten. Sie schaffe es nicht, mit ihrer Mutter über ihre Entscheidung zu sprechen, im Heim leben zu wollen, und würde den Blick von ihrer Mutter dahin gehend interpretieren: »Du bringst die Familie in Verruf, aber du hast ja recht … Ich kann dich verstehen, dass du hier nicht leben willst.«

Der Berater greift das auf: »Wie wäre das, Rose, wenn im Gespräch mit Ihrer Mutter diese sagen würde, es ist in Ordnung, dass du hier im Heim lebst?« Rose spontan: »Oh ja, das wäre schön. Dann hätt ich eine Sorge weniger …« Die Erzieherin hört dies mit Interesse. Bisher hat sie keinen Sinn in der Elternarbeit gesehen und das Heim hat auch kein Konzept zur Elternarbeit angeboten.

Der Berater regt die Erzieherin dazu an, der Mutter in Absprache mit Rose einen Brief zu schreiben. In diesem könne Sie über Roses Entwicklung sowohl in der Gruppe als auch in der Schule berichten. Durch die vorherige gemeinsame Besprechung des Briefs sei er gleichzeitig Anlass zur Eigenreflexion für Erzieherin und Jugendliche: »Der Brief kann die Botschaft an die Mutter symbolisieren: ›Sie sind Roses Mutter und deshalb steht es Ihnen zu, etwas über Ihre Tochter zu erfahren. Sie haben einen Platz in dem professionellen Tun unserer Einrichtung.‹«

Wenn wir davon ausgehen, dass diese Heimeinrichtung selbst noch keinen direkten Kontakt mit der Mutter aufgenommen hatte und auch noch nie über die Entwicklung der Tochter berichtete, ist das ein Schritt, der die Mutter sowohl in ihrer emotionalen wie auch in ihrer rechtlichen Position respektiert, denn sie ist weiterhin die leibliche Mutter, gleich, was sie versäumt hat zu tun, und sie hat ebenfalls weiterhin die elterliche Sorge. Der

Erzieher wird angeregt, auf Empörung und Moral zu verzichten und schaut dabei auf die Liebe zwischen dem Kind und der Mutter.

Beratungssettings mit Jugendlichen aus Heimeinrichtungen

Als Beratungsstelle vertreten wir die Position, dass der Erzieher ein Elternstellvertreter für eine bestimmte Zeit ist. Deshalb bitten wir bei der Anmeldung eines Jugendlichen unter 18 Jahren grundsätzlich darum, dass ein zuständiger Erzieher zum Erstgespräch mitkommt.

Bei der Anmeldung eines Jugendlichen über 18 Jahre bitten wir diesen ebenfalls, den zuständigen Erzieher zum Erstgespräch mitzubringen, respektieren aber, wenn dies vom Jugendlichen abgelehnt wird. Meldet ein Erzieher einen volljährigen Jugendlichen an, so laden wir den Anmelder zusammen mit dem Jugendlichen zum Erstgespräch ein; dem Anmelder obliegt dann die Organisation der Terminweitergabe.

In dem Gespräch mit dem Jugendlichen und dem Erzieher klären wir, ob und wenn ja, wo es sinnvoll sein könnte, den Erzieher in den Beratungsprozess mit einzubeziehen. Wenn der Jugendliche in Abgrenzung zur Einrichtung oder der Person des Erziehers wünscht, die weiteren Gespräche ohne diesen zu führen, respektieren wir dies ebenfalls und benennen noch einmal unsere Schweigepflicht gegenüber dem Erzieher und der Einrichtung. Dazu gehört auch die Verschwiegenheit darüber, ob der Jugendliche zu den Gesprächen kommt. Aus Achtung und Respekt gegenüber der Sorge des Erziehers für den Jugendlichen schlagen wir dem Jugendlichen und dem Erzieher ein gemeinsames Abschlussgespräch vor, unabhängig davon, ob es einen Beratungsabschluss mit dem Jugendlichen geben wird oder nicht – in letzterem Fall käme der Erzieher allein. In diesem Abschlussgespräch kann der Berater dem Erzieher ein Supervisionsangebot machen, wenn dieser für sich weitere Unterstützung sucht. Auf diese Art und Weise bleibt die Schweigepflicht gewahrt und wir achten ebenso die Verantwortlichkeit des Erziehers in seiner Aufgabe, den Jugendlichen zu begleiten.

Es ist uns wichtig, dass es für den Erzieher und den Jugendlichen unmittelbar nachvollziehbar ist, warum eine gemeinsame Arbeit sinnvoll ist.

Fallbeispiel: Carl, 15 Jahre

Seine Mutter starb als er drei Jahre alt war; der Vater lebt in oft wechselnden Frauenbeziehungen, in denen Alkohol eine bedeutende Rolle spielt. Die Erzieherin kommt mit Carl zum Erstgespräch mit dem Anliegen, ihn dahin gehend zu stärken, bei Belastungen nicht gleich die Flinte ins Korn zu werfen. Auch sei er hin und wieder sehr aggressiv Frauen gegenüber, was ihm anschließend sehr Leid tue. Der Berater spürt deutlich die Hilflosigkeit der Erzieherin, die den Jungen am liebsten zur Reparatur abgeben würde.

Carl hört scheinbar gelangweilt zu, was die Erzieherin über ihn schildert. Auf die Frage, was er dazu meine, kommt ein »Hmm«.

»Da macht sich die Erzieherin große Sorgen um dich; das klingt, als wenn du ihr sehr wichtig wärst … ?« – »Das mag schon sein, aber das ist ja auch ihr Job.« – »Heißt das, wenn sie kein Geld nähme, wäre das mehr wert?« – »Eltern werden ja auch nicht bezahlt …«

Der Berater: »Ich glaube nicht, dass deine Erzieherin deine Eltern ersetzen kann. [Pause] Deine Eltern kann niemand ersetzen. … [Längere Pause] Ich denke eher, dass deine Erzieherin die Arbeit deiner Eltern fortsetzen sollte. Und ich sehe, sie tut das mit viel Gefühl und großem Herzen für dich …«

Die Erzieherin reagiert: »Das finde ich gut, das ist richtig entlastend für mich. Das stimmt, Carl liegt mir sehr am Herzen, doch ich finde es gut, dass es einmal ausgesprochen ist, dass ich nicht die Eltern ersetzen kann … Carl fühlt sich oft so allein gelassen; er leidet richtig, wenn er lange Zeit nichts von seinem Vater gehört hat und dann macht er sich Sorgen um ihn.«

Im Gespräch mit Carl wird deutlich, wie schwer es für Carl ist, im Heim zu leben. Er entschied sich »freiwillig«, ins Heim zu gehen, nachdem es immer wieder zu Konflikten mit den Frauen gekommen war, die der Vater nachts mitbrachte: »Die kamen dann völlig betrunken nachts an mein Bett und wollten, dass ich mitfeiere. Ich sagte zum Schluss zu meinem Vater, ich geh ins Heim und komme nur zurück, wenn du das mit den Frauen aufgibst … Mittlerweile würde ich auch gerne bei meiner großen Schwester wohnen, aber vielleicht sagt die Nein, weil sie schon meine kleine Schwester bei sich wohnen hat.«

Der Berater: »Da sitzt vor mir ein starker Junge, der sich gezwungenermaßen entschied, im Heim zu leben, aber dort nicht leben will, denn sein Herz ist beim Vater. Und da gibt es eine engagierte Erzieherin, die großen Anteil am Schicksal von Carl nimmt, seine Einsamkeit spürt und sich damit hilflos und manchmal möglicherweise überfordert fühlt. Ich denke, dass beide ein gutes Gespann sind, da etwas draus zu machen, und ich möchte euch dabei unterstützen, wenn das jeder von euch will. [Beide stimmen zu.] Ich möchte anbieten, bei der Suche und der Prüfung mitzuhelfen, ob es für Carl Möglichkeiten gibt, bei Familienangehörigen zu wohnen, zum Beispiel bei der Schwester. Haben Sie das einmal nachgeprüft oder mit Carl besprochen?« – »Das haben wir noch nicht so mit aller Konsequenz. Ich kenne seinen Wunsch, aber angegangen … so konkret war es noch nicht.«

Wir verabreden mit Carl und der Erzieherin ein gemeinsames Beratungssetting, um herauszufinden, wo es für Carl einen guten Platz geben könnte, um sich auf die Schule und andere Zukunftspläne konzentrieren zu können.

Im folgenden Beratungsgespräch wird die Einladung der 17-jährigen Schwester vorbereitet. Die Erzieherin lädt die Schwester mit dem formulierten Ziel ein, zu klären, ob Carl bei ihr leben kann. Vorsorglich klärt die Erzieherin mit dem Jugendamt, ob dies überhaupt möglich ist.

In dem Gespräch mit der Schwester ist es für Carl schmerzhaft zu hören, dass die Schwester sich mit zwei Geschwistern überfordert fühlen würde, zumal sie große Energien für eine Ausbildung aufbringen müsse. Sie habe jetzt aber ein schlechtes Gewissen, es auszusprechen, obwohl es bei Carls Besuchen immer wieder »in der Luft lag«, dass er bei ihr wohnen wollte. Einerseits entlaste sie es auszusprechen, aber es belaste sie andererseits, ein Nein zu sagen. Alle wollten Carl den Schmerz ersparen, die Schwester und die Erzieherin, vielleicht auch Carl sich selbst. Es hat viele Energien gebunden, jetzt bietet es sich an, daran zu arbeiten.

Der Berater: »Ich sehe, dass es für dich, Carl, sehr schwer und sehr traurig ist, dies von deiner Schwester so deutlich zu hören. Vielleicht wäre es leichter gewesen, es nicht so deutlich und klar zu haben; da könntest du eher im Glauben leben, dass es irgendwann vielleicht doch möglich wäre …« – »Eigentlich wusste ich ja schon die Antwort.« – »Das heißt, jetzt hättest du Platz, um an andere Möglichkeiten zu denken?« – »Vielleicht. Wenn mein Vater … [Stille]«

Im anschließenden Gespräch spricht Carl von seiner »heimlichen Hoffnung«, dass der Vater sich ändere und ihn nach Hause hole und »dem Wissen im Kopf, dass sich da nichts ändert …«

Der Berater geht noch einmal auf die Schwester ein: »Sie sind sehr mutig und meistern Ihre Aufgabe sehr verantwortlich. Ich ahne den Preis, den Sie mit der Entscheidung zahlen, die kleine Schwester zu sich zu nehmen, und habe großen Respekt davor. Ich sehe Ihre Liebe zu Ihrer Familie und wie Sie sich ihr zugehörig fühlen. Ihre große Verantwortung für Carl und ihre Haltung ›Carl gehört dazu, ich müsste ihn zu mir nehmen‹ sehe ich auch. Sie geben dem Druck nicht nach, sondern muten sich nur das zu, was zu tragen ist. Das ist sehr verantwortlich gegenüber Ihrem Bruder und auch sich selbst gegenüber, auch wenn es derzeit schmerzhaft ist, dazu zu stehen.« Bruder und Schwester schauen sich mit Tränen in den Augen an.

Der Berater wendet sich an alle: »Carl hat von der ›heimlichen Hoffnung‹ und ›dem Wissen im Kopf‹ gesprochen … Könnten Sie sich vorstellen, den Vater zu bitten, hierher mitzukommen, um zu versuchen, es zu klären, welche Perspektiven es für Carl gibt?« Alle stimmen zu.

Der Prozess des Jugendlichen als Prozess des Erziehers

Indem wir nicht sofort auf den Wunsch des Erziehers nach einer Einzeltherapie eingehen, ermöglichen wir dem System Heim und dem Jugendlichen, Themen und Konflikte ans Licht kommen zu lassen, die im Verborgenen wirken. Im Fallbeispiel von Carl wird deutlich, wie wichtig es für den Jugendlichen zunächst ist, zu klären, wo er in Zukunft leben wird. Wird sich in der Heimsituation damit nicht auseinander gesetzt, behindert dies die Arbeit des Erziehers; der Jugendliche fühlt sich in seinem wirklichen Anliegen nicht ernst genommen und verstanden – und die Angebote der Erzieher können nicht angenommen werden.

Mit der Einbeziehung des Erziehers in das Beratungsgespräch ermöglichen wir dem Erzieher eine Professionalisierung seiner Arbeit. Er erfährt in unmittelbarer Betroffenheit, welche Bedeutung Ursprungsfamilien für Kinder in stationären Einrichtungen haben, auch wenn sie real nicht anwesend sind. Dabei wird weder auf seine eigene Lebensgeschichte eingegangen, denn er ist nicht der Klient noch steht er im Mittelpunkt des Geschehens. Es ist vielmehr ein Miteinander, in dem der Erzieher in seiner nicht leichten Aufgabe wertgeschätzt wird.

Das mag ihm durchaus einen Raum zur Selbsterfahrung ermöglichen. Dies gilt vielleicht besonders für junge Erzieher, die selbst noch in Abgrenzung zu ihren Eltern stehen und für die sich in der Auseinandersetzung des Kindes mit seinen Eltern, ihre eigenen ambivalenten Gefühle von Ablösung und gleichzeitiger Suche nach Anerkennung und Bestätigung widerspiegeln.

Elisabeth Mackscheidt und Ingrid Rasch

Im Kontext des neuen Kindschaftsrechts – Systemische Aspekte der Beratung bei Trennung und Scheidung

Als 1997 das neue Kindschaftsrecht verabschiedet wurde, war dem eine jahrelange Diskussion vorausgegangen, bei der Einsichten der Familientherapie eine nicht geringe Rolle spielten. Man denke zum einen an das Bestreben, der Loyalitätsstruktur eines Familiensystems Rechnung zu tragen, die auch nach der Trennung des Elternpaars Gewicht hat; zum andern an den – fast möchte man sagen – Mut, mit dem auf die Ressourcen gesetzt wird, die die Eltern selbst mitbringen. Systemisch betrachtet kann man den ganzen Vorgang auch unter dem Stichwort »Depathologisierung« von Trennung und Scheidung abhandeln.

Im Vorfeld der Reform war von mancher Seite befürchtet worden, es werde bei Scheidungen zu einer Flut von Anträgen auf Alleinsorge kommen, da der Gesetzgeber plante, ohne richterliche Entscheidung eine modifizierte Form des gemeinsamen Sorgerechts greifen zu lassen, solange kein Antrag zum Sorgerecht vorliegt. Hätte diese Befürchtung sich bestätigt, so hätte man mit einer Verschlechterung der Situation rechnen müssen, da ein selbstverantworteter Antrag eine empfindlichere Intervention in das familiäre Gefüge bedeutet als ein Verfahren von Amts wegen. Doch die Flut von Anträgen blieb aus. Die positive Zuschreibung, dass Eltern, die sich trennen, ihrer fortbestehenden Verantwortung im Allgemeinen gemeinsam nachkommen *können*, trägt Früchte (Proksch 2002), wobei die Unterscheidung zwischen Angelegenheiten des alltäglichen Lebens und Angelegenheiten von erheblicher Bedeutung – nur für Letztere sind die Eltern gemeinsam zuständig – offenbar ein hilfreiches Konstrukt ist, auch wenn sie im Einzelfall schwierige juristische Fragen aufwerfen kann. Für den »Normalfall Scheidung« jedenfalls kann es als Fortschritt betrachtet werden, wenn die Gesellschaft Eltern, die sich trennen, mit größerer Selbstverständlichkeit zumutet und zutraut, in ausreichender Weise zwischen Paarebene und Elternebene zu trennen und weiterhin gemeinsam Elternschaft zu leben.

Mit Normalfall meinen wir die ganz überwiegende Mehrzahl aller Scheidungsfälle, bei der es um Paare mit »normaler« Erziehungskompetenz geht, eine Kompetenz, die auch durch das Trennungsgeschehen nicht oder nur vorübergehend wesentlich beeinträchtigt wird. Normalfall soll nicht heißen, dass unseres Erachtens ein Scheidungsvorgang als bloße Umstrukturierung angesehen werden sollte. Angesichts des hohen Anspruchs, den die Menschen heute an ihre Paarbeziehung und auch an ihre Elternschaft haben, wird Trennung und Scheidung im Allgemeinen als schwere persönliche Krise erlebt. Wir sind deshalb auch der Auffassung, dass es in der Regel für Eltern, die sich trennen, hilfreich und angeraten ist, sich eine professionelle beraterische Plattform für die notwendig gewordenen Aushandlungsprozesse zu gönnen.

Das Beispiel, das wir im Folgenden zur Veranschaulichung der Chancen einer solchen Beratung, insbesondere wenn sie systemische Erfahrungen nutzt, heranziehen, kann gerade für die vielen Familien exemplarisch sein, die Ressourcen genug haben, um die Trennung in überschaubarer Zeit zu verarbeiten, und die dennoch in der akuten Krisensituation während und nach einer Trennung der fachlichen Beratung bedürfen.

Herr und Frau M., er 42, sie 35 Jahre alt, kommen gemeinsam zur Beratungsstelle. Die 5-jährige Tochter Katharina zeigt plötzlich im Kindergarten ein ungewohnt aggressives Verhalten, zerstört Spielmaterial, beißt und tritt andere Kinder, lässt sich von der Erzieherin nichts mehr sagen. Die Erzieherin hat das Aufsuchen einer Beratungsstelle empfohlen.

Außer Katharina gibt es noch den 9-jährigen Tobias, der die vierte Klasse einer Grundschule besucht – ein rundum erfreuliches Kind, wie beide Eltern feststellen, beliebt bei seinen Freunden, fürsorglich der Schwester gegenüber, unauffällig in der Schule.

Wenn Eltern in gemeinsamer Sorge um ihr Kind eine Beratung wünschen, so fällt es leicht, zu einem frühen Zeitpunkt des Gesprächs eine wertschätzende Bemerkung zu machen; denn es zeugt von Engagement und Kompetenz, angesichts elterlicher Sorgen den Schritt in eine Beratungsstelle zu tun und ihn *gemeinsam* zu tun.

Die immer notwendige Auftragsklärung erfordert eine erste Beschäftigung mit dem »Symptom« der Tochter. Wie ausführlich ein Berater, eine Beraterin dies tun sollte, darüber gibt es unter Systemikern unterschiedliche Meinungen. Manche konzentrieren sich von Anfang an auf die »Ausnahmen«; sie eruieren vor allem die Bedingungen, unter denen das Symptom *nicht* auftritt. Wir persönlich halten es für angemessen, der Beschreibung und der jeweiligen Einschätzung des Symptoms ausdrücklich Raum zu geben, um den Klienten zu zeigen, dass man ihre Sorge ernst nimmt und gewissermaßen auf gleicher Augenhöhe – und nicht von vornherein verstörend – gemeinsam mit ihnen Lösungen erarbeiten möchte. Das schließt nicht aus, dass die Beraterin[1] sich von Anfang an auch positive Erfahrungen mit Katharina aus der letzten Zeit beschreiben lässt, um einer Festschreibung als Problemkind vorzubeugen.

Die Beraterin fragt nach dem Zeitpunkt, zu dem die Schwierigkeiten mit Katharina aufgetreten sind, und ob Vater oder Mutter andere Veränderungen einfallen, die es zu dieser Zeit im Leben des Kindes und der Familie gegeben hat. Sie möchte Informationen für ihre eigene Hypothesenbildung bekommen, gleichzeitig aber auch die Erklärungen, die Vater und Mutter selber mitbringen, erfahren und nicht zuletzt den beiden ermöglichen, ihre Sichtweisen gegenseitig zu hören – vielleicht zum ersten Mal zu hören. Im hier beschriebenen Fall wird offenbar, dass die Ehe der Eltern sich in einer akuten Krise befindet.

Frau M. erwägt die Trennung von ihrem Mann. Sie nutzt den schützenden Rahmen des Gesprächs, um nach vorherigen vagen Andeutungen im häuslichen Bereich jetzt den Trennungswunsch klar zu benennen. Herr M. hatte Trennungsabsichten seiner Frau zwar befürchtet, ist dem Thema aber bisher ausgewichen. Er appelliert an die Verantwortung den Kindern gegenüber und kann sich Trennung in keiner Weise vorstellen.

1 Im Folgenden werden wir die weibliche Form immer dann wählen, wenn es um den konkreten Beratungsfall geht, die männliche Form, wenn es sich um allgemeine Ausführungen handelt.

Die Atmosphäre ist nun äußerst angespannt; umso wichtiger ist es, dass die Beraterin versucht, das notwendige Maß an Distanz zu gewinnen – oder besser: zurückzugewinnen –, denn Professionalität besteht ja nicht darin, unberührt von der Gefühlslage der Klienten zu bleiben, sondern darin, die sich übertragende Anspannung zu spüren, sie für das eigene Verstehen der derzeitigen Familiensituation zu nutzen und sich gewissermaßen in einem zweiten Schritt zu einem Außenblick zu befähigen.

Nach unserer Erfahrung liegt in der beschriebenen Beratungssituation eine mehrfache Verführung. Zum einen erscheint die Verknüpfung von Katharinas Symptom mit der Ehekrise ihrer Eltern so plausibel, dass die Beraterin versucht sein könnte, den hypothetischen Charakter dieser Interpretation ganz aus dem Auge zu verlieren und sich nicht mehr offen zu halten für die Möglichkeit, dass beispielsweise im Kindergarten etwas vorgefallen ist, was Katharina belastet. Zugegeben, es macht viel Sinn, eine Verknüpfung mit der Ehekrise herzustellen; die Eltern sind die ersten, die dies tun – die Mutter voller Schuldgefühle und der Vater eher vorwurfsvoll. So kann es angezeigt sein, die kreative, produktive Seite der Symptomatik zu betonen: Gerade ein vitales, bindungsfähiges Kind lässt sich in einer familiären Krisensituation oft, meist unbewusst, etwas einfallen, um die Eltern mit einem anderen Thema zu beschäftigen; auch der Sohn hat offenbar einen Weg gefunden, seine Eltern zu entlasten. Mit dem Hinweis auf den Sohn – eine leise Verstörung – trägt die Beraterin dazu bei, dass die Position der Tochter als Problemkind sich ein Stück weit relativiert und der Boden dafür bereitet wird, auch dem Sohn ein alternatives Verhalten zuzugestehen.

Während einer Trennungskrise werten wir eine kindliche Symptomatik nur in besonderen Fällen als Hinweis auf die Notwendigkeit einer Kindertherapie. Wichtiger erscheint uns, die Eltern dazu zu ermutigen, Kindern in solchen Zeiten Verhaltensauffälligkeiten zuzugestehen. Nicht die Gefühle selbst – die Angst, die Wut, die Sorge um die Eltern –, die eine familiäre Krise auslöst und die in Verhaltensauffälligkeiten zum Ausdruck kommen können, sind das, was langfristig entwicklungshemmend wirkt. Kompliziert wird es vielmehr erst dann, wenn das Kind meint, diese Gefühle, aus Rücksicht auf die Eltern oder weil

Sanktionen folgen, nicht haben zu dürfen. Dabei erleben gerade jüngere Kinder, Gefühle *äußern* zu dürfen und diese *haben* zu dürfen als ein und dasselbe. Angesichts der Schuldgefühle, die das Trennungsthema fast immer hervorruft, ist es für Eltern allerdings gar nicht einfach, den Kindern solch schmerzliche Gefühle zuzugestehen.

Doch geht es in diesem Fall eigentlich um Trennung? Das wäre die zweite Verführung, der die Beraterin erliegen könnte, nämlich die heftigen Äußerungen von Frau M. sofort als Hinweis auf eine tatsächlich bevorstehende Trennung zu nehmen und nicht erst einmal davon auszugehen, dass sie ein Versuch sein können, in der ehelichen Beziehung selbst einen Wandel auszulösen.

In unserem Fall hat die Beraterin den Eindruck, dass für Frau M. Trennung zumindest eine ernsthafte Alternative darstellt. Da eine Ambivalenz in dieser Frage für alle, insbesondere für die Kinder, eine außergewöhnlich anstrengende Sache ist – nicht umsonst konnte gerade für diese Phase ein erhöhtes Risiko, psychosomatisch zu erkranken, festgestellt werden –, spürt sie das starke Bedürfnis, auf der Stelle einen Klärungsprozess mit dem Paar zu beginnen. Hier ergibt sich unseres Erachtens eine dritte Verführung, nämlich ohne ausdrücklichen Auftrag von der Elternberatung zu einer Paarberatung überzugehen. Insbesondere Herr M. hat bisher weder direkt noch indirekt einen solchen Auftrag erteilt. Es bedarf der Rückfrage, ob beide hier und jetzt über ihre Beziehung zueinander sprechen möchten.

Die Partner möchten beide über ihre Paarbeziehung sprechen. Als Grund für ihren Trennungswunsch gibt Frau M. an, dass ihr Mann eigentlich nur an seinem Beruf interessiert sei; sie sei sowieso eine allein erziehende Mutter, da ändere sich mit der Trennung nicht viel; den letzten Ausschlag habe gegeben, dass er sich gegen ihre Aufnahme einer Berufstätigkeit sperre; er wolle sie als Heimchen am Herd haben. Herr M. findet, dass er im Gegenteil viel für seine Familie tue, und was ihre Berufsvorstellungen angehe, so denke er ja nur an die Kinder.

An dieser Stelle könnte die Beraterin sich einer inneren Parteinahme für die Ehefrau bewusst werden. Sich dessen bewusst zu werden, ist natürlich eine gute Voraussetzung dafür, eine Koalition der beiden Frauen zu vermeiden. Nur selten wird man im Übrigen angesichts eines Paarkonflikts keine innere Parteinahme spüren. Hinzu kommt, dass die Paare selbst sehr schnell eine Parteilichkeit vermuten, wobei Phantasien über eine gegengeschlechtliche Koalition mindestens so häufig vorkommen wie die über eine gleichgeschlechtliche. Leider haben nur die wenigsten Berater die große Chance, in einer zweigeschlechtlich besetzten Ko-Beratung arbeiten zu können, obwohl gerade bei der Begleitung einer Partnertrennung der Genderaspekt eine nicht geringe Rolle spielt.

Da das Lernziel für das Paar in diesem Fall zunächst darin besteht, wahrzunehmen und gelten zu lassen, dass es rückblickend *nicht nur eine, sondern zwei wahre* Geschichten des Ehe- und Familienlebens gibt, ist es in diesem Moment besonders wichtig, als Beraterin mit großer Selbstverständlichkeit von einem solchen Unterschied im Erleben auszugehen – dies auch zum Ausdruck zu bringen – und sich jedenfalls jeglicher Bewertung zu enthalten. Oft senden beide Partner jeweils deutliche Signale, man möge ihre eigene Einschätzung bestätigen.

Die Beraterin geht davon aus, dass der Trennungsgrund, den die Ehefrau nennt, eher auf eine Sehnsucht nach *mehr* Nähe und Zuwendung schließen lässt. So fällt es ihr zunächst leicht, die Ressourcen des Paars für eine Verlebendigung der Beziehung anzusprechen. Doch sie spürt, dass sie mit solchen Gedanken und Fragen jedenfalls die Ehe*frau* nicht erreicht.

Herr M. ist zutiefst gekränkt. Er steht plötzlich mit der Bemerkung auf, unter diesen Umständen sehe er keinen Sinn mehr in einer Beratung, und verabschiedet sich von der Beraterin, die noch so gerade die Möglichkeit hat, ihre Bereitschaft zu weiteren Gesprächen auszudrücken.

Die Beraterin verabschiedet nun ihrerseits Frau M. umgehend, um ihre Neutralität deutlich zu machen. Sie bleibt mit einem Gefühl der Ohnmacht zurück. Im Nachhinein wird ihr deutlich, dass das Paar ihr zwar gemeinsam den Auftrag gegeben hat, über seine Beziehung zu sprechen, nicht aber einen gemeinsamen Auftrag zugedacht hat, was Ziel und Inhalt dieses Gesprächs sein soll: Frau M. wünschte sich Hilfe zur Trennung der Ehe und Herr M. Hilfe zur Fortsetzung der Ehe. So musste sie mit diesem Versuch letztlich scheitern. Jetzt macht sie sich Sorgen, ob diese Familie sich überhaupt weiterhin Hilfe holen wird.

Solche anstrengenden Erlebnisse bleiben wohl keinem Trennungs- und Scheidungsberater erspart. Man darf allerdings dem Faktor Zeit einiges zutrauen. Hier bewahrheitet sich die Erfahrung der Systemiker, dass nicht der Berater, sondern der Klient den Rhythmus der Veränderung bestimmt – und auch bestimmen darf.

Acht Wochen später meldet das Paar sich erneut an. Frau M. ist fest entschlossen, sich zu trennen; sie lehnt eine Arbeit an der Partnerbeziehung ausdrücklich ab. Herr M. muss sich in das Unvermeidliche fügen, lastet aber die Verantwortung für Katharinas Schwierigkeiten der Mutter an. Den Kindern haben sie gemeinsam erzählt, dass sie sich trennen.

Herr M. hat auf Drängen seiner Frau im Dachgeschoss des Hauses ein Zimmer für sich notdürftig eingerichtet. Beide empfinden das Zusammenleben als außerordentlich anstrengend. Auf die zirkuläre Frage hin, woran sie bei ihm – und er bei ihr – die Anstrengung merke, stellt sich heraus, dass Herr M. mit depressivem Rückzug und Frau M. mit aggressiver Gereiztheit reagiert.

Tobias besucht den Vater oft in dessen Zimmer, »weil der Papa so traurig ist«, und liegt der Mutter in den Ohren, sich doch wieder mit ihm zu vertragen. Katharina steigert ihr auffallendes Verhalten im Kindergarten und ist auch zu Hause kaum noch zu bändigen.

Die Beraterin ergreift die Gelegenheit, die Verdienste des Elternpaars zu würdigen: Sie haben ihren Kindern die Trennung *gemeinsam* mitgeteilt, was für Kinder äußerst hilfreich ist, und sie setzen viel dafür ein, ihnen den Kontakt zu beiden Eltern zu erhalten; das ist in der akuten Trennungskrise eine große psychische Leistung elterlicher Liebe.

Eltern, die sich trennen, haben meist erhebliche Schuldgefühle ihren Kindern gegenüber und zweifeln daran, gute Eltern zu sein. Ein wesentliches Ziel von Trennungs- und Scheidungsberatung ist daher, dass das Paar sein elterliches Selbstbewusstsein zurückgewinnt. Jeder – auch kleine – Schritt einer guten elterlichen Kooperation sollte deshalb ausdrücklich anerkannt werden.

Auf der Basis einer solchen Anerkennung vermag die Beraterin dann zu schildern, wie ihrer Meinung nach die Kinder das momentane Arrangement des Wohnens möglicherweise erleben: Zum einen sind sie ununterbrochen mit der Anspannung zwischen den Eltern konfrontiert; zum anderen trägt hier die räumliche Nähe vielleicht noch dazu bei, dass für sie unklar bleibt, ob die Eltern nicht doch wieder zusammenfinden – in dem Fall fühlen sie sich erst recht herausgefordert, zur Beendigung der Krise beizutragen, und entwickeln Schuldgefühle darüber, dass ihnen das nicht gelingt; außerdem kann sie der völlig freie Zugang, den sie zu Mutter und Vater haben, in der akuten Zeit des Trennungskonflikts unter den Druck setzen, selber steuern zu müssen und deshalb auch schuld zu sein, ob sie viel oder wenig mit Mutter oder Vater zusammen sind – ein Loyalitätskonflikt.

Um die Trennung zu verarbeiten, ist es nicht nur für die Partner selbst, sondern auch für die Kinder von entscheidender Bedeutung, ob sie das Gefühl aufrechterhalten oder wiedergewinnen, sich allen Familienmitgliedern gegenüber loyal zu verhalten. Natürlich gibt es auch das Bedürfnis der Kinder, sich der Nähe und Zuwendung der Eltern in dieser bedrohlichen Situation zu versichern. Dieser Gesichtspunkt aber ist den Eltern oft eher bewusst als die Tatsache, dass Kinder – insbesondere in Krisenzeiten – Sorge für ihre Eltern zu übernehmen versuchen.

Es bietet sich an, dass die Beraterin den möglichen zukünftigen Schritt einer räumlichen Trennung durch zirkuläre hypothetische Fragen mit dem Paar durchspielt; Befürchtungen, die mitgeteilt werden können, verlieren manchmal schon allein dadurch an Gewicht – wenn sie nicht überhaupt im Lauf des Gesprächs entkräftet werden können. »Was meint Frau M., was es für ihren Mann bedeuten würde, wenn…«, und umgekehrt. Bei der ebenfalls meist hilfreichen Frage nach den vorphantasierten Reaktionen des Umfelds kommen beide auf die jeweiligen Elternhäuser zu sprechen.

Herr M. stammt aus einer im traditionellen Sinne kirchlich gebundenen Familie, die eine Scheidung im Grunde als unverzeihlich ansieht; er befürchtet, seine Eltern aufs Tiefste zu enttäuschen. Frau M. hat selbst die Scheidung ihrer Eltern erlebt und wollte immer ihren Kindern gerade diese Situation ersparen, was ihre Schuldgefühle noch erhöht; sie spürt schon im Voraus die große Besorgtheit ihrer Mutter.

Unserer Erfahrung nach sind manche der »depressiven« Reaktionen nach einer Trennung nicht allein auf den Trennungsschmerz selbst zurückzuführen, sondern auch auf das Gefühl, den Auftrag der Eltern, eine glückliche, dauerhafte Ehe zu führen, nicht erfüllt zu haben, man könnte auch sagen: sich seinen Eltern gegenüber nicht loyal zu verhalten. Vielleicht gelingt es der Beraterin, Herrn M. einen Impuls in Richtung jenes Reifungsschritts zu geben, den viele Geschiedene – oft mit therapeutischer Hilfe – vollziehen, nämlich zu begreifen, dass man sehr wohl seinen Eltern Dankbarkeit und Liebe erweisen *und* eigene Wege gehen kann. Einer systemisch orientierten Beraterin würde es jedenfalls fern liegen, ausschließlich die Seite der Autonomie und Abgrenzung zum Thema zu machen.

Der Mutter gegenüber könnte die Beraterin ein bisschen darüber philosophieren, dass wir Menschen immer meinen, alles wiederhole sich im Leben, obwohl jede Familie ihre eigenen Chancen der Bewältigung hat. Jedenfalls aber eröffnet das Thema Herkunftsfamilien meist eine äußerst fruchtbare Möglichkeit, über Schuldgefühle zu sprechen. Dabei wird es nie darum gehen, diese ausreden zu wollen, sondern darum, sie gewissermaßen als andere Seite der Liebe zu würdigen und so vielleicht den Sog der Selbstentwertung zu stoppen.

Solche Ausflüge in die jeweilige Geschichte mit der eigenen Herkunftsfamilie sind unseres Erachtens allerdings in dem hier beschriebenen Setting nur sehr begrenzt möglich und angebracht. Partner, die sich trennen, haben meist weder den Wunsch, sich in Anwesenheit des Anderen diesem persönlichen Thema zuzuwenden, noch die Geduld, dem Anderen dabei zuzuhören, und bringen angesichts des akuten Konflikts verständlicherweise selten das notwendige Maß an gegenseitiger Einfühlung und Unterstützung mit. Dennoch kann ein Berater gewissermaßen in Randbemerkungen zum Ausdruck bringen, dass er diese Seite des Erlebens versteht und dass es auch in dieser Frage einen guten Weg geben kann. Unter Umständen kann es angebracht sein, auf konkrete Möglichkeiten hinzuweisen, sich einzeltherapeutische Hilfe zu holen.

Zum Ende der Sitzung bietet die Beraterin den Eltern an, ein Gespräch mit beiden Kindern zu führen. Obwohl die Eltern sich nur um Katharina wirklich Sorgen machen, lädt sie Tobias mit ein; zum einen, weil sie einer Pathologisierung der Tochter entgegenwirken möchte, zum anderen aber auch, weil sie die Einschätzung gewonnen hat, dass Tobias möglicherweise noch dringender einer Entlastung bedarf.

Eine Woche später bringt die Mutter die Kinder in die Beratungsstelle und holt sie nach einer Stunde wieder ab. Nach einer ersten Phase der Befangenheit wirkt Tobias eher erleichtert, dass er in einem geschützten Raum sagen kann, wie es ihm geht. Hinter seinen Worten ist die Sorge um den Vater zu spüren. Katharina hört aufmerksam zu, äußert sich aber nur spärlich, auf ausdrückliche Nachfrage hin. Manchmal antwortet Tobias für sie.

Die Sitzung dient dem Ziel, die Kinder von Verantwortung für ihre Eltern zu entlasten. Obwohl sie schon wussten, dass die Eltern hier gemeinsam Gespräche führen, bringen die direkte Begegnung mit der Beraterin und vielleicht deren Hinweis, auf welchen Stühlen Vater und Mutter hier manchmal sitzen, Kindern die Vorstellung näher, dass ihre Eltern gemeinsam – mit Hilfe von außen – die Situation meistern werden. Dabei wird die Beraterin darauf achten müssen, die Eltern in ihrer elterlichen Kompetenz zu belassen und nicht sich selbst als die große Elternfigur zu installieren. Das lässt sich leichter steuern, wenn die Eltern nicht anwesend sind, weil Eltern in akuter Krise sich in einer Beratungssituation oft kleiner fühlen und darstellen, als es ihnen und ihrer Rolle entspricht.

Für dieses Setting spricht auch die Tatsache, dass Kinder gerade angesichts einer familiären Krise geneigt sind, mit dem, was sie sagen, ihre Eltern schonen und unterstützen zu wollen, so dass sie sich eher in Abwesenheit der Eltern die Freiheit nehmen, ihre Angst, Wut und Trauer überhaupt zu zeigen; allerdings wird man in seinen Interventionen den Loyalitätsbindungen der Kinder unvermindert Rechnung tragen müssen. Natürlich werden Kinder nicht immer diese Gelegenheit ohne längeren Kontakt zur beratenden Person für sich nutzen können. Je nach Alter des Kindes bedarf es zudem spielerischer und kreativer Medien, um Ausdrucksmöglichkeiten zu schaffen. Für einen Kontakt ohne Anwesenheit der Eltern spricht darüber hinaus die Erfahrung, dass Eltern mit akuten Paarkonflikten gerade in einem Beratungssetting schnell in Gefahr sind, die Kinder zu Bundesgenossen zu machen. Dies wiederum könnte zu einer beraterischen Intervention den Eltern gegenüber herausfordern, die von den

Kindern möglicherweise als Minderung der elterlichen Kompetenz erlebt würde.

Das schließt natürlich nicht aus, zu einem anderen Zeitpunkt die Kinder gemeinsam mit ihren Eltern zu sehen, insbesondere wenn es sich um Eltern handelt, die eine solche Plattform noch brauchen, um ihren Kindern ihre Entscheidungen hinsichtlich der Zukunft der Familie mitzuteilen. Für Details der Umsetzung dieser Grundentscheidungen in den Alltag der Familie wird es wichtig sein, die Vorstellungen der Kinder selbst altersgemäß mit einzubeziehen, um die Kinder aus der Ohnmachtsposition herauszuholen, ohne ihnen aber andererseits eine Macht zu geben, die sie mit Schuldgefühlen zurücklassen würde.

Auch das Erzählen von Geschichten, wie es anderen Kindern ergangen ist, hat sich bewährt; es vermittelt den Kindern eine gewisse Normalität ihrer Familie und gibt ihnen die Möglichkeit, sich verstanden zu fühlen und für die Bewältigung der eigenen Situation etwas zu lernen, ohne sich dabei bedrängt zu erleben. Häufig empfiehlt es sich, das soziale Umfeld der Kinder zu eruieren, um sich ein Bild von den Ressourcen zu machen und gleichzeitig zur Nutzung dieser Ressourcen anzuregen – etwa mit der Frage: »Mit wem redest du denn gern, wenn dich etwas bedrückt?«

Sechs Wochen später: Vor etwa drei Wochen ist Herr M. nach einem heftigen Streit in ein Apartment gezogen. Er hat versucht, viel Zeit mit den Kindern zu verbringen, ist dazu jedes Mal ins Haus gekommen, in dem auch seine persönlichen Dinge – aus Platzgründen, wie er sagt – noch verblieben waren. Frau M. hat sich durch seine häufige Anwesenheit sehr bedrängt gefühlt; nach ihrer Wahrnehmung hat Herr M. sich in alles eingemischt. Schließlich hat sie seine Sachen zusammengepackt, sie vor die Tür gestellt und das Schloss ausgewechselt.

Herr M. erkennt seine Frau nicht wieder. Frau M. möchte einen Anwalt aufsuchen »wegen der Finanzen«. Sie hat eine stundenweise Berufstätigkeit aufgenommen, erfährt emotionale Unterstützung durch Freundinnen. Herr M. gerät zunehmend in eine Verfassung mit depressiven Zügen.

Die Beraterin würdigt den Einsatz, den Vater und Mutter für die Familie leisten: Um die Lage zu entspannen, hat der Vater entgegen seinem eigenen Wunsch sein Zuhause verlassen und gleichzeitig versucht, den Kindern nahe zu bleiben; die Mutter hält gewissermaßen die Fahne der Hoffnung hoch, plant aktiv die Zukunft für sich und ihre Kinder.

Bei einem Trennungskonflikt gelingt es meist immer noch eher, das Paar auf sein Engagement den Kindern gegenüber anzusprechen, als auf das, was die Partner *einander* ermöglichen. Unserer Erfahrung nach kann es aber zu einer Entspannung und zur Wiedergewinnung des Selbstwertgefühls beitragen, wenn die Partner, die ihr Bild von sich selbst ja auch aus den abwertenden Bemerkungen des jeweils andern speisen, eine Idee davon entwickeln können, dass sie nach wie vor auch etwas *füreinander* tun. Dafür kann es hilfreich sein, zu verstehen, dass die Kränkungen in dieser Phase des Sich-Trennens nicht zuletzt ein Versuch sein können, sich selbst und einander die Trennung überhaupt zu ermöglichen – gerade wenn man sich wirklich geliebt hat (Mackscheidt 1993). Solche Gedanken können helfen, das Unverständliche, zur Beziehungsgeschichte gar nicht Passende – »Ich kenne meine Frau/meinen Mann nicht mehr!« oder auch »Ich kenne mich selbst nicht mehr!« – in die eigene Biographie zu integrieren.

Im Blick auf die Kinder ermutigt die Beraterin die Eltern, in dieser ersten Zeit nach der Trennung – gewissermaßen als entlastendes Geländer – klare Absprachen über den Kontakt der Kinder zum Vater zu treffen. Der Vater braucht eine solche Ermutigung, weil er befürchtet, dass er sich den Kindern zu sehr entzieht; die Mutter, weil sie noch Schuldgefühle hat, wenn sie die Abwesenheit der Kinder – eine Zeit, die sie bei verbindlicher Planung viel besser für sich nutzen kann – auch zu genießen beginnt. Kinder jedenfalls beziehen aus verbindlichen Verabredungen die Sicherheit, dass beide Eltern sich ihnen verlässlich zuwenden, und sind gleichzeitig selbst von Entscheidungsdruck befreit.

Mit ihrem Vorschlag kann die Beraterin sich auf eine durchgängige Erfahrung der Trennungs- und Scheidungsberatung berufen. Verbindliche Regelungen entlasten Eltern und Kinder. Dabei gelingt eine Einigung darüber eher, wenn allen Beteiligten klar ist, dass es sich zunächst um vorläufige Regelungen für einen bestimmten Zeitraum handelt, die dann auf ihre Durchführbarkeit und Stimmigkeit hin überprüft werden können (Schellhoss 1998). Auch braucht dafür die Vision nicht aufgegeben zu werden, dass es einmal eine Zeit geben wird, in der die Spontaneität aller Familienmitglieder wieder größeren Raum haben wird. In jedem Fall aber wird es mit zunehmendem Alter der Kinder immer dringlicher, diese selbst miteinzubeziehen, wenn es um Entscheidungen geht, wann und in welcher Form die Kontakte stattfinden sollen (Wallerstein u. Lewis 2001).

Wenn einer der Partner einen Anwalt aufsuchen will, wird das oft vom anderen als sehr kränkend und als Anfang vom Ende der Kooperation angesehen. Und in der Tat machen nicht wenige Paare die Erfahrung, dass der eskalierende Schriftverkehr ihrer Anwälte ihnen mehr verbaut als geholfen hat. Das muss nicht so sein. In Fällen, in denen mindestens einer entschieden ist, einen Anwalt einzubeziehen, sehen wir die erste Aufgabe eines Beraters darin, zu thematisieren, dass man sich eine anwaltliche Beratung hinsichtlich der persönlichen Rechtslage einholen kann, ohne dabei gleich ein strittiges Verfahren anzuregen. Über seine eigenen Ansprüche und Verpflichtungen voll informiert zu sein, kann eine gute Voraussetzung dafür sein, sich gütlich zu einigen, solange beide ihren Anwälten klar sagen, dass es ihnen um bloße Beratung geht, und sie nicht in einer regressiven Haltung (Mackscheidt u. Rasch 1993; Hauk 2001) das Gesetz des Handelns aus der Hand geben. Auch gibt es zunehmend Anwältinnen und Anwälte, die in ihre Arbeit die Erfahrung einbeziehen, dass gerade in Familiensachen außergerichtliche Einigungsprozesse in aller Regel angemessener sind und zu tragfähigeren Lösungen führen, insbesondere wenn Kinder mitbetroffen sind.

Zu einer ersten, allerdings nur ganz generellen Rechtsinformation sollte auch der Berater selbst in der Lage sein – vielleicht durch die Mitarbeit eines Juristen im Team der Beratungsstelle. Wichtiger noch erscheint uns seine Fähigkeit, die Rolle des Rechts in einem Trennungs- und Scheidungsvorgang zu reflektieren. Möglicherweise gelingt es im hier beschriebenen Fall der Beraterin, das Paar zu motivieren, die notwendig gewordenen Regelungen hinsichtlich finanzieller Fragen in einer klassischen Trennungs- und Scheidungsmediation, die ja juristisches Knowhow miteinbezieht, gemeinsam zu erarbeiten (Fischer 2000). Die

Vorteile liegen auf der Hand: Die beiden Partner, die selbst am besten die Bedürfnisse aller Familienmitglieder kennen, geben die Verantwortung für die Lösung ihrer Konflikte und für die Gestaltung der familiären Zukunft nicht an andere ab; Grundlage ihrer – in einem verbindlichen, rechtsgültigen Vertrag niedergelegten – Vereinbarungen werden ihrer beider Interessen sein, so dass es nicht Gewinner und Verlierer gibt; sie selbst und ihre Kinder werden psychisch davon profitieren, dass sie um faire Lösungen gerungen haben, und im Zweifelsfall wird es auch noch der kostengünstigere Weg sein.

Ein Vierteljahr später: Tobias hat gehört, dass der Vater am Telefon mit einer Freundin gesprochen hat und dass er plant, mit ihr in eine neue Wohnung zu ziehen. Die Freundin hat selbst ein dreijähriges Mädchen und ist nicht berufstätig.

Tobias ist nach Angaben der Lehrpersonen in der Schule still geworden, arbeitet nicht mehr mit. Zu Hause zieht er sich oft allein in sein Zimmer zurück. Zwischen den Eltern ist ein heftiger Streit wegen der weiterführenden Schule von Tobias entbrannt. Die Positionen stehen unversöhnlich nebeneinander, was die Mutter zum Anlass nimmt, gegen den entschiedenen Willen des Vaters für ein alleiniges Sorgerecht zu plädieren. Die Mutter hat gesundheitliche Probleme, schläft wenig.

Die Versuche der Beraterin, trotz der verhärteten Fronten zu einem konstruktiven Gespräch anzuregen, um Einigung zu erzielen, scheitern. Nur die Sorge wegen des Rückzugs von Tobias erhält die Kommunikation noch aufrecht. Von daher wird überdeutlich, dass das Wichtigste, was Tobias jetzt braucht, die Erfahrung einer Entspannung zwischen den Eltern ist; die aber ist offenbar nicht so schnell zu erreichen. So schlägt die Beraterin vor, Tobias für ein halbes Jahr in eine fachlich geleitete Gruppe für Kinder aufzunehmen, deren Eltern sich getrennt haben. Der Kontext einer Gruppe von in etwa gleichaltrigen Kindern mit vergleichbaren familiären Erfahrungen kann für Tobias gerade in seinem Alter eine große Hilfe sein, sich aus dem Druck zu befreien, mit Rücksicht auf die Familie seine Gefühle nicht zeigen zu dürfen. Und wenn er die Erfahrung macht, mit seinen eigenen Ängsten und Fragen unter Kindern nicht allein dazustehen und von einem Orientierung gebenden Erwachsenen verstanden zu werden, so kann das seine Scham und Verunsicherung mindern.

Gewiss wird die Beraterin vorab klären müssen, ob er auf eine solche Einladung eingehen mag.

Was das Paar selbst betrifft, so könnte die Beraterin an dieser Stelle des Beratungsprozesses, an der die Kommunikation völlig blockiert erscheint, in Erwägung ziehen, mit jedem Partner ein Einzelgespräch zu führen. Für alle Beteiligten sollte dann allerdings klar sein, dass die wesentlichen Inhalte wieder in ein gemeinsames Elterngespräch einfließen; es wäre kontraproduktiv, wenn ein Berater zum Geheimnisträger gemacht würde. Im Übrigen hat sich bewährt, auch in Fällen, in denen man nur bei *einem* das Gefühl hat, ihm könne ein Einzelgespräch gut tun, wenn überhaupt, dann *beiden* ein solches Gespräch anzubieten.

In einem Einzelgespräch mit der Mutter wird deutlich, wie sehr diese durch die neue Beziehung ihres Mannes in ihrem seelischen Gleichgewicht erschüttert ist. Sie hat selbst nicht mit einer so heftigen Reaktion gerechnet. Sie befürchtet, dass diese Frau, die die traditionelle Frauenrolle verkörpert, ihren alten Platz so perfekt einnehmen wird, dass sie ihr »die Kinder wegnehmen« wird; deshalb brauche sie dringend das alleinige Sorgerecht.

Menschen, die sich trennen, sind immer wieder überrascht über die Heftigkeit ihrer Gefühle. Sie brauchen einen Gesprächspartner, der einerseits signalisiert, dass er solche Reaktionen normal findet, und dadurch seinem Gegenüber hilft, sein Selbstwertgefühl zu stabilisieren und andererseits, was die Handlungsebene angeht, Ruhe ins System bringt und vor übereilten Entscheidungen bewahrt.

In einem Einzelgespräch mit dem Vater stellt sich heraus, dass dieser keineswegs die Kinder zu sich nehmen möchte, sondern nur an einem regelmäßigen Kontakt interessiert ist. Würde er allerdings die Schullaufbahn seines Sohnes nicht entscheidend mitbestimmen, dann hätte er – so meint er – »als Vater versagt«.

Die Väter (oder Mütter), die nach einer Trennung nicht mehr ständig zusammen mit ihren Kindern leben, brauchen oft viel Unterstützung, um sich als guter Vater (und erst recht: als gute Mutter) zu fühlen. Sie haben weniger Chancen als der durch Familienarbeit meist überlastete allein erziehende Elternteil, ihre Schuldgefühle den Kindern gegenüber im Alltag abzubauen.

Auch fühlen sie sich häufig vom Leben der Kinder abgeschnitten, sind verunsichert – man denke etwa an die Überhäufung mit Geschenken oder eben auch an einen solch verbissenen Kampf um eine Einzelentscheidung, der durchaus nicht immer nur als Fortsetzung des Paarkonflikts gedeutet werden muss. Hier bewährt sich der systemische Blick auf die gute Motivation, die hinter einem »störenden« Verhalten stecken kann.

Im alsbald folgenden Gespräch mit dem Elternpaar wird Herrn wie Frau M. deutlich, dass ihr Problem nicht so sehr das war, ihre jeweiligen Interessen nicht überein bringen zu können, als vielmehr das, sich über ihre wahren Interessen nicht mehr austauschen zu können. Als die Kommunikationsstörung sich aufzulösen beginnt, können sie nach einigem Hin und Her auch einen Kompromiss in der Frage der Schule finden. Vor allem kann Frau M. die Vorstellung aufgeben, sie müsse das alleinige Sorgerecht haben. Dabei ist für sie die rechtliche Regelung, dass nicht über jede Alltagsentscheidung ein solch mühsamer Verhandlungsprozess nötig sein wird, wie sie ihn soeben bei der – zweifellos nicht alltäglichen – Schulfrage erlebt hat, ein Sicherheitsfaktor.

In einem Punkt allerdings ist Herr M. noch besorgt. Katharina, über die sich zwar die Kindergärtnerin nicht mehr beklagt, macht in letzter Zeit – ganz im Unterschied zu Tobias – Schwierigkeiten, wenn der Besuch beim Vater ansteht. Er vermutet, dass seine Frau dahintersteckt. Frau M. berichtet, dass Katharina die neue Partnerin des Vaters »total doof« finde und sich schon mehrmals bei ihr beklagt habe, wie wenig der Vater mit ihr spiele, was sie, die Mutter, wütend mache, wobei sie es der Tochter gegenüber nie gezeigt habe. Herr M. beschreibt ausführlich, was alles er mit Katharina und der Tochter seiner Partnerin unternommen habe.

Mit Eltern, die sich trennen, sollte man immer auch darüber sprechen, dass die Geschichten, die ein Kind über den jeweils anderen Elternteil erzählt, oft mehr über die Gefühle des Kindes sagen als über objektive Tatbestände. So mag Katharina einerseits eifersüchtig sein auf die kleine Tochter der Partnerin des Vaters, andererseits aber auch spüren, wie sehr die Mutter noch irritiert ist über die neue Partnerin des Vaters, so dass sie ihr gern Material liefert, diese »doof« zu finden und auf Vater wütend sein zu können.

Die Beraterin regt an, öfter mal ein Treffen des Vaters mit Katharina oder den Geschwistern allein zu arrangieren. Katharina *darf* Zeit benötigen, sich an die neue Situation zu gewöhnen; alle Familienmitglieder sollten sich und den anderen Zeit für diesen großen Umstellungsprozess zugestehen.

Wir haben die Erfahrung gemacht, dass oft auch Eltern, die im Lauf des Trennungsprozesses Situationen erleben, in denen Kommunikation und Kooperation äußert schwierig erscheinen, letztlich in der Lage sind, ihre elterliche Sorge gemeinsam zu gestalten. Dabei kann Beratung ihren Verständigungsprozess erheblich unterstützen. So ist es nur konsequent, dass der Gesetzgeber, der mit der Reform des Kindschaftsrechts die Eingriffsmöglichkeit des Staates zugunsten der Eigenverantwortung der Eltern eingeschränkt hat, gleichzeitig in § 17 KJHG Eltern im Fall von Trennung und Scheidung einen Rechtsanspruch auf Beratung eingeräumt hat.

Britta Zander, Gerhard Herold und Christian Roland

Systemische Beratung im Zwangskontext – Begleiteter Umgang bei Trennung und Scheidung

Mit dem 1998 in Kraft getretenen Kindschaftsreformgesetz wurde vom Gesetzgeber ein eigenständiges Recht des Kindes auf Umgang mit beiden Elternteilen geltend gemacht, unabhängig davon, ob sie miteinander verheiratet oder sorgeberechtigt sind. Damit wurde erstmals auch auf juristischer Ebene die für die kindliche Entwicklung und das Kindeswohl maßgebliche Bedeutung des Bindungs- und Beziehungserhalts zu Mutter *und* Vater anerkannt. Die zum Umgang mit dem Kind verpflichteten und berechtigten Eltern haben auch nach einer Trennung oder Scheidung alles zu unterlassen, was den Kontakt und das Verhältnis des Kindes zum jeweils anderen Elternteil beeinträchtigen, belasten oder erschweren könnte. Darüber hinaus wurde der umgangsberechtigte Personenkreis unter der Bedingung, dass es dem Wohl des Kindes dient, auf Großeltern, Geschwister, Stief- und Pflegeeltern erweitert.

Um die Umgangsrechte zu gewährleisten, wurde das Leistungsangebot »Begleiteter Umgang« in Anwesenheit eines mitwirkungsbereiten Dritten, dies kann zum Beispiel eine Erziehungsberatungsstelle sein, als eine Pflichtleistung der Jugendhilfe eingeführt. Begleiteter Umgang ist eine zeitlich begrenzte Maßnahme, die auf »Anbahnung, Wiederherstellung, Praktizierung, Unterstützung und Förderung der Beziehung eines Kindes zu jenem Elternteil, mit dem es nicht zusammenlebt« abzielt (Staatsinstitut für Frühpädagogik 2001, S. 9) und den Eltern bei der Deeskalierung von Konflikten helfen soll. Begleiteter Umgang kann durch das Familiengericht zur Durchsetzung des Umgangsrechts oder als eine Möglichkeit der Einschränkung des Umgangsrechts bei Kindeswohlgefährdung angeordnet werden.

Erziehungsberatungsstellen verzeichnen einen zunehmenden Anstieg der Anfragen nach Begleitetem Umgang. In den meisten Fällen handelt es sich um Begleitungen zwischen Kindern und Vätern.[1] Ursächlich ist ein über Jahrzehnte kontinuierlicher Anstieg der Ehescheidungen. Im Jahr 2000 waren etwa 148.000 minderjährige Kinder von Ehescheidungen betroffen, hinzu kommen Kinder aus nichtehelichen Lebensgemeinschaften (Andresen u. Gatterburg 2002). Auch hat der nicht mit dem Kind zusammenlebende Elternteil, einschließlich der Unverheirateten, durch das neue Kindschaftsreformgesetz mehr Rechte bekommen, die in zunehmendem Maß durchgesetzt werden. Während sich früher viele Väter nach einer Trennung oder Scheidung von ihren Kindern zurückzogen und den Kontakt bis zum vollständigen Abbruch reduzierten, haben heute immer mehr Väter den Wunsch, so oft und intensiv wie möglich mit ihren Kindern zusammen zu sein oder hauptverantwortlich für die Kinder zu sorgen.

Dementgegen stehen Paarkonflikte, die nach der Trennung oder Scheidung weiter ausgefochten werden, oder durch die Trennung verursachte Kränkungen, die Kinder in quälende Loyalitätskonflikte zwingen und nicht selten zu einer Vereitelung oder Unterwanderung des Umgangsrechts mit Elternentfremdung und Kontaktabbruch führen. Als entscheidende Größe für persistierende kindliche Verhaltensauffälligkeiten sieht die internationale Scheidungsforschung nicht das Life-Event an sich, sondern das elterliche Konfliktniveau und die Art und Weise, wie Eltern die Konflikte austragen (Übersicht bei Böhm u. Scheuerer-Englisch 2000).

Praxis des Begleiteten Umgangs

Wir möchten betonen, dass sich unsere Beratungspraxis bei Begleitetem Umgang immer noch in einem Experimentierstadium befindet. Unser Konzept ist nicht endgültig, sondern verändert

1 Wir sprechen deshalb der Einfachheit halber im Folgenden von den Vätern als Umgangsberechtigte.

sich mit unseren Erfahrungen und denen unserer Kooperationspartner in einem gemeinsamen Reflexionsprozess. Wir orientieren uns in unserer Beratungsstelle an der »Wiesbadener Konzeption fachlicher Standards zum Begleiteten Umgang« (Arbeitskreis Trennung und Scheidung 1999). Diese wurde in Kooperation der Wiesbadener Erziehungsberatungsstellen und des Sozialdiensts des Jugendamts erarbeitet.

Überweisungskontext

Die Überweisung an unsere Beratungsstelle erfolgt in der Regel durch den Sozialdienst in Verbindung mit einer elterlichen Vereinbarung vor dem Familiengericht oder einer familiengerichtlichen Anordnung. In seltenen Fällen melden sich die Eltern freiwillig und auf eigenen Wunsch hin an (meist auf Empfehlung des Jugendamts oder ihrer Anwälte). Bei gerichtlich vereinbartem und angeordnetem Umgang ist das elterliche Konfliktniveau gewöhnlich hoch.

Indikation und Kontraindikation

Indiziert ist Begleiteter Umgang in Situationen, in welchen das Umgangsrecht des Kindes und eines Elternteils nicht umgesetzt (das Spektrum reicht hier von Kontaktanbahnungen bis hin zu hochstrittigen Fällen) oder Gefährdungen des Kindes bei dem Umgang befürchtet werden. Für unsere Praxis sind folgende Fallkonstellationen typisch:

- die Eltern sind aufgrund einer eskalierenden Konfliktlage nicht im Stande, sich auf die Regelung der Umgangsfrage zu einigen oder sich an Absprachen und Regeln zu halten,
- massive Ängste oder Vorbehalte des umgangsgewährenden Elternteils, etwa die Angst vor Vernachlässigung des Kindes oder Zweifel an der Erziehungsfähigkeit des anderen, verhindern eine Vereinbarung,
- Kinder verweigern den Umgang oder haben von sich aus den Kontakt abgebrochen,

- es hat noch kein Eltern-Kind-Kontakt stattgefunden oder es gibt eine längere Phase der Kontaktunterbrechung zwischen Kind und umgangsberechtigtem Elternteil,
- das Umgangsrecht wurde vom Familiengericht zum Schutz des Kindes bei angenommener Gefährdung oder Entführungsgefahr eingeschränkt.

Folgende Aspekte schließen einen Begleiteten Umgang aus (gegebenenfalls vorübergehend, bis weitere Maßnahmen stattgefunden haben) oder können zu einem Abbruch der Maßnahme führen:
- die Eltern lassen sich auf das Arbeitskonzept der Beratungsstelle nicht ein,
- das Kind lehnt trotz individueller Beratung den Kontakt zum anderen Elternteil vehement und anhaltend ab, äußert Angst davor oder zeigt sich auffällig beeinträchtigt während der Umgangssituation,
- das Kindeswohl ist durch körperliche und/oder sexuelle Gewalt(androhung) oder entwürdigende und manipulative Verhaltensweisen während der Umgangssituation gefährdet,
- eine psychische Erkrankung des Umgangsberechtigten (Alkoholismus, Drogenabhängigkeit, Persönlichkeitsstörungen, Psychosen) stellt für die Zeit der begleiteten Kontakte eine Beeinträchtigung für das Kind dar,
- der Umgangsberechtigte hat gegen das Kind nachweislich körperliche oder sexuelle Gewalt ausgeübt oder es gibt dafür starke Verdachtsmomente; für eine Indikationsentscheidung sind die näheren Umstände von Bedeutung, etwa ob das Kind den Elternteil sehen will oder der Elternteil Verantwortung für die Tat übernimmt und sich damit in einer Therapie auseinander setzt.

Verlauf

Erstgesprächs- und Vorbereitungsphase
In der Erstgesprächs- und Vorbereitungsphase gilt es gemeinsam mit den Eltern und der/dem Vertreter(in) des Jugendamts (als

der überweisenden Instanz bei gerichtlich vereinbartem und angeordnetem Umgang) zu klären, ob Begleiteter Umgang im Sinne der Indikation ein geeignetes Angebot darstellt und den Ablauf der Maßnahme zu planen. Eine gründliche Informierung der Eltern über die Maßnahme, die Transparenz der eigenen Ziele und Funktionen, klare Vereinbarungen der Rahmenbedingungen und der Form der Rückkoppelung von Informationen an das Jugendamt und Familiengericht sind notwendig. Grundsätzlich werden wir ohne expliziten elterlichen Auftrag nicht tätig. Dies gilt auch für den familiengerichtlich angeordneten Begleiteten Umgang. Die Eltern müssen trotz der Zwangsumstände bereit sein, die Verantwortung für die Umsetzung der gerichtlichen Auflage und der mit uns getroffenen Vereinbarungen zu tragen.

Bei der Informationssammlung orientieren wir uns an folgenden Fragen:

- Wie ist der Überweisungskontext?
- Liegt eine familiengerichtliche Empfehlung oder Anordnung vor? Gibt es ein familiengerichtliches Gutachten?
- Wurden zuvor bereits andere Beratungsstellen beauftragt?
- Welche professionellen Helfer sind aktiv?
- Besteht bereits eine juristische Auseinandersetzung, in welcher Phase befindet sich diese?
- Wie lange dauert die Kontaktunterbrechung schon an?
- Wie ist die Beziehungs- und Bindungsqualität zwischen Kind und umgangsberechtigtem Elternteil einzuschätzen?
- Wie und mit welchen Erfahrungen ist der Kontakt vor der Unterbrechung organisiert worden? Was war anders, als dies noch möglich war?
- Warum gelingt es den Eltern gegenwärtig nicht, den Umgang selbständig zu organisieren?
- Welche Erwartungen und Aufträge haben Eltern und Familiengericht oder Jugendamt und welche Ziele werden verfolgt?
- Wie sehen die Eltern die Prognose im Hinblick auf die Erreichung ihrer Ziele? Was könnte jeder zum Gelingen der Maßnahme beitragen? Was könnte einen Erfolg verhindern?
- Verpflichten sich beide Eltern dazu, eine die Umgangsbegleitung flankierende *gemeinsame* Beratung anzunehmen? (Der Familienrichter kann die Eltern nicht zu einer Beratung ver-

pflichten, er kann allenfalls »sanften Druck« ausüben; dem mitwirkungsbereiten Dritten hingegen steht es frei, die Kontaktbegleitung obligatorisch mit einer Elternberatung zu verknüpfen.)

Weitere Informationen sind bei »beaufsichtigtem Umgang«, wo eine Gefährdung oder Entführung des Kindes nicht ausgeschlossen ist, zu erfragen. Hier gilt auch zu klären, welcher Schutz in welchem Umfang notwendig ist und ob die Mitarbeiter(innen) der Beratungsstelle die Verantwortung dafür übernehmen wollen.

Wir teilen den Eltern mit, dass der Erfolg der Maßnahme von ihrer Bereitschaft zur Mithilfe und Zusammenarbeit und dem Aufbau von gegenseitigem Vertauen abhängt. Der Vater ist gefordert, sich ernsthaft und verantwortlich für den Kontakt zu seinem Kind einzusetzen, die Mutter, trotz ihrer Bedenken und Vorbehalte, der Vater-Kind-Beziehung eine reale Chance zugeben. Wir weisen explizit darauf hin, welche negativen Auswirkungen Anträge bei Gericht und die Nichteinhaltung oder Unterwanderung von Absprachen haben. Den oft divergierenden elterlichen Motivationen versuchen wir gerecht zu werden, indem wir den Vater-Kind-Kontakt möglichst schnell realisieren und im Ausgleich dafür dem Sicherheitsbedürfnis der Mutter so weit wie möglich entsprechen.

In einem Kontrakt, der von den Eltern, dem zuständigen Jugendamtsvertreter, dem Elternberater und dem Umgangsbegleiter unterzeichnet wird, werden die getroffenen Vereinbarungen festgehalten. Im Einzelnen betrifft dies: Zielsetzungen der Maßnahme, Gesamtdauer des Umgangs, zeitliche Abstände zwischen den Sitzungen und Durchführungsdauer, Aufgabe des Begleiters und Form der Umgangsbegleitung in Bezug auf die Begleiterpräsenz – eventuell Vereinbarung eines Stufenplans, Regeln für die Gestaltung der Umgangskontakte, Absprachen für die Elternberatung, Vorgehensweisen bei Abbruch der Maßnahme oder Nichteinhalten der Absprachen und Vereinbarungen über Rückmeldungen an das Jugendamt und Familiengericht (ein exemplarischer Kontrakt findet sich im Anhang).

Begleiteter Umgang ist eine vorübergehende Leistung mit

Überbrückungsfunktion in einer Krise. Um gegenseitige Zuschreibungen nicht zu verfestigen und die Eltern bei der Suche eigenverantwortlicher Lösungen zu ermutigen, sollte die Phase der Umgangsbegleitung so kurz wie möglich sein. Aus unserer Sicht ist es wenig sinnvoll, die Kontakte wesentlich länger als sechs Monate zu begleiten (es sei denn, es liegen besondere Umstände wie eine psychische Erkrankung vor, ein familiengerichtliches Gutachten soll abgewartet werden oder es gibt einen anders lautenden Gerichtsbeschluss). Haben die Eltern in dieser Zeit keine Einigung erzielt, also keine autonome Kontaktregelung außerhalb der Beratungsstelle realisiert, ist es unwahrscheinlich, dass dies zu einem späteren Zeitpunkt erfolgen wird.

Begleitungs- und Beratungsphase

Vor dem ersten Begleiteten Umgang findet ein Kennenlernen zwischen Umgangsbegleiter und Kind und eine Vorbereitung auf das Treffen statt. Das Kind wird mit den Örtlichkeiten der Beratungsstelle und dem Spielzimmer vertraut gemacht. Es wird entsprechend seines Alters nach Wünschen und Bedürfnissen zur Gestaltung befragt und über die Ziele, die elterlichen Vereinbarungen und den genauen Ablauf informiert. Ängste und Sorgen des Kindes werden besprochen.

Bei den Umgangskontakten ist es die Aufgabe des Begleiters, die Übergabesituation zu gestalten, den Kontakt pädagogisch zu moderieren und bei Störungen zu intervenieren (beispielsweise wenn das Kind eine Überforderung mit der Situation signalisiert oder der Erwachsene das Kind durch Ausfragen oder Ausdruck starker Emotionen belastet). Je nach Kontaktphase und Absprache ist die Begleitperson im Spielzimmer anwesend oder in einem Nebenraum verfügbar. Abgesehen von unmittelbaren Interventionen findet während der Begleitung keine Beratung statt; der Verlauf der Kontakte und aufgeworfene Fragen oder Probleme werden in den Elterngesprächen besprochen.

Eine personelle Trennung von Beratung und Begleitung ist notwendig. Die spezifische Art des Kontakts zu dem Umgangsberechtigten (deutlich weniger Distanz als in der Beratungssituation), kontrollierende Interventionen während der Begleitung oder der Versuch des betreffenden Elternteils, die Kontakte zu nutzen, um Parteinahme zu bewirken, können den Aufbau einer vertrauensvollen therapeutischen Beziehung und die Wahrung einer neutralen Haltung des Beraters erschweren. Die personelle Trennung zwischen Begleitung und Beratung setzt eine enge Zusammenarbeit und einen regelmäßigen Informationsaustausch voraus, damit Beobachtungen während des Umgangs für die Beratung genutzt werden können und vice versa.

Aufgrund der Konfliktlage kann es sinnvoll sein, die Beratung anfänglich getrennt durchzuführen, bevor gemeinsame Elterngespräche stattfinden, oder parallel zu den Elterngesprächen Einzelgespräche anzubieten. Es kommt aber auch vor, dass die Eltern zu einem gemeinsamen Vorgespräch nicht bereit und in der Lage sind (dies kann auch aus religiösen Gründen der Fall sein) und der Berater die elterlichen Verhandlungspositionen stellvertretend übermitteln muss. Bei besonders schwierigen Falldynamiken, die einen antagonistischen Druck auf die Berater ausüben, empfiehlt sich Ko-Arbeit (nach Möglichkeit weiblich/männlich).

Die Beratung zielt darauf ab, die Eltern bei der Erarbeitung von Lösungen für eine selbstverantwortliche und konfliktfreie oder zumindest spannungsarme Kontaktregelung außerhalb der Beratungsstelle zu unterstützen. Gegenstand der Beratung ist nicht nur das Verhandeln der zukünftigen Regelung und Gestaltung des Umgangs, sondern, wenn es dem Beratungsziel dient, auch die Geschichte der Paarbeziehung und der Trennungsauseinandersetzungen. Lösungen werden in den meisten Fällen durch Vergeltungsgefühle und auf die Elternebene verschobene Paarkonflikte blockiert. Beziehungsthemen aus der gemeinsamen Paar- und Familienphase, etwa die Schuldfrage bezüglich der Trennung oder die Frage, wer der verantwortlichere Elternteil war und ist, werden im Konflikt gegeneinander ausgetragen. Die meist unbewussten Machtkämpfe können auch helfen, eigene Trauer und Angst abzuwehren. Statt Hilflosigkeit und Trauer ertragen zu müssen, können sich die Eltern in der kämpferischen Auseinandersetzung mit dem Gegner aktiv handelnd und stark zeigen.

Gelingt es, Eltern- und Paarebene zu trennen und vielleicht auch an dem partnerschaftlichen Konfliktpotential zu arbeiten, kommt es meist zu einer deutlichen Entspannung und Entlastung der Elternbeziehung. Wir laden die Eltern in ihrer aktuellen Verstrickung dazu ein, den Blick auf das Kind zu weiten. Ein wesentliches Erfolgskriterium sehen wir darin, wenn es den Eltern gelingt, neben den subjektiv erlebten Kränkungen, Verletzungen und Rachegefühlen die Bedürfnisse ihres Kindes wieder wahrzunehmen.

Auch Ängste, das Kind an den Vater zu verlieren oder die Befürchtung, das Kind könne durch die väterliche Erziehung Schaden nehmen, verhindern häufig die Bereitschaft der Mütter, den Umgang zu unterstützen. Der Aufbau wechselseitigen Vertrauens ist deshalb besonders wichtig. Vertrauen stellt sich ein, wenn der Begleitete Umgang störungsfrei verläuft und das Kind einen positiven und seine Entwicklung fördernden Kontakt zum Vater aufbaut. Wenn Mütter spüren, dass Väter auch entlasten können und Väter die Sorgen der Mütter wahrnehmen und anerkennen, ist ein wesentlicher Schritt zu mehr elterlichem Austausch und Kooperation getan.

Im Mittelpunkt der Beratung stehen auch die Situation des Kindes und dessen Bedürfnisse. Für die Kinder ist wichtig, dass sie ohne innere Spannungen und Loyalitätskonflikte regelmäßigen und verlässlichen Kontakt zu dem nicht mit ihnen zusammenlebenden Elternteil haben können, mit einem Spielraum, der auch spontane Initiierungen und Regelungen zulässt.

Etwa nach der Hälfte der eingeplanten Zeit findet mit den Eltern und dem Vertreter des Jugendamts ein Bilanzierungsgespräch über den Maßnahmeverlauf (nicht die Beratungsinhalte!) statt. Bei Bedarf können Änderungen der weiteren Planung vereinbart werden.

Abschlussphase

Ist die Umgangsanbahnung gemeistert und ein basales Vertrauen zwischen den Eltern aufgebaut, wird das Setting flexibilisiert (etwa durch das Verlassen der Beratungsstellenräume) und der Umgang außerhalb der Institution erprobt. Die Fortführung der Elterngespräche ist in dieser Phase besonders wichtig, um die gefundenen Lösungen durch auftretende Probleme und Konflikte nicht zu gefährden.

Wenn sich die Eltern trotz mehrfacher Intervention regelwidrig verhalten oder dem Kind die Weiterführung der Maßnahme nicht zugemutet werden kann, erfolgt unsererseits ein Abbruch der Maßnahme. Dies kann auch in gegenseitigem Einvernehmen geschehen, wenn sich die Eltern dazu entschieden haben, ihren Machtkampf fortzuführen, oder Ängste und Befürchtungen nicht reduziert werden konnten.

In einer Abschlusssitzung wird mit den Eltern das Ergebnis der Maßnahme besprochen. Der anwesende Vertreter des Jugendamts erstellt einen Ergebnisbericht und leitet diesen an das Familiengericht weiter. Die Mitarbeiter der Beratungsstelle beziehen Stellung zu der Erreichung der vereinbarten Beratungsziele. Sie teilen jedoch keine Inhalte der Beratungsgespräche mit oder geben Empfehlungen zum Sorge- und Umgangsrechtsverfahren.

Falldarstellung

Ausgangssituation

Die Eltern M. wurden durch den Sozialdienst des Jugendamts an unsere Beratungsstelle verwiesen. Es bestand eine Auflage zum Begleiteten Umgang durch das Familiengericht. Die Eltern waren seit zwei Jahren als Paar getrennt und seitdem in einem eskalierenden Konflikt verbunden, der sich auf die Elternebene verlagert hatte. Der Vater hatte die gemeinsame Tochter (vier Jahre) seit zwölf Monaten nicht mehr gesehen, obwohl ihm vom Familiengericht ein Umgang zugesprochen worden war. Das vorläufige Sorgerecht lag bei der Mutter. Seit der Trennung fanden juristische Auseinandersetzungen zwischen den Eltern statt. Sowohl die Mutter als auch der Vater hatten durch ihre Anwälte mehrere Anträge beim Familiengericht gestellt: Jeder Elternteil hatte das alleinige Sorgerrecht beantragt. Der Vater hatte Anträge auf sofortige Umsetzung seines Umgangsrechts und auf Entzug des vorläufigen Sorgerechts der Mutter gestellt. Beide Eltern hatten Strafanzeige wegen Gewaltandrohung und Gewaltausübung gegen den anderen Elternteil gestellt. Der Vater hatte die Mutter außerdem wegen Misshandlung und Vernachlässigung der gemeinsamen Tochter angezeigt.

Bei der daraufhin stattfindenden Anhörung beim Familiengericht ermahnte der Richter die Mutter, das dem Vater zugesprochene Umgangsrecht nicht weiter zu boykottieren, und ordnete einen Begleiteten Umgang an. Die Verantwortung für die Durchführung der Maßnahme wies er dem zuständigen Jugendamtsmitarbeiter zu, der die Eltern bei uns in der Beratungsstelle zum Begleiteten Umgang anmeldete (s. Abb. 5).

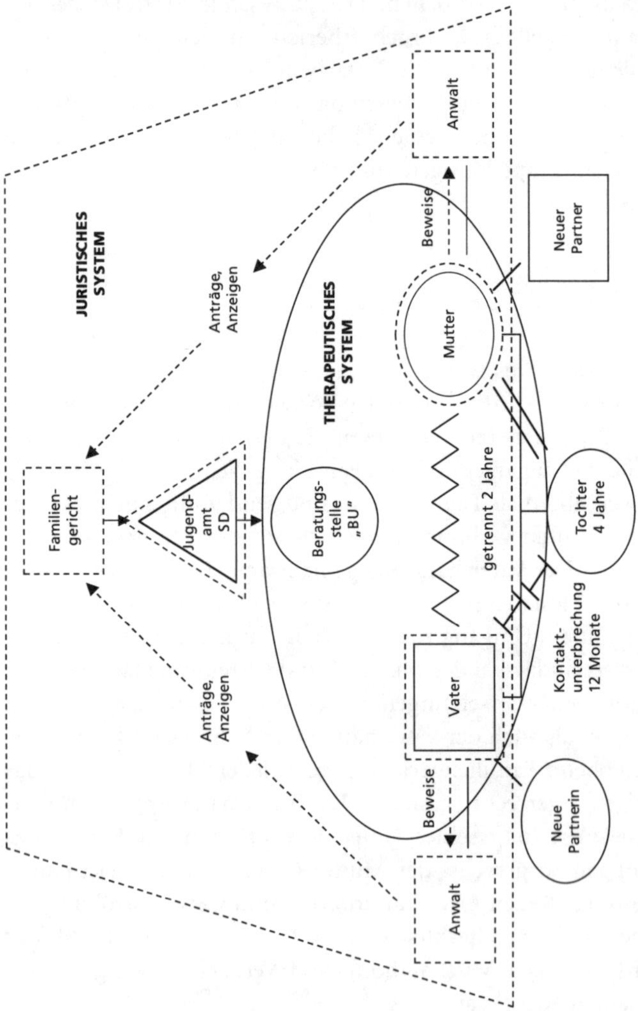

Abb. 5: Systembild

Falldynamik
Im Erstgespräch wurden die Beraterin und der Umgangsbegleiter mit gegenseitigen Schuldzuweisungen, widersprüchlichen Informationen, offenen und verdeckten Erwartungen und Aufträgen der Eltern (und ihrer Anwälte) konfrontiert. Die Gesprächsatmosphäre war hoch strittig und aggressiv. Der Vater beschuldigte den anwesenden Jugendamtsmitarbeiter, den ihm zustehenden Umgang mit der Tochter verhindert zu haben, da er auf der Seite der Mutter stehe. Er warf der Mutter vor, die Tochter zu vernachlässigen und zu schlagen, während er selbst sich auch nach der Trennung immer sehr liebevoll um das Kind gekümmert habe. Außerdem hätte die Mutter ihn von ihrem neuen Partner aus der ehelichen Wohnung hinausprügeln lassen. Frau M. bezichtigte daraufhin ihren Ex-Mann der Lüge. Er wäre damals gegen sie, wie schon in der Zeit als sie noch zusammen lebten, gewalttätig geworden und der Partner habe ihr nur beigestanden. Die Mutter rechtfertigte die Tatsache, dass der Vater die Tochter längere Zeit nicht gesehen habe, mit häufigen Erkrankungen der Tochter und der großen Angst, die beide vor dem Vater hätten.

Die Einleitung des Begleiteten Umgangs hatte für die Eltern divergierende Bedeutungen, welche mit unterschiedlichen Erwartungen verbunden waren. Typisch für die Falldynamik war auch hier, dass Herr M. auf Kontakt mit der Tochter drängte, während Frau M. bestrebt war, den Kontakt zu verhindern oder zumindest hinauszuzögern. Zur Erreichung ihrer Ziele versuchten beide Eltern, die Glaubwürdigkeit und Integrität des Anderen infrage zu stellen. Herr M. war darüber gekränkt, dass er sein Kind nur unter Aufsicht in der Beratungsstelle sehen und nicht spontan Kontakt zu ihm aufnehmen konnte. Insofern stand er der Maßnahme skeptisch gegenüber. Er fühlte sich von Frau M. übervorteilt und war hin- und hergerissen zwischen dem Wunsch, Umgang mit seinem Kind zu haben und der Mutter Zugeständnisse zu verweigern. Frau M. war einerseits unzufrieden, dass der Kontakt zum anderen Elternteil nicht vollständig verwehrt wurde. Andererseits wurde ihre Skepsis durch die familiengerichtliche Anordnung, den Umgang zu begleiten, bestätigt, so dass sie auch ein gewisses Triumphgefühl hatte.

Verlauf des Begleiteten Umgangs
In zwei Erstgesprächen wurden mit den Eltern und dem Jugendamtsmitarbeiter der Überweisungskontext und die Aufträge der Eltern und des Familiengerichts geklärt und die Ziele und Rahmenbedingungen des Begleiteten Umgangs festgelegt. Vereinbartes Ziel der Maßnahme war die Etablierung und zukünftige autonome Gestaltung des Kontakts zwischen Vater und Tochter und eine Deeskalierung des elterlichen Konflikts. Wegen des hohen Konfliktpotenzials wurde entschieden, zunächst getrennte Beratungsgespräche mit dem Vater und der Mutter zu führen.

In der ersten Phase des Begleiteten Umgangs gab es im elterlichen Konflikt einige Aufweichungen. Die Mutter konnte es eher zulassen, dass auch der Vater eine Bedeutung für die Tochter haben kann. Sie konnte im Einzelsetting mit der Beraterin über ihre schwierige aktuelle Lebenssituation sprechen. Die Mutter war erneut schwanger und hatte Probleme mit dem neuen Partner. Der Vater konnte in den Einzelgesprächen über seine Ängste sprechen, die Tochter ganz zu verlieren. Es schien auch eine Zeit lang, dass der Vater das Wohlbefinden der Tochter höher werten könnte als sein Rachebedürfnis der Ex-Partnerin gegenüber. Auch im Kontakt zwischen Vater und Tochter konnte nach anfänglicher Unsicherheit bei Beiden ein Prozess der Annäherung und des liebevollen Umgangs miteinander beobachtet werden.

Der anfänglich positive Verlauf begann zu kippen, als es der Mutter aus gesundheitlichen Gründen einmal nicht möglich war, die Tochter zum vereinbarten Termin in die Beratungsstelle zu bringen. Daraufhin intervenierten zunächst der Vater und dann auch die Mutter und ihre neuen Partner wieder zunehmend. Die Energie der juristischen Auseinandersetzungen verstärkte sich, indem über die Anwälte neue Anträge bei Gericht gestellt wurden. Der Vater begann erneut Beweise gegen die Mutter zu sammeln. Er zog Erkundigungen bei Nachbarn der Mutter ein, die belegen sollten, dass sie die Tochter nicht gut versorge. Der Partner der Mutter drohte ihm Gewalt an, falls er seine Frau nicht in Ruhe lasse. In den Beratungsgesprächen wollte der Vater immer wieder über die Verfehlungen der Mutter sprechen. Ihm sei zu Ohren gekommen, dass die Mutter in der Nachbarschaft um Essen für die Tochter gebettelt habe und sie bei kaltem Wetter zu dünn kleide. Auch die Mutter ging in den Beratungsgesprächen wieder dazu über, über den Vater zu schimpfen und zu klagen. Der Vater terrorisiere sie und ihren Partner mit nächtlichen Anrufen und drohe ihr Gewalt an. Ohne den Schutz des Partners traue sie sich nicht mehr auf die Straße, da der Vater einen Schlägertrupp organisiert habe.

Im weiteren Verlauf der Maßnahme kam es immer wieder zu Störungen und Blockierungsversuchen von beiden Seiten. Die Eltern versuchten wiederholt, die im Vertrag festgelegten Bedingungen aufzuweichen, was zu erneuten Verärgerungen führte und die elterliche Kooperation immer schwerer machte. Die Eltern versuchten jetzt auch immer massiver, die Beraterin aus ihrer neutralen Haltung zu locken. Schließlich kam es dann zur direkten Verweigerung von vereinbarten Terminen.

Die Maßnahme wurde vier Monate später in einem zu Beginn festgelegten Bilanzierungsgespräch mit den Eltern und dem Jugendamtsvertreter durch die Mitarbeiter der Beratungsstelle beendet. Das Erreichen der vereinbarten Ziele erschien als sehr unwahrscheinlich, da beide Eltern sich entschieden hatten, den juristischen Konflikt weiterzuführen. Es gelang nicht, die Mutter als Unterstützende für den Vater-Kind-Kontakt zu gewinnen, und auch der Vater war nicht bereit, auf die Durchsetzung seines Gerechtigkeitssinns und seine kämpferischen Impulse zu verzichten. Beide Eltern werteten dabei letztlich das Wohl des gemeinsamen Kindes geringer. Durch den Mitarbeiter des Jugendamts wurde ein Ergebnisprotokoll erstellt, welches an den zuständigen Familienrichter weitergeleitet wurde.

Institutionelle Kooperation und Vernetzung

Grundsätzlich kann zwischen fallspezifischer Kooperation, der Zusammenarbeit verschiedener Fachkräfte im jeweiligen Einzelfall, und fallübergreifender Kooperation unterschieden werden. Idealerweise besteht zwischen beiden Kooperationsformen ein Wechselwirkungsprozess.

Die Umsetzung der Kindschaftsreform in eine dem Kindeswohl auch real förderliche Reform ist wesentlich von der gegenseitigen Akzeptanz und der Bereitschaft zur Zusammenarbeit der verfahrensbeteiligten Richter, Anwälte, Sozialdienstmitarbeiter und Berater abhängig. Förderlich ist ein dialogorientierter, gleichberechtigter und verantwortungsbewusster Umgang miteinander. Von großer Bedeutung ist die Klarheit der Aufgaben- und Kompetenzverteilung, die Transparenz der Verfahrensabläufe und Prozesse und die Rückkoppelung von Informationen. Eine offenbar hoch effektive Form der gerichtsnahen Kooperation haben Familienrichter(innen) und Berater(innen) am Amtsgericht Regensburg entwickelt. Dort wird psychologische Beratung und Vermittlung in den Räumen des Gerichts zeitnah und in Abstimmung mit dem familiengerichtlichen Verfahren durchgeführt (s. Autorenteam des Regensburger Modellprojekts 2000; Vergho 2001).

Gestörte oder ineffektive Kooperation führt zu wechselseitiger Verärgerung und Rückzug der Fachkräfte, eventuell sogar zu Verzögerungs- und Blockierungsversuchen. Für die Familien ist dies in hohem Maß verunsichernd. Es eröffnet den Eltern aber auch Spielräume, ihren Konflikt weiterzuführen und die Helfersysteme zu funktionalisieren, so dass sich die elterlichen Konflikte im System der helfenden Institutionen reproduzieren. Das Vorgehen der elterlichen Anwälte hat dabei einen besonderen Stellenwert. Anwälte sind häufig die erste professionelle Anlaufstelle für strittige Eltern, sie können erheblich konfliktmindernd, aber auch konfliktsteigernd intervenieren.

Fallübergreifende Kooperation kann in Form von Fachtagungen oder fest etablierten, regelmäßig stattfindenden Arbeitskreisen, wie sie sich inzwischen vielerorts gebildet haben, geschehen. Ein solcher multiprofessioneller Rahmen bietet unter anderem die Möglichkeit, fachliche Standards und Konzepte zu erstellen, einen Erfahrungsaustausch zu gewährleisten sowie Sachverhalte aus psychologischer und juristischer Perspektive zu beleuchten. In der fallspezifischen Kooperation auftretende Fragen und Probleme, etwa bei der Abstimmung von Verfahrensabläufen (Schnittstellenanalyse), können in diesen Foren aufgegriffen und erörtert werden und in eine Veränderung bisheriger Standards münden.

Im Kontext der fallübergreifenden Arbeit kommt auch der Öffentlichkeitsarbeit eine wichtige Rolle zu. Betroffene Eltern sollten Kenntnis über die veränderte Gesetzeslage im Kindschaftsrecht und die Möglichkeit eines Begleiteten Umgangs haben. Damit erhöht sich die Chance, dass Begleiteter Umgang frühzeitig und nicht erst nach langwierigen und folgenschweren persönlichen und juristischen Konflikten wahrgenommen wird.

Systemische Beratung im Zwangskontext

Begleiteter Umgang wird in der Regel gerichtlich vereinbart oder angeordnet, die Eltern kommen nicht freiwillig in die Beratungsstelle. Es handelt sich hier also um Beratung in einem Zwangskontext. Derlei Beratungen sind für die meisten Kolleg(inn)en eher unliebsam und verunsichernd. Nicht nur weil die Arbeit aufwendiger und die Abbruchquote höher als bei »normalen« Beratungsfällen ist. Manchem mag die Notwendigkeit nicht behagen, mit Teamkollegen und Fachkräften anderer Institutionen intensiv zusammenzuarbeiten, was, einmal abgesehen von der spezifischen Falldynamik, auch mehr Konflikte im Arbeitsalltag mit sich bringen kann. Relevanter aber ist vermutlich das Spannungsfeld zwischen Unterstützung und Hilfestellung einerseits und Kontrolle, Reglement und Einmischung andererseits, in welches der Berater gerät und welches in das (weitgehend unangefochtene) Grundprinzip der Freiwilligkeit der Beratung eingreift. Der Berater mit einer systemisch-konstruktivistischen Orientierung kann darüber hinaus mit seinen systemischen Prämissen in Konflikt geraten: etwa mit der Vorstellung von der Autonomie und Nicht-Instruier- und Steuerbarkeit menschlicher Systeme, mit dem Wissen nicht wissen zu können, was für den Klienten das Beste ist, oder mit dem Respekt vor dem Klienten, der mit aufgezwungener Beratung schlecht vereinbar ist. Auch die durch eine ethische Grundhaltung vieler Berater bedingte Abneigung, Macht und Zwang auszuüben, wird berührt (Pleyer 1996).

In der therapeutischen Arbeit geraten die Ressourcen und Stärken der Eltern aufgrund der Falldynamik leichter aus dem Blick. Die Gefahr, dass der Berater in den elterlichen Konflikt verstrickt wird und seine Neutralität verliert, ist höher als bei anderen Fallkonstellationen. Gerade bei sehr verfahrenen und manchmal gar aussichtslos erscheinenden Fällen kann das Gefühl der Lähmung und der gleichzeitige Druck, etwas im System verändern zu wollen, steigen und den Berater auch hier aus seiner Neutralität, etwa gegenüber den Wirklichkeitskonstruktionen und Zielen der Eltern, locken. Der Druck ist auch bei anderen Helfersystemen (Jugendamt und Gericht) hoch und wird oft an die Beratungsstelle weitergegeben. Schon vor dem Beginn der eigentlichen Fallarbeit kommt es deshalb nicht selten zu spannungserzeugenden Missverständnissen, beispielsweise durch Fehler bei der Terminkoordination. Nicht zuletzt wird die Berater-Klient-Beziehung von Außeninteressen gesteuert, wodurch der Berater zu einem Teil des sozialen Kontrollsystems wird. Durch die Stellungnahme zum Ergebnis der Maßnahme trägt der Berater – ob gewollt oder nicht – dazu bei, wenn familiengerichtliche Entscheidungen getroffen werden, mit denen die Eltern oder zumindest ein Elternteil nicht einverstanden sind. Umso wichtiger ist es, die Eltern über die Konsequenzen, die die Beratung für sie haben kann, eingehend zu informieren. Die Spielregeln müssen klar sein, damit die Eltern eine bewusste Entscheidung für oder gegen die Maßnahme treffen können.

Bei Begleitetem Umgang erfährt die systemische Haltung Grenzen. Allerdings würde die Aufrechterhaltung des Postulats, dass Beratung nur freiwillig funktionieren kann, Eltern (und Kinder) in bestimmten Situationen von der Beratung ausschließen und ihnen eine Chance zur Entwicklung und Übernahme von Verantwortung nehmen. Der Zwangskontext schafft hierbei erst den Rahmen für therapeutische Handlungsressourcen (Pleyer 1996). Voraussetzung ist allerdings ein »offenes und überzeugtes Ja zu den Spielregeln der Kontrolle« (Pleyer 1996, S. 195). Dementsprechend müsste hier von Foersters (1994, S. 60) zweiter ethischer Imperativ »Handle stets so, daß weitere Möglichkeiten entstehen« ergänzt werden durch: »Handele, auch wenn du dabei einige systemische Prämissen aufgeben musst.« Es gilt, die eigenen Arbeitsweisen dem Beratungskontext anzupassen, etwa auch Kontrolle und Reglement unter bestimmten Bedingungen für den Beratungsprozess als hilfreich und positiv anzuerkennen, sich anders als sonst auf die Klienten einzulassen und auf dem Hintergrund systemischen Denkens neue konzeptuelle Ideen zu entwickeln. Conen (1999) regt beispielsweise an, die Skepsis, mit der Eltern im Kontext einer Zwangsberatung kommen, als eine wichtige und für die Beratung nutzbare Ressource umzudeuten: als Achtung vor sich selbst, als Stärke und Entschlossenheit, als Fähigkeit Grenzen zu setzen und als ein Schutz vor abermaliger Enttäuschung.

Bei dieser Fallarbeit gilt es besonders zu respektieren, wenn sich die Klienten nicht verändern wollen oder können und Berater an ihre Grenzen kommen. Auch eine »nicht erfolgreiche« Arbeit (wie in dem Fallbeispiel) ist aus unserer Sicht erfolgreich, wenn die institutionelle Zusammenarbeit geklappt hat und die Eltern eine professionelle Beratung erhalten haben, aufgrund derer sie Klarheit über die eigenen Wünsche, Ziele und Möglichkeiten gewinnen konnten.

Fazit

Eltern und Kinder sollten in einem Trennungskonflikt und – noch bevor der Umgang ausgesetzt wurde – professionelle Hilfe erhalten. Begleiteter Umgang sollte im Hinblick auf den elterlichen Konflikt zeitlich so früh wie möglich einsetzen. Die begleitende Elternberatung hat für den Erfolg der Maßnahme entscheidende Bedeutung; die alleinige Erfüllung des richterlichen Auftrags, den Umgang wieder zu etablieren, reicht nicht aus (s. Normann-Kossak 2000). Die Vernetzung und der Aufbau effektiver Kooperationsbeziehungen zwischen den beteiligten Fachkräften ist unerlässlich.

Die Aufträge und Ziele der Verfahrensbeteiligten müssen klar herausgearbeitet und Vereinbarungen für die Arbeit in einem Kontrakt fixiert werden. Andernfalls bietet sich den Eltern in ihrem alles überlagernden Machtkampf viel Spielraum für manipulatives und strategisches Verhalten.

Wechselseitige Auswirkungen, die therapeutische und juristische Prozesse aufeinander haben, müssen geklärt werden. Die Prognose ist dann gut (vgl. Mayer u. Normann-Kossak 2000), wenn die elterliche Trennung relativ frisch ist, der Umgangsausschluss noch nicht lange andauert und die Eltern keine gerichtlichen Auseinandersetzungen führen. Die Prognose ist eher ungünstig, wenn die Umgangskontakte längere Zeit nicht stattgefunden haben, der elterliche Konflikt und das juristische Tauziehen im System bereits fest etabliert und die Erwartungen seitens des Familiengerichts für die Eltern nicht transparent sind. Juristische Verfahren haben oft den Effekt, dass die Bedeutung des Begleiteten Umgangs für die Eltern marginal und ihre Bereitschaft zur Zusammenarbeit strategisch motiviert ist.

Der Zwangskontext bei Begleitetem Umgang schafft einen Rahmen, innerhalb dessen systemische Beratung stattfinden und für Veränderungen genutzt werden kann.

Anhang: Vereinbarung über die Durchführung eines Begleiteten Umgangs

INSTITUT FÜR BERATUNG UND THERAPIE
VON ELTERN UND JUNGEN MENSCHEN
Adelheidstraße 28 – 65185 Wiesbaden
Tel. 0611-370012 Fax 0611-370013

Für die Durchführung eines Begleiteten Umgangs bzgl. des Kindes

...., geb. ....

wird zwischen dem Institut für Beratung und Therapie von Eltern und jungen Menschen

und den Kindeseltern
Frau ....
Herrn ....

die nachfolgende Vereinbarung geschlossen:

1. Ziele
In der gemeinsamen Sitzung mit der/m Vertreter/in des Jugendamts, Herrn/Frau ...., am .... wurde festgelegt:

Vater
- Z.B.: Kontaktaufbau zum Kind nach längerer Umgangsunterbrechung.
- Z.B.: Erfahren, wie das Kind zum Vater steht und welche Erwartungen und Wünsche es bzgl. des zukünftigen Umgangs mit ihm hat.

Mutter
- Z.B.: Kontaktaufbau des Kindes zu seinem Vater.

– Z.B.: Feststellen, was das Kind bzgl. eines zukünftigen Umgangs mit dem Vater wünscht.

2. Dauer

Der Begleitete Umgang wird bis .... durchgeführt. Über eine eventuelle Verlängerung und eine damit verbundene Veränderung der Vereinbarung muss dann neu entschieden werden.

3. Umfang

Die Maßnahme beinhaltet

– Die Durchführung des Begleiteten Umgangs in den Räumen der Beratungsstelle.
– Die für beide Elternteile verbindliche Elternberatung.

4. Durchführung des Umgangs

– Zur Vorbereitung auf den Umgang finden mit dem Kind und dem/r Begleiter/in mindestens ...... Einzelkontakte statt. Besteht nach Ermessen des/r Beraters/in Bedarf nach weiteren Einzelkontakten, werden diese entsprechend durchgeführt.
– Der Umgang des Vaters mit dem Kind findet .....-wöchig statt.
– Die Durchführung beginnt, sobald die Einzelkontakte mit dem Kind stattgefunden haben.
– Bei Verhinderung einer der teilnehmenden Personen ist der Termin so frühzeitig wie möglich dem Institut mitzuteilen. Ausgefallene Termine werden nachgeholt.
– Das Kind wird zu jedem Termin eine Viertelstunde *früher* von der Mutter gebracht, um sich auf die Situation einstellen zu können. Der/ie Begleiter/in empfängt das Kind.
– Das Kind wird ebenfalls eine Viertelstunde *nach* Umgangsende von der Mutter abgeholt, um eine Übergangsphase zu haben.
– Sofern der/ie Begleiter/in dem Elternteil und dem Kind einen intimeren Rahmen ermöglichen will und sich nicht im gleichen Raum aufhält, wird er/sie sich in einem Nachbarraum

aufhalten. Die Tür des Umgangs-Raumes wird in diesem Fall geöffnet bleiben.

- Die Entscheidung über eine andauernde oder nur zeitweilige persönliche Anwesenheit des/r Begleiters/in im Raum, in dem der Umgangskontakt stattfindet, liegt in dessen/deren Verantwortung aufgrund seiner/ihrer Einschätzung der Situation.
- Andere Personen als die vertraglich vereinbarten, dürfen nur nach einer vorherigen Absprache zwischen den Eltern, sowie mit dem/r Begleiter/in und auch nur ausnahmsweise am Umgang teilnehmen.
- Geschenke für das Kind können nur zu bestimmten Anlässen und nach vorheriger Absprache mitgebracht werden.
- Das Kind hat das Recht den Umgangskontakt zu verweigern oder abzubrechen.
- Der Begleitete Umgang wird nicht durchgeführt, wenn der/ie Umgangsberechtigte unter Alkohol- oder Drogeneinfluss steht. Die Entscheidung hierüber hat der/ie begleitende Mitarbeiter/in des Instituts.
- Bei Anzeichen von Gewaltandrohung bzw. Gewaltausübung wird der/ie Begleiter/in den Umgang abbrechen.
- Der/ie Begleiter/in des Umgangs ist autorisiert, den Umgang abzubrechen bzw. die Durchführung insgesamt zu unterbrechen, wenn eine Beeinträchtigung des Kindes durch den Verlauf des Umgangs oder durch das Verhalten des/r Umgangsberechtigten wahrgenommen wird.
- Der/ie Begleiter/in wird in einem solchen Fall eine gemeinsame Sitzung mit den Eltern und den Elternberatern/innen einberufen.

5. Durchführung der Elternberatung

- Die Teilnahme an der Elternberatung ist verpflichtendes Element des Begleiteten Umgangs und dient der Entwicklung der Kooperationsfähigkeit beider Eltern, um zukünftig die Ausübung des elterlichen und des kindlichen Umgangsrechts ohne Begleitung durchführen zu können.
- Die Elternberatung findet i.d.R. mit beiden Eltern gemeinsam statt, auf Wunsch eines Elternteils oder wegen spezieller The-

men, sind zusätzliche Eltern-Einzelgespräche möglich.
- Die Elternberatung findet .....-wöchig, an einem gemeinsam vereinbarten Termin statt. Ausgefallene Termine werden nachgeholt.

6. Zwischenbilanz/Beendigung/Abbruch der Maßnahme

- Am .... findet ein Termin zur Zwischenbilanz mit beiden Eltern, der/m Elternberater/in, dem/r Umgangsbegleiter/in und der/m Vertreter/in des Jugendamts statt.
- Bei vereinbarungsgemäßer Beendigung des Begleiteten Umgangs findet ein gemeinsames Abschlussgespräch mit beiden Eltern, der/m Elternberater/in, dem/r Umgangsbegleiter/in und der/m Vertreter/in des Jugendamts statt.
- Wird von einem der Eltern die Maßnahme abgebrochen, lädt das Institut alle Beteiligten zu einem Abschlussgespräch ein.
- Das Institut behält sich vor, bei Nichteinhaltung der Vereinbarung durch die Eltern die Maßnahme abzubrechen und ein Abschlussgespräch hierüber zu führen.

7. Schweigepflicht/Weitergabe von Informationen

- Berater/in und Begleiter/in unterliegen gegenüber Dritten einer Schweigepflicht.
- Die Eltern stimmen ausdrücklich zu, dass vonseiten des Instituts gegenüber dem Jugendamt/Familiengericht Auskunft darüber gegeben werden darf, ob die Maßnahme noch stattfindet oder nicht und wie viele Kontakte mit wem stattgefunden haben.
- Im Hinblick auf den Informationsbedarf des Familiengerichts und die Verpflichtung des Jugendamts bei Gericht eine Stellungnahme über den Verlauf des Begleiteten Umgangs abzugeben, werden die benötigten Informationen in den o.g. Abschlussgesprächen durch die/den Berater(in) und die Eltern erteilt.
- Eine Kopie dieser Vereinbarung erhält der/ie Vertreter/in des Jugendamts.

Ich habe die Vereinbarung gelesen und stimme ihr zu.

Ort/Datum ....

....
Name und Unterschrift Mutter, Vater

....
Vertreter/in des Jugendamts

....
Elternberater/in

....
Umgangsbegleiter/in

Hans Jellouschek

Systemisches Arbeiten mit Stieffamilien

Stieffamilien, mit denen es Beraterinnen und Berater in sozialen Einrichtungen zu tun bekommen, sind in der großen Mehrzahl nicht durch Wiederverheiratung nach dem Tod eines Elternteils, sondern nach Trennung und Scheidung des Elternpaars entstanden. In Deutschland sind etwa zehn Prozent aller Familien Stieffamilien. Danach gibt es hierzulande schätzungsweise über zwei Millionen Stieffamilien (Krähenbühl et al. 2001). Obwohl die Stieffamilie dadurch zu einer normalen Lebensform geworden ist, fehlt ihr noch immer eine eigene soziale Identität. Sie wird in ihrer Eigenart und in ihren spezifischen Problemlagen nicht ausreichend wahrgenommen, weder von der Öffentlichkeit noch von den betroffenen Familienmitgliedern. Wenn nach Wiederheirat eine neue Familie entstanden ist, scheint alles wieder so zu sein oder hat es wieder so zu sein wie in der früheren Familie.

Um deutlich zu machen, dass dies keineswegs so ist und sein kann, wurden in den letzten Jahren eigene Begriffe für diese Familienform geprägt: Patchwork-Familie, Scheidungsfamilie, Wiederverheiratete Familie, Fortsetzungsfamilie und so weiter. Jeder dieser Begriffe weist auf wichtige Eigenarten hin, eine einheitliche Bezeichnung hat sich bisher nicht durchgesetzt. Ich wähle hier den Begriff Stieffamilie[1], weil er in seiner Vorsilbe »Stief-« im Zusammenhang mit Stiefmüttern, Stiefvätern und Stiefkindern eine lange Tradition in unserer Sprache hat, auch

1 Ich schließe mich damit dem Sprachgebrauch von Krähenbühl et al. (2001) an, die in »Stieffamilien: Struktur – Entwicklung – Therapie« die Ergebnisse eines vierjährigen therapeutischen Projekts mit Stieffamilien auswerten.

wenn der Begriff einen charakteristischen Bedeutungswandel erfahren hat.

Typische Strukturmerkmale von Stieffamilien

Äußerlich betrachtet ist eine Stieffamilie eine vollständige Familie. Bei genauerem Hinsehen zeigen sich jedoch charakteristische Unterschiede zur Kernfamilie, die vor allem Nachdenken über Probleme und Lösungsstrategien in ihrer Bedeutsamkeit zur Kenntnis genommen werden müssen:

- In Stieffamilien lebt ein leiblicher Elternteil der Kinder außerhalb des Familienverbands, dem die Kinder in ihrem Alltag angehören. Die Kinder haben also eine wichtige Bezugsperson an einem anderen Ort und pendeln zwischen den beiden Familiensystemen. Damit ist – anders als in der Kernfamilie – zunächst nicht klar, wie die Familiengrenzen verlaufen, wer zur Familie gehört und wer nicht.
- Bei Stieffamilien haben meist alle Mitglieder den Verlust einer wichtigen Bezugsperson und des bisherigen Bezugssystems erlitten. Sie haben unterschiedliche Erfahrungen von Scheitern in Beziehungen gemacht. Das bestimmt die Gefühlslage der Familie in charakteristischer Weise: Ängste, Hoffnungen und Wünsche bestimmen von daher das Zusammenleben, die sich von denen in Kernfamilien deutlich unterscheiden.
- In Stieffamilien bestand die Beziehung zwischen Kind(ern) und einem Elternteil schon vor der Beziehung dieses Elternteils zu seinem neuen Partner. Diese(r) »Neue« muss seinen/ihren Platz in den bereits eingespielten Beziehungsmustern und Regeln der Teilfamilie erst finden. Die Beziehung zu den Kindern war vor der Paarbeziehung da, und nicht umgekehrt wie in Kernfamilien.
- Der neue Partner hat als Stiefelternteil zu den Kindern keine gewachsene Beziehung und keine elterlichen Rechte, obwohl er – von außen betrachtet – Elternteil zu sein scheint und auch im Alltag ständig mit den Kindern konfrontiert ist. Die Rolle des Stiefelternteils ist also für alle Beteiligten unklar und muss sich im Lauf der Zeit erst herausbilden und definiert werden.

Die genannten Merkmale sind allen Stieffamilien-Formen gemeinsam. Mit ihnen hängen auch typische Konfliktkonstellationen zusammen. Freilich ist damit nicht gesagt, dass das von der Stieffamilie in einer Beratungssituation präsentierte Problem immer als Ausdruck einer solchen Konfliktkonstellation benannt wird. Den Leistungsabfall des Jungen in der Schule hält die Mutter vielleicht für das Produkt seiner Faulheit. Dass der Junge damit möglicherweise sein Leiden am mangelnden Kontakt zu seinem getrennt lebenden Vater zum Ausdruck bringt, offenbart sich erst, wenn Berater solche Zusammenhänge im Blick haben und den Jungen somit als Symptomträger erkennen, das heißt als denjenigen, der ein ungelöstes Problem des Gesamtsystems durch sein Symptom zum Ausdruck bringt.

Als Beispiel dafür soll eine Stieffamilie dienen, an deren recht komplexen System sich der Großteil stieffamiliärer Problematik erläutern lässt (s. Abb. 6). Das System, das hier in erster Linie ins Auge gefasst werden soll, ist das mittlere von den dreien, eine Stiefvater-Familie, die derzeit häufigste Stieffamilienform. Volker und Lisbeth mit den Kindern Jens und Claudia. Volker und Lisbeth sind in zweiter Ehe miteinander verheiratet. Sie leben mit Jens, dem gemeinsamen Kind, und dem Kind von Lisbeth, Claudia, in einem Haushalt zusammen. Die Kinder von Volker – Miriam und Walter – leben bei ihrer von Volker geschiedenen Mutter Maria. Der Vater von Claudia, Lisbeths früherer Mann Heinrich, lebt in einer neuen Partnerschaft mit Rosa. Alle drei Systeme zusammen sind genau genommen ein Gesamt-Stieffamilien-System.

Das Paar in der Stieffamilie

Der lebendigen Liebe des Paars wird heutzutage ganz allgemein eine grundlegende Bedeutung beigemessen (Jellouschek 2002a). Lisbeth hat Volker aus Liebe geheiratet, nicht weil sie jemanden für die Erziehung Claudias oder für ihren Unterhalt gebraucht hätte. Die Partnerliebe ist aber in Stieffamilien Belastungen ausgesetzt, die mit ihrer Geschichte und ihrer Komplexität zu tun haben (Jellouschek 2001).

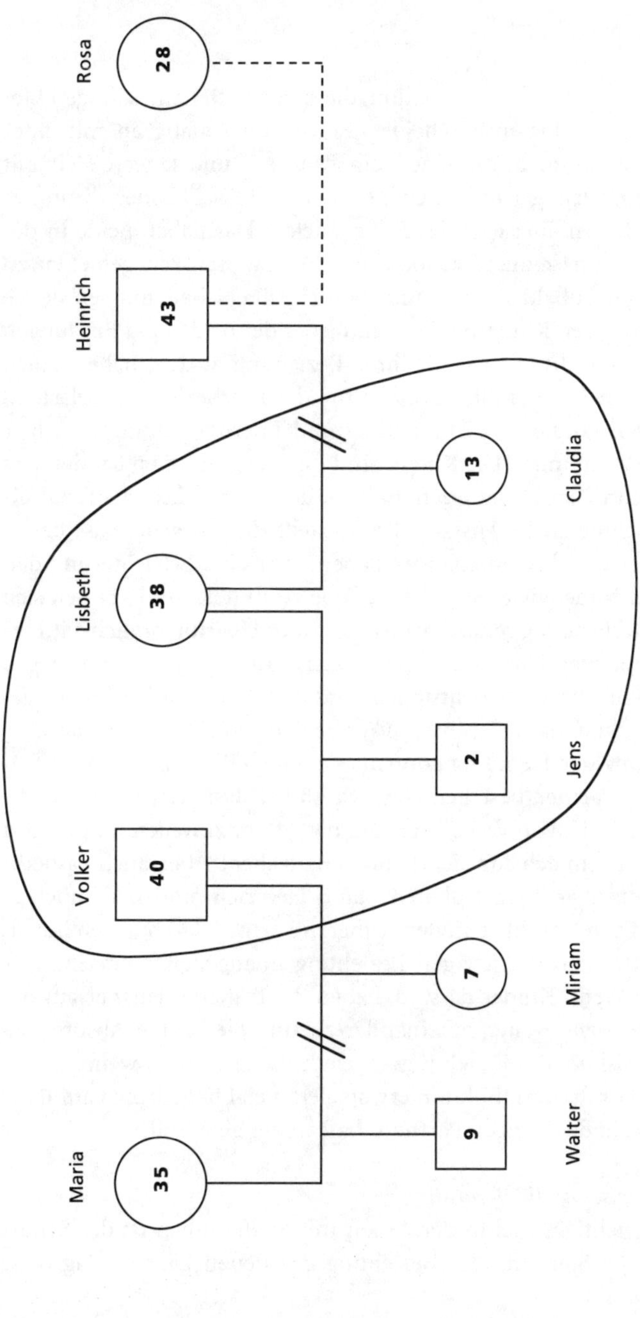

Abb. 6: Genogramm einer Stieffamilie

Bindungen

Volker trifft auf eine Situation, die sich von der eines jungen Liebespaars völlig unterscheidet. Er ist von Anfang an mit einer Frau zusammen, die schon ein Kind hat und längere Zeit mit diesem allein gelebt hat. Und er selbst hat zwei Kinder, die in seinem Leben eine wichtige Rolle spielen. Das haben beide in der Anfangsphase ausgeblendet, um ihre Zweisamkeit genießen zu können. Sobald sie aber miteinander Alltag leben, müssen sie die Zeit mit den Kindern teilen, und jeder der beiden hat Bindungen zu ihnen, die nichts mit ihrer Beziehung zu tun haben. Auch wenn in Kernfamilien Kinder für die Paarbeziehung belastend werden können: Paarbeziehung und Elternbeziehung sind hier nahe zusammen. Die Kinder sind ihre gemeinsamen Kinder. Das ist beim Paar in der Stieffamilie anders – und das schafft zuweilen schmerzliche Distanz. Dabei stellt die Tatsache, dass beide, Volker und Lisbeth, Kinder haben, eher eine Erleichterung dar. Denn beide wissen um die Gefühle von Eltern und können sich in elterliche Sorgen, Ängstlichkeit oder Überfürsorglichkeit einfühlen. Hat einer der beiden keine Kinder, können dagegen Konkurrenzgefühle entstehen, und der Partner mit Kindern gerät dann in das Dilemma, wie er beiden gerecht werden kann.

Trotz der Trennung können auch noch Bindungen an die früheren Partner bestehen. Lisbeth spürt, dass Maria einmal die große Liebe von Volker war und dass er ihr zuweilen nachtrauert – nicht einfach für sie, damit umzugehen! Aber auch Lisbeths Klagen über ihren früheren Mann Heinrich binden sie noch in negativen Gefühlen an den früheren Partner und machen ihn als »Dritten« in der jetzigen Beziehung unangenehm präsent. Zudem: Wenn Kinder da sind, haben die früheren Partner auf der Elternebene weiter miteinander zu tun. Sie treffen Absprachen und diskutieren Erziehungsangelegenheiten. Selbst wenn das relativ konfliktfrei funktioniert, spielen die »Ehemaligen« auf diese Weise in der jetzigen Partnerschaft weiter eine Rolle.

Hinweise für die Beratung

Ein wichtiges Ziel in der Arbeit mit Stieffamilien ist der Schutz und die Stärkung der Beziehung des neuen Paares. Mag diese auch – an traditionell moralischen Maßstäben gemessen – auf problematische Weise zustande gekommen sein, so gilt auch hier: Eine befriedigende Paarbeziehung ist der wichtigste Garant der Stabilität der Familie. Was braucht also das neue Paar in der Stieffamilien-Situation?

Die Liebe der neuen Partner ist von Anfang an – durch die Kinder und durch die früheren Partner – stärker relativiert als bei einer ersten Liebe. Sie brauchen deshalb viel Einfühlungsvermögen in die komplexe Situation und die konflikthafte Geschichte des Anderen. Sich bewusst zu machen, der oder die »Zweite« zu sein, ist empfehlenswert. Das ist keine Geringschätzung der neuen Liebe, sondern trägt dem Rechnung, dass beide Partner eine Geschichte haben und in einem Netz von Beziehungen stehen, die nichts mit ihrer Liebe zu tun haben. Dies gilt es zu akzeptieren und zu achten.

Für das Gelingen der neuen Beziehung ist die Aussöhnung mit der gescheiterten Beziehung wichtig. Diese ist erreicht, wenn die Partner das Positive, das da war, annehmen, das Negative hinter sich lassen und »normale Beziehungen« zu den Ex-Partnern herstellen können. Ein untrügliches Anzeichen dafür ist, wenn sie mit diesen relativ konfliktfrei über Geld und Kinder verhandeln können. Dazu muss in der Beratung häufig Unerledigtes und Unabgeschlossenes aus den früheren Ehen wieder aufgegriffen und zu Ende gebracht werden, unter Umständen auch dadurch, dass die Ex-Partner in die Beratung miteinbezogen werden. Abschieds- und Versöhnungsrituale können hier hilfreich sein (Jellouschek 2002 b).

Das neue Paar braucht Raum für seine Zweisamkeit. Weil Lisbeth ihrer Tochter Claudia die Trennung von ihrem Vater »zugemutet« hat, neigt sie dazu, sich von ihr über Gebühr beanspruchen zu lassen. Weil Volker seinen getrennt lebenden Kindern gegenüber ein schlechtes Gewissen hat, wirft er manchmal alle Verabredungen mit Lisbeth über den Haufen, wenn diese sich einmal unvorhergesehen zum Besuch anmelden. Solche Belastungen, die für das Stieffamilien-Paar typisch sind, bringen die Gefahr mit sich, dass die Partnerbeziehung zu kurz kommt. Es braucht die Unterstützung und manchmal »Erlaubnis« des Beraters, sich immer wieder Inseln der Zweisamkeit ohne die Kinder zu schaffen.

Für die neue Beziehung ist der Grundsatz beherzigenswert: »Nicht zu früh zu eng zusammen!« In einer verbindlich erlebten Liebesbeziehung möchte man sich gern auch im Alltag nahe sein. Aber nicht nur dieses verständliche Bedürfnis spielt bei der oftmals zu raschen Tendenz zusammenzuziehen eine Rolle. Stieffamilien setzen sich auch heute noch häufig unter den Druck, möglichst schnell eine ganz normale Familie zu sein, und die lebt eben zusammen. Stieffamilien sind nicht unnormal, aber anders. Ihrer spezifischen Eigenart scheint mir die Lebensform des »Living apart together«, des Lebens in zwei Haushalten – jedenfalls eine Zeit lang – besonders zu entsprechen, und das aus zwei Gründen: Die neuen Partner, die aufgrund ihres Alters bereits einen ausgeprägten Lebensstil haben, können sich dadurch leichter wieder in ihr eigenes Reich zurückziehen, und die Kinder können sich allmählich an »den Neuen« gewöhnen. Zu rasches Zusammenziehen ist in der Beratung kritisch zu hinterfragen.

Der Stiefelternteil und die Stiefkinder

Der überengagierte Stiefelternteil

Häufig geraten in Stieffamilien die Partner im Zusammenhang mit den Kindern einer der beiden aneinander. Der meiner Erfahrung nach häufigste Grund dafür liegt im gut gemeinten Überengagement des Stiefelternteils.

Das typische Konfliktmuster stellt sich häufig so dar: Weil Claudia schlecht in der Schule ist, lernt Volker mit ihr und versucht, sie an eine bestimmte Zeiteinteilung zu gewöhnen. Lisbeth ist froh, dass er sich darum kümmert. Claudia aber erlebt das als eine Einmischung, wird bockig und widerspenstig. Damit bringt sie zum Ausdruck: »Wenn mir hier jemand etwas zu sagen hat, ist das meine Mutter – aber was mischt sich der hier ein?!« Das veranlasst Volker, sein Engagement zu verstärken und noch mehr Druck zu machen, was Claudia ihrerseits mit noch mehr Bockigkeit beantwortet. Lisbeth erlebt das mit wachsendem Unbehagen. Volker erscheint ihr wenig einfühlsam. Sie beginnt, Einwände zu machen und ihn offen zu kritisieren. Sie wechselt also die

Fronten, geht ein Bündnis mit der Tochter ein, und Volker wird zum »gemeinsamen Feind«. Somit ist der Konflikt beim Paar gelandet. Volker fühlt sich frustriert und verraten. Er wollte doch Lisbeth nur entlasten, und jetzt hat er nicht nur Claudia, sondern auch noch sie gegen sich!

Stiefeltern haben zu den Kindern des Partners keine gewachsene Beziehung. Damit fehlt ihnen die Grundlage, erzieherisch wirksam zu werden. In den Augen der Kinder ist der Stiefelternteil ein Eindringling. Er besetzt in ihren Augen einen Platz, der dem getrennt lebenden Elternteil gehört. Darum erleben sie seine Erziehungsversuche als Zumutung. Warum gehen Stiefeltern trotzdem so häufig in diese Falle?

Sich für die Stiefkinder erzieherisch zu engagieren, erscheint vielen als einer der Hauptwege, sich einen Platz im neuen Familienverband zu erobern, in dem bisher keiner für sie vorgesehen war. Oft erleben sie sich auch vom anwesenden Elternteil zu diesem Engagement eingeladen. Auch das Verhalten des getrennt lebenden Elternteils kann eine Sogwirkung in diese Richtung haben: Claudias Vater Heinrich kümmert sich um die Schule überhaupt nicht! Also scheint es Volker tun zu müssen. Vielleicht kommen dazu noch Rivalitätsgefühle: Volker will der bessere Vater sein und damit bei Claudia und Lisbeth Punkte machen. Das ist verständlich, aktiviert aber die Loyalitätsgefühle der Kinder. Die tiefere Bindung haben sie an den getrennt lebenden Elternteil, und dem gegenüber zieht der Stiefelternteil immer den Kürzeren.

Hinweise für die Beratung

Die Beratung hat in diesem Zusammenhang das Ziel zu verfolgen, die Verantwortung der leiblichen Eltern für die gemeinsamen Kinder zu stärken und den Stiefelternteil zu entlasten.

Es muss deutlich werden: Die Erziehung ist Sache der leiblichen Eltern und des anwesenden leiblichen Elternteils. Dieser Grundsatz soll den Stiefelternteil entlasten und ihm gleichzeitig Grenzen setzen. Seine Erziehungsversuche sind für die Kinder Übergriffe, auch wenn sie noch so gut gemeint sind.

Ein weiterer Grundsatz lautet: »Beziehung statt Erziehung«. Der Stiefelternteil kann durchaus in eine erzieherische Funktion hineinwachsen, aber nur auf der Grundlage seiner persönlichen Beziehung, die er im Lauf der Zeit zu den Kindern aufbaut. Auf diesem Weg kann er sogar sehr wichtig für sie werden. Kinder können so durch ihn ergänzende, ja sogar korrigierende elterliche Erfahrungen machen. Die Basis dafür aber ist die gewachsene Beziehung und nicht die zugeschriebene Elternrolle.

Dies scheint in einem Fall illusorisch zu sein: Wenn es sich um eine Stiefmutter handelt und um einen berufstätigen Vater mit kleinen Kindern. Wie soll sich die Stiefmutter da aus der Erziehung heraushalten? Wie soll der meist abwesende Vater dafür die Verantwortung übernehmen? Natürlich liegen die Dinge hier anders als im Beispiel. Dennoch geht es grundsätzlich um dasselbe Problem. Denn auch aus dem stiefmütterlichen Engagement entwickelt sich häufig das oben beschriebene Muster, und die Stiefmutter bleibt als Verliererin zurück (Frisch u. Sanders 1997).

Auch wenn die konkrete Versorgung der Kinder in einem solchen Fall hauptsächlich in den Händen der Stiefmutter liegt, macht es trotzdem einen großen Unterschied, in welcher Haltung das geschieht. Der Vater muss seiner grundsätzlichen Verantwortung für die Erziehungsaufgabe ausdrücklich zustimmen. Dadurch wird er trotz zeitlicher Begrenzung für die Kinder präsenter sein und einen wichtigeren Part spielen. Das wird die Stiefmutter entlasten. Für sie wiederum ist wesentlich, sich immer wieder zu sagen: »Was ich tue, geschieht in Stellvertretung – und es sind nicht meine Kinder!« Die Wirkung einer solchen Selbst-Definition ist erstaunlich. Ein Abstand zwischen ihr und den Kindern entsteht, der Entlastung und Entspannung bringt. Freilich muss der Vater dann mehr übernehmen, was auch bei starker Belastung immer möglich ist. Der Stiefmutter wiederum werden ein eigener Beruf, eigene Beziehungen und überhaupt ein »eigenes Leben« helfen, elterliches Überengagement zu vermeiden. Auch darauf ist in der Beratung zu achten.

Der Sog für den Stiefelternteil zum Überengagement wird häufig auch dadurch verstärkt, dass der außerhalb lebende Elternteil ausgeklammert wird oder sich selber ausklammert, indem er sich nicht oder schlecht um seine Kinder kümmert. Oft werten freilich auch anwesender und Stief-Elternteil gemeinsam dessen Erziehungskompetenz ab – aus Motiven wie Rache, Rivalität und Angst, die Kinder an ihn zu verlieren. Hier ist die Aufgabe, trotz der Trennung als Paar die Elternachse wieder herzustellen. Dafür kann es nützlich sein, den außerhalb lebenden Elternteil in die Beratung miteinzubeziehen, damit das getrennte Paar Elternebene und Paarebene voneinander unterscheiden lernt.

Sexuelle Übergriffe

Nach amerikanischen Forschungsergebnissen (Krähenbühl et al. 2000; Krähenbühl et al. 2001) kommt es in Stieffamilien sechsmal häufiger zu sexuellen Übergriffen von Stiefvätern gegenüber ihren Stieftöchtern als bei leiblichen Vätern und Töchtern. Wie ist das zu erklären?

In Kernfamilien ist die Vater-Tochter-Beziehung, die wegen der Gegengeschlechtlichkeit auch erotische Komponenten enthält, durch das Inzest-Tabu einigermaßen geschützt. Dies ist in Stieffamilien nicht der Fall, vor allem dann nicht, wenn der neue Partner die Kinder erst als Heranwachsende kennen lernt.

Besonders häufig kommt es zu Übergriffen, wenn die Frau einen jüngeren Partner gewählt hat, dessen Altersabstand zur Stieftochter dann relativ gering ist.

Auf Männer, die sich ihrer Männlichkeit unsicher und der neuen Partnerin gegenüber unterlegen fühlen, übt die aufkeimende Weiblichkeit der Stieftochter einen besonders starken Reiz aus.

Manchmal idealisiert die Frau den neuen Partner und zieht die Tochter in diese Idealisierung mit hinein, so dass eine Nähe zugelassen wird, die Verführungssituationen Vorschub leistet.

Hinweise für die Beratung

Angesichts dieser Tatsachen ist es in der Beratung nötig, genau hinzusehen und hinzuhören, Beobachtungen mit erfahrenen Kollegen auszutauschen und Gespräche mit Mutter und Tochter unter vier Augen zu führen. Übergriffe dürfen auf keinen Fall hingenommen werden.

Aus prophylaktischen Gründen ist es wichtig, auch wenn keine Verdachtsmomente auftauchen, das Thema Sexualität anzusprechen:

- Gibt es Defizite in der sexuellen Beziehung des Paars? Frustrierte Sexualität macht Übergriffe wahrscheinlicher.
- Wie wird in der Familie mit Grenzen, Grenzüberschreitung und räumlicher Abgrenzung umgegangen (eigenes Zimmer, Bad …), wie mit Bekleidung, Entkleidung, Nacktheit …? In Stieffamilien braucht es hier besondere Achtsamkeit.
- Können die Partner miteinander offen darüber reden, ob und wie sich der Stiefvater durch die heranwachsende Stieftochter sexuell angesprochen fühlt? Offenheit ist in jedem Fall der bessere Schutz im Vergleich zur Tabuisierung des Themas!

Der außerhalb lebende Elternteil und die Besuchs-Kinder

Der Kontakt der Kinder zum außerhalb lebenden Elternteil

Volker ist für Miriam und Walter und Heinrich für Claudia »außerhalb lebender Elternteil«. Walter und Miriam besuchen Volker vierzehntägig, Claudia ihren Vater Heinrich und seine Partnerin Rosa unregelmäßig etwa alle drei bis vier Wochen. Dadurch ändern sich die Familienstrukturen ständig: Mal sind Volker und Lisbeth mit Jens und Claudia zu viert, mal bilden sie, wenn Claudia beim Vater ist, zu dritt eine Kleinfamilie, mal expandieren sie für ein Wochenende gar zu einer fünf- bis sechsköpfigen Familie. Heinrich und Rosa wiederum, sonst ein kinderloses Paar, verwandeln sich, wenn Claudia da ist, plötzlich in eine »Teilzeit-Stieffamilie« (Krähenbühl et al. 2001). Diese ständigen Veränderungen schaffen Unruhe und manchmal auch Chaos. Um wieder mehr Harmonie herzustellen, greifen Stieffamilien manchmal zur Lösungsstrategie der Ausgrenzung.

Im Beispiel hieße das: Volker würde den Kontakt zu Miriam und Walter abbrechen und damit seine Kinder ausgrenzen. Und Claudia würde von Lisbeth in ihren manchmal geäußerten Vorbehalten gegen ihren Vater Heinrich bestärkt, bis sie von sich aus nicht mehr zu ihm will. Somit würde Heinrich ausgegrenzt. Die Besuchskinder ausgrenzen oder den außerhalb lebenden Elternteil ausgrenzen: Diese gewaltsame Herstellung von Normalität ist allerdings die schlechteste aller Lösungen, die Komplexität der Stieffamilie zu bewältigen.

Bei einer Ausnahme: wenn der außerhalb lebende Elternteil die Besuchskinder tatsächlich gefährdet oder wenn er aufgrund einer physischen oder psychischen Krankheit nicht in der Lage ist, angemessen mit ihnen umzugehen. Dann gibt es vielleicht keine andere Lösung. Allerdings ist sehr genau hinzuhören, ob solche Aussagen der Realität entsprechen oder in Kränkungen und Rachegefühlen gegen den getrennten Partner ihren Ursprung haben.

Abgesehen von diesem Ausnahmefall gilt: Kindern muss der Kontakt zum außerhalb lebenden Elternteil ermöglicht werden. Kinder, die nach Trennung und Scheidung der Eltern regelmäßigen Kontakt zum außerhalb lebenden Elternteil haben, verkraften die Scheidungskrise schneller und entwickeln weniger Auffälligkeiten, Schulschwierigkeiten und Verhaltensprobleme als Kinder, denen dieser Kontakt nicht möglich ist. Nach einer krisenhaften Phase, die Trennung und Scheidung natürlich für jedes Kind darstellen, holen Kinder mit Kontakt zum getrennten Elternteil in ihrer Entwicklung rasch wieder auf und weisen gegenüber Kindern aus »intakten« Ehen keine Entwicklungsdefizite auf (Napp-Peters 1988, 1995; Walper u. Schwarz 2002).

Die biologische Herkunft scheint eine viel größere Bedeutung zu haben, als lange Zeit angenommen wurde. Sie schafft eine Verbundenheit, die tief in unser Identitätsgefühl hineinreicht. Das gilt sowohl für die Kinder im Blick auf die Eltern als auch für die Eltern im Blick auf die Kinder. Darum hat das Kind ein tief in seiner Existenz verankertes Recht auf Kontakt zu beiden leiblichen Eltern, und dasselbe gilt vom getrennten Vater oder von der getrennten Mutter im Hinblick auf ihr Kind. Ihnen dieses Recht zu verweigern, ist eine Verletzung ihrer Persönlichkeit mit schlimmen Folgen für ihre weitere Entwicklung.

Hinweise für die Beratung

Ein weiteres bedeutsames Ziel in der Beratung von Stieffamilien ist demnach die Sicherung oder (Wieder-)Herstellung eines regelmäßigen Kontakts der Kinder zu ihrem außerhalb lebenden leiblichen Elternteil (Jellouschek u. Leibig 2000; Schmidt 1998). Folgende Hinweise können dafür hilfreich sein:

»Regelmäßigkeit ist wichtiger als Häufigkeit.« Kinder, vor allem wenn sie noch kleiner sind, brauchen die Regelmäßigkeit des Kontakts. Durch die so entstehende Kontinuität wird Verlässlichkeit geschaffen. Die zeitlichen Abstände sind demgegenüber sekundär, vorausgesetzt, dass die Termine nicht so weit auseinander liegen, dass sie vom Kind gar nicht mehr als zusammenhängend erlebt werden können. Ein zu häufiges Hin- und Herpendeln zwischen zwei Wohnorten kann sogar zu viel Unruhe in seinen täglichen Ablauf bringen. Solange die Kinder noch kleiner sind, ist ein ruhiger und regelmäßiger Rhythmus anzustreben, der von den getrennten Eltern einvernehmlich bestimmt wird.

»Qualität geht vor Quantität.« Das bezieht sich sowohl auf die Häufigkeit als auch auf die Gestaltung der Besuche. Wenn Walter und Miriam mit ihrem Vater Volker zweimal im Monat eine schöne Zeit miteinander verbringen und interessante Sachen machen, ist das viel besser, als wenn sie jede Woche einen gestressten Vater erlebten, der keine Zeit für sie hat. Die Qualität kann allerdings auch durch die Gestaltung der Besuchswochenenden leiden: Aus schlechtem Gewissen hat Volker in der ersten Zeit nach der Trennung als typischer Sonntagsvater jeden Besuch zu einem »Riesen-Event« gemacht. Auf solche Übertreibungen ist in der Beratung zu achten. Sie erzeugen Konflikte, überfordern alle und spielen den Besuchskindern eine völlig unrealistische Lebenssituation ihres Vater vor. In den Besuchswochenenden liegt übrigens eine besondere Chance: Bei vielen Vätern entsteht jetzt erst – nach der Trennung – ein wirklicher Kontakt zu den Kindern, weil sie diese Zeit viel besser nutzen, als sie es früher im Alltag taten.

Neben den außerhalb lebenden Eltern, die sich ganz verabschieden oder ausgeschlossen werden, gibt es auch diejenigen, die sich überengagieren, sich zu viel einmischen und so die Besuchsregelung gefährden. Im Beispiel versuchte Volker anfangs, immer wieder zusätzliche Besuchstermine zu vereinbaren, rief an manchen Tagen mehrmals die Kindern an und wollte durch Kritik und Ratschläge direkt auf den täglichen Umgang seiner geschiedenen Frau mit ihnen einwirken. Damit verärgerte er Maria, sie wurde weniger kooperativ und die Kinder fühlten sich bedrängt und wussten häufig nichts mit ihm zu reden, wenn er sie mit seinen Anrufen mitten aus ihren Beschäftigungen riss. Hinter einem solch unproduktiven Überengagement können verschiedene Motive stecken: Verleugnung der Realität der Trennung, schlechtes Gewissen, weil man die Kinder durch die Trennung in Mitleidenschaft gezogen hat, oder übertriebenes Mitleid mit den Kindern, das aus der Projektion des eigenen Schmerzes über die Trennung auf sie gespeist wird. Wann immer die Sorge um die getrennt lebenden Kinder übertrieben und irreal erscheint, lohnt es sich, nach solchen Zusammenhängen zu fragen.

Im Zusammenhang mit den Kinder-Wochenenden ist noch darauf hinzuweisen, dass es in der Stieffamilie unterschiedliche Bedürfnisse nach Nähe und Distanz gibt, denen es gilt, Rechnung zu tragen. Wenn Miriam und Walter Volker besuchen, sollen die drei miteinander nach Herzenslust zusammen sein dürfen. Und Lisbeth muss dann nicht die Übermutter spielen, denn sie hat damit wenig zu tun. Sie soll vielmehr die Zeit für sich und ihre Interessen nutzen. Andererseits sollte sie Verständnis aufbringen, dass an diesem Wochenende Volker für sie als Partner wenig spürbar ist, weil ihn seine Kinder in Anspruch nehmen. Wenn die Kinder dann weg sind, kann wieder etwas anderes gelebt werden. Der Tendenz von Stieffamilien, alles harmonisch unter einen zu Hut bringen, ist zu widerstehen. Vielmehr braucht es spielerische Flexibilität und Freiheit der einzelnen Subsysteme, ihre spezifischen Anliegen zu verfolgen. Die unterschiedlichen Zugehörigkeiten und Bindungsqualitäten in der Stieffamilie erfordern das.

Im Zusammenhang mit den Besuchen geraten die Kinder leicht in Loyalitätskonflikte. Lisbeth ist auf Heinrich, ihren geschiedenen Mann nicht gut zu sprechen. Wenn Vereinbarungen getroffen werden sollen, sagt sie: »Ach, Claudia, ruf doch deinen Vater an und richte ihm aus … oder frage ihn …oder sag ihm …« Claudia macht das dann, aber sie hat kein gutes Gefühl. Und noch schlechter geht es ihr, wenn sie bei Heinrich und Rosa gefragt wird, warum ihre Mutter Lisbeth denn nicht selber angerufen hat.

Claudia wird hier zur Zwischenträgerin gemacht, sie wird

funktionalisiert. Sie soll zwischen ihren Eltern eine Verbindung herstellen und das kompensieren, was die beiden nicht schaffen, nämlich auf der Elternebene miteinander zu kooperieren. Damit wird ihr die Rolle des Elternkindes zugeschoben, das zu viel Verantwortung übernimmt. Getrennte Eltern versuchen überdies oft, das Kind jeweils auf eine Seite und in ein Bündnis gegen den anderen zu ziehen. Das kann versteckt und durch Zwischentöne geschehen wie bei Claudia oder auch durch offenes Buhlen um die Gunst des Kindes. Dahinter steckt in der Regel die Unversöhntheit eines oder beider Partner mit der Trennung. Darum kann es in der Beratung nötig sein, auch in diesem Zusammenhang die unerledigten Angelegenheiten aus der früheren Beziehung wieder aufzugreifen und eventuell auch den früheren Partner einzubeziehen. Dabei geht es vor allem um das Kind, denn Kinder sollen und wollen Kinder sein, und das heißt unter anderem: entlastet von zu viel Verantwortung freien Zugang zu beiden Eltern haben.

Das gemeinsame Kind, die Geschwister und Stiefgeschwister

Die Kinder gehören unterschiedlichen Systemen an (Walter und Miriam bei Maria, Jens und Claudia bei Volker und Lisbeth), aber die Systemgrenzen lassen sich so eindeutig nicht ziehen: Lediglich Jens gehört nur zu Volker und Lisbeth. Walter und Miriam gehören als Halbgeschwister von Jens auch zur Familie von Volker und Lisbeth, und Claudia gehört als Tochter Heinrichs auch zu seinem neuen Beziehungssystem mit Rosa. Es gibt in der Familie von Volker und Lisbeth zwei Arten von Kindern: das gemeinsame Kind und Kinder aus den ersten Ehen. Was bedeutet das für das Leben in der Stieffamilie?

Ein gemeinsames Kind bewirkt in der Stieffamilie erhebliche Systemveränderungen. Lisbeth verspürte nach der Enttäuschung mit Heinrich sehr bald den Wunsch, mit Volker noch mal ein Kind zu haben und auf eine neue Weise Familie mit ihm zu erleben. Volker, der schon zwei Kinder hatte, war von dieser Idee weniger begeistert, konnte sich aber auf Lisbeths Wunsch einlassen.

Den kleinen Jens erlebten beide als große Bereicherung, auch für ihre Paarbeziehung. Über ihre Gefühle hinaus stellt er eine ganz reale Verbindung zueinander dar. Der auseinander ziehende Sog der beiden »alten« Systeme verringert sich dadurch, die verbindenden Kräfte werden gestärkt.

Die Reaktionen der Kinder waren demgegenüber unterschiedlich – in einer für Stieffamilien typischen Weise. Für Claudia bedeutete das Hinzukommen von Jens eine schwere Krise. Sie äußerte sich in Rückzug und gelegentlichen Wutausbrüchen. Aus ihrer Situation heraus ließ sich das aber unschwer verstehen: Sie erlebte sich ja bei Heinrich und Rosa nicht übermäßig willkommen. Nun fühlte sie durch den Säugling auch ihren Platz bei Lisbeth bedroht. Das überforderte ihre seelische Stabilität.

Für Walter und Miriam war es anders: Wenn sie zu Besuch kamen, fanden sie den Kleinen höchst interessant, und Miriam bemutterte ihn mit Begeisterung, wodurch sie außerdem auch eine innigere Beziehung zu Lisbeth entwickelte, was allerdings Claudia zusätzlich verunsicherte. Der kleine Jens bedeutete also für seine Halbgeschwister etwas sehr Unterschiedliches.

Hinweise für die Beratung

Das Ziel, um das es in diesem Zusammenhang geht, ist die Integration des gemeinsamen Kindes ins Gesamtsystem. Dabei kann der Berater von der Annahme ausgehen, dass für das Paar und sein Zusammengehörigkeitsgefühl das gemeinsame Kind in der Regel eine starke Ressource bedeutet. Unter Umständen müssen die Partner ermutigt werden, sich zu erlauben, das auch wirklich zu genießen und sich an dem zu freuen, was durch das Kind an Bereicherung in ihre Beziehung gekommen ist. Dem kann nämlich das schlechte Gewissen der Eltern entgegenstehen, weil die »vorhandenen« Kinder die Geburt des Halbgeschwisters durchaus nicht als freudiges Ereignis erleben.

Reaktionen wie die von Claudia beschriebenen sind nicht selten und manchmal unvorhersehbar. Wenn Kinder bereits Belastungen zu tragen haben, wenn sie außerdem gerade in einer schwierigen Entwicklungsphase stecken und wenn durch das neue Kind der eigene Platz im Familiensystem dann noch bedroht erscheint, kann es zu ähnlichen Symptomen kommen. Dabei wird der Symptomträger in der Regel kaum direkt Auskunft geben können, womit diese zusammenhängen. Dies zusammen mit der Familie herauszufinden, ist Aufgabe des Beraters.

Die Chancen und Ressourcen der Stieffamilie

Da der Bildung von Stieffamilien meist Trennung und Scheidung vorausgegangen sind und damit das Erleben von Scheitern und oft auch persönlichem Versagen, haftet ihnen noch immer der Makel des »Nicht-Sein-Sollens« an, verbunden mit der Befürchtung neuen Scheiterns. Da auch Beraterinnen und Berater von solch defizitorientierten Sichtweisen beeinflusst sein können, scheint es mir nützlich, auf die spezifischen Ressourcen und Chancen dieser Lebensform ausdrücklich hinzuweisen.

Chancen und Ressourcen für die Erwachsenen

Ich erlebe immer wieder, dass Frauen und Männer im Prozess der Trennung, Scheidung und Wiederverheiratung den eigentlichen »Heldenweg« ihrer Emanzipation von gesellschaftlichen, moralischen und elterlichen Normen zu einem selbstbestimmten Erwachsenenleben gehen. Natürlich ist dies nicht der einzige Weg und die Kontinuität mit einem Partner das ganze Leben lang hat dafür ebenfalls ihre spezifischen Herausforderungen. Aber für viele ist es der entscheidende Weg und es kann hilfreich sein, auf diese Chance hinzuweisen.

In Paarbeziehungen werden wir immer mit unseren zentralen Lebensthemen konfrontiert, die zurückreichen bis in unsere Herkunftsfamilien. Ein solches Thema ist die Balance der beiden Grundbedürfnisse nach Autonomie und Bindung (Tiedemann u. Jellouschek 2000; Welter-Enderlin u. Jellouschek 2002). Aus den entsprechenden familiären Vorerfahrungen heraus gelingt diese Balance oft nicht. Erstbeziehungen sind oft daran gescheitert, dass beide Partner zu sehr auf dem Bindungspol, also symbiotisch verstrickt gelebt haben, oder zu distanziert, weil jeder auf seinem Autonomiepol verharrte, oder aber zu polarisiert, indem einer ständig die Bindung, der andere umso mehr die Autonomie reklamierte. Die schmerzlichen Erfahrungen der Trennung und der Neuanfang in der zweiten Beziehung ermöglichen häufig eine Bearbeitung dieser Thematik und eine bessere Balance: Nicht nur mehr Raum für Autonomie, sondern auch eine tiefere Bindung wird möglich. Dies erleben Paare in Zweitbeziehungen häufig als große Bereicherung.

Schließlich vermittelt die Zweitehe häufig die beglückende Erfahrung, »auch ein anderer sein zu können«. Jede Beziehung aktiviert im Partner nur bestimmte Seiten seiner Persönlichkeit. Lisbeth erinnert sich, wie sie Heinrich gegenüber immer wieder nörglerisch-anklagend wurde, was sie an sich selber immer weniger leiden mochte. Sie erlebt es jetzt als zutiefst beglückend, dass sie mit Volker imstande ist, weich und liebevoll zu sein. Der neue Partner erweckt im Anderen auch andere Möglichkeiten, die ihm bisher unbekannt waren und ihn »vollständiger« machen.

Chancen und Ressourcen für die Kinder

Wie sehr Trennung, Scheidung und Stieffamilie noch immer unter dem Verdikt des »Nicht-Sein-Sollens« stehen, lässt sich an dem häufig ausgesprochenen Satz ermessen: »Für die Kinder ist es immer am schlimmsten.« Unter dieser bedrohlichen Prophezeiung stehen auch heute noch Eltern, die sich trennen, allein mit den Kindern leben und wieder eine neue Familie gründen. Was hier wie ein Naturgesetz hingestellt wird, dessen Nichtbeachtung sich rächt, ist in Wirklichkeit Folge des schlechten Umgangs der Erwachsenen damit. Die Stieffamilien-Situation an sich muss Kindern nicht schaden. Sie kann sie sogar zu sehr positiven Entwicklungen herausfordern.

Natürlich erleben auch die Kinder Scheidung und neue Familiengründung als Krisen. Wenn die Eltern aber gut hindurchgegangen sind, haben die Kinder eine entscheidende Erfahrung gemacht: Auch so schwierige Krisen kann man bewältigen, und zwar so, dass es nachher gut, ja besser weitergeht! Eine solche Erfahrung kann zu einer bedeutsamen Ressource für eigene spätere Lebenskrisen werden.

Die Stieffamilien-Situation bringt für die Kinder einen Zugewinn an wichtigen Beziehungspersonen: Stiefeltern, Halbgeschwister, Besuchs-Stiefeltern, deren jeweilige Verwandte und so weiter. Ein Netz von »Großfamilie« entsteht, das in der heutigen Kleinfamiliensituation zu einer wertvollen Erweiterung ihrer sozialen Kompetenz beitragen kann. Die Kinder lernen mit vielen verschiedenen Menschen umzugehen und erfahren die unterschiedlichsten Lebensstile, Beziehungsmuster und Weltanschauungen.

In Stieffamilien wird den Kindern einiges an Selbständigkeit und Verantwortung zugemutet. Das kann – eine sichere Anbindung an beide Eltern vorausgesetzt – ihre Autonomieentwicklung erheblich fördern. Die Stieffamilie mag ein weniger warmes Nest sein als die Kernfamilie. Aber ihr raueres Klima beugt andererseits auch dem weit verbreiteten Treibhausklima der Überfürsorge vor. Das kann für das spätere Leben der Kinder von großer Bedeutung sein.

Literatur

Ainsworth, M. D. S.; Blehar, M. C.; Waters, E.; Wall, S. (1978): Patterns of Attachment. A Psychological Study of the Strange Situation. Hillsdale NJ.

Andersen, T. (1990): Das reflektierende Team. Dortmund.

Andresen, K.; Gatterburg, A. (2002): Ein Krieg, den alle verlieren. Der Spiegel 9: 124-135.

Arbeitskreis Hilfe statt Gewalt (2002): Konzept institutioneller Kooperation bei sexuellem Mißbrauch von Mädchen und Jungen. Wiesbaden (unveröffentlicht).

Arbeitskreis Trennung und Scheidung, Wiesbaden (1999): Begleiteter Umgang. Konzeption fachlicher Standards (unveröffentlicht).

Autorenteam des Regensburger Modellprojekts (2000): Die Zusammenarbeit zwischen Beratungsstelle und Familiengericht. Am Beispiel der Regensburger »Familienberatung bei Trennung und Scheidung« (FaTS) am Amtsgericht. In: Buchholz-Graf, W.; Vergho, C. (Hg.), Beratung für Scheidungsfamilien. Das neue Kindschaftsrecht und professionelles Handeln der Verfahrensbeteiligten. Weinheim, S. 46-61.

Bateson, C. (1972): Steps to an Ecology of Mind. New York.

Böhm, B.; Scheuerer-Englisch, H. (2000): Neue Ergebnisse der Scheidungsforschung. Implikationen für die Beratung von Betroffenen und die Zusammenarbeit der beteiligten Institutionen. In: Buchholz-Graf, W.; Vergho, C. (Hg.), Beratung für Scheidungsfamilien. Das neue Kindschaftsrecht und professionelles Handeln der Verfahrensbeteiligten. Weinheim, S. 121-146.

Buj, V.; Specht, F.; Zuschlag, B. (1984): Erziehungs- und Familienberatung in der Bundesrepublik Deutschland. In: Spittler, H.-D.; Specht, F. (Hg.), Basistexte und Materialien zur Erziehungs- und Familienberatung. Göttingen, S. 13-36.

Bundeskonferenz für Erziehungsberatung (BKE) (1994): Hinweise zu den Tätigkeitsanteilen in Erziehungsberatungsstellen. Informationen für Erziehungsberatungsstellen 3: 8-9.

Bundeskonferenz für Erziehungsberatung (BKE) (1995): Hinweise der BKE zu Kapazitäten und Kosten von Erziehungsberatungsstellen. Informationen für Erziehungsberatungsstellen 3: 3-8.

Bundeskonferenz für Erziehungsberatung (BKE) (1998): Qualitätsprodukt Erziehungsberatung. Empfehlungen zu Leistungen, Qualitätsmerkmalen und Kennziffern. Informationen für Erziehungsberatungsstellen 1: 6-10.

Bundeskonferenz für Erziehungsberatung (BKE) (2000): Aktuelle Zahlen. Informationen für Erziehungsberatungsstellen 3: 33.

Bundesministerium für Familie, Senioren, Frauen und Jugend (BMFSFJ) (1998): Bericht über die Lebenssituation von Kindern und die Leistungen der Kinderhilfen in Deutschland – Zehnter Kinder- und Jugendbericht. Bonn.

Bundesministerium für Familie, Senioren, Frauen und Jugend (BMFSFJ) (2002): Bericht über die Lebenssituation junger Menschen und die Leistungen der Kinder- und Jugendhilfe in Deutschland – Elfter Kinder- und Jugendbericht. Bonn.

Busse, D.; Volbert, R.; Stelle, M. (1996): Belastungserleben von Kindern in Hauptverhandlungen. Bundesministerium der Justiz. Bonn.

Cogoy, R.; Kluge, I.; Meckler, B. (Hg.) (1989): Erinnerung einer Profession. Erziehungsberatung, Jugendhilfe und Nationalsozialismus. Münster.

Conen, M.-L. (1999): »Unfreiwilligkeit« – ein Lösungsverhalten. Familiendynamik 24(3): 282-297.

Cremer, H.; Brusten, M. (1976): Erziehungsberatung nach medizinischem Modell? Zur Kritik eines statistischen Erhebungsbogens. Neue Praxis 6. Jg., H. 1: 39-51.

D'Augelli, A. R.; Hershberger, S. L.; Pilkington, N. W. (1998): Lesbian, gay, and bisexual youth and their families: Disclosure of sexual orientation and its consequences. American Journal of Orthopsychiatry 68 (3): 361-371.

Dannenberg, U.; Mantwill, M. Stahlmann-Liebelt, U.; Köhnken, G. (1997): Reduzierung von Ängsten kindlicher Zeugen. In: Greuel, L.; Fabian, Th.; Stadler, M. (Hg.), Psychologie der Zeugenaussage. Weinheim.

Deissler, K. (1997): Sich selbst erfinden. Von systemischen Interventionen zu selbstreflexiven therapeutischen Gesprächen. Münster.

Dittrich, G.; Dörfler, M; Schneider, K. (1996): Konflikt, Aggression; Gewalt in der Welt von Kindern unter dem Blick der Wissenschaft. Ein Literaturbericht. Deutsches Jugendinstitut, München.

Dumas, J. (1989): Treating antisocial behavior in children: Child and family approaches. Clinical Psychology Review 9: 197-222.

Dumas, J. (1992): Conduct disorder. In: Turner, S.; Calhoun, K. S.; Adams, H. E. (Hg.), Handbook of Clinical Behavior Therapy. New York, S. 285-316.

Ebbecke-Nohlen, A. (1999): Sexuelle Gewalt, gender und systemische Konzepte – Grenzverletzung und Grenzrekonstruktion. In: Rücker-Embden-Jonasch, I.; Ebbecke-Nohlen, A. (Hg.), Balanceakte. Heidelberg.

Eco, U. (2001): Baudolino. München.

Efran, J.; Lukens, M.; Lukens, R. (1992): Sprache, Struktur und Wandel. Dortmund.

Eggemann-Dann, H.-W. (1999): Das Ludwigshafener Fallmanagement-Team (FMT). In: Hundsalz, A.; Menne, K.; Cremer, H. (Hg.), Jahrbuch für Erziehungsberatung. Bd. 3. Weinheim/München, S. 161-182.

Ehrhardt, K. J. (1989): Sind Erziehungsberatungsstellen mittelschicht-orientiert? Konsequenzen für die psychosoziale Planung. Prax. Kinderpsychol. Kinderpsychiat. 38: 329-335.

Elizur, Y.; Minuchin, S. (1993): Institutionalizing Madness. Cambridge, MA.

Engfer, A. (1991): Entwicklung von Gewalt in sogenannten Normalfamilien. System Familie 4: 107-116.

Esser, G.; Schmidt, M. H.; Blanz, B.; Fätkenheuer, B.; Fritz, A.; Koppe, T.; Laucht, M.; Rensch, B.; Rothenberger, B. (1992) : Prävalenz und Verlauf psychischer Störungen im Kindes- und Jugendalter. Zeitschrift für Kinder- und Jugendpsychiatrie 20: 232-242.

Feldmann-Bange, G.; Specht, F. (1986): »Psychotherapie in Erziehungsberatungsstellen«. Stellungnahme der BKfE zum Editorial von Peter Strunk. Zeitschrift für Kinder- und Jugendpsychiatrie 14: 341-345.

Fischer, U. (2000): Mediation im Familienrecht. In: Henssler, M; Koch, L. (Hg.), Mediation in der Anwaltspraxis. Bonn, S. 309-353.

Foerster, H. v. (1994): Das Konstruieren einer Wirklichkeit. In: Watzlawick, P. (Hg.), Die erfundene Wirklichkeit. Wie wissen wir, was wir zu wissen glauben? Beiträge zum Konstruktivismus. München, S. 39-60.

Frisch, I.; Sanders, H. (1997): Hau ab, du bist nicht meine Mutter. Erfahrungen mit einer unliebsamen Rolle. Augsburg.

Funk, W. (1996): Familien- und Haushaltskontext als Determinanten der Gewalt an Schulen. Zeitschrift für Familienforschung 1: 5-45.

Gehring, Th. (1993): FAST Familiensystemtest. Weinheim.

Gergen, K. (1996): Das übersättigte Selbst. Heidelberg.

Gierse, J. (1997): Ausgewählte Elemente der Jazzmusik im »Zusammenspiel« mit der Systemtherapie. Analogien und Eindrücke zum »Zweiklang« musikalischer Merkmale des Jazz mit der Systemtherapie. Systhema 11(2): 145-158.

Graßl, W.; Romer, R.; Vierzigmann, G. (2000): Heimerziehung aus Kindersicht als Evaluationsstrategie. In: Sozialpädagogisches Institut im SOS-Kinderdorf e. V. (Hg.), Heimerziehung aus Kindersicht. München, S. 40-61.

Grundsätze für die einheitliche Gestaltung der Richtlinien der Länder für die Förderung von Erziehungsberatungsstellen. Die für die Jugendhilfe zuständigen Senatoren und Minister der Länder (1973): In: Spittler, H. D.; Specht, F. (1984) (Hg.), Basistexte und Materialien zur Erziehungs- und Familienberatung. Göttingen, S. 79-88.

Hargens, J.; Schlippe, A. v. (1998): Das Spiel der Ideen. Reflektierendes Team und systemische Praxis. Dortmund.

Hauk, D. (2001): Damit aus der Scheidung kein Rosenkrieg wird. Ein Fachbeitrag zur Familienmediation aus analytisch-systemischer Sicht. Kind-Prax. Zeitschrift für die praktische Anwendung und Umsetzung des Kindschaftsrechts: 144-147.

Heitmeyer, W. (1992): Desintegration und Gewalt. Zeitschrift für Jugendarbeit 3: 109-122.

Hennig, C.; Knödler, U. (1998): Problemschüler – Problemfamilien. 5. Aufl. München/Weinheim.

Hesse, J.; Friederich, Th.; Greve, N.; Hennecke, C.; Herder, K.; Schuchardt-Hain, C.; Wittmund, B. (2001): Systemische Gruppenpsychotherapie. Psychotherapie im Dialog 2(1): 44-51.

Høeg, P. (1998): Der Plan von der Abschaffung des Dunkels. Hamburg.

Hofer, M.; Papastefanou, C. (1996): Theoriebestände für pädagogisch-psychologisches Beratungshandeln. In: Hofer, M.; Wild, E. Pikowsky, B. (Hg.), Pädagogisch-Psychologische Berufsfelder. Beratung zwischen Theorie und Praxis. Bern, S. 25-56.

Höfer, R.; Straus, F. (1991): Familienberatung – aus der Sicht ihrer Klienten. Zur Perspektive der Erfolgsmessung. In: Presting, G. (Hg.), Erziehungs- und Familienberatung. Untersuchungen zu Entwicklung, Inanspruchnahme und Perspektiven. Weinheim und München, S. 157-198.

Hundsalz, A. (1991): Methoden und Konzeptentwicklung in den Psychologischen Beratungsstellen. Prax. Kinderpsychol. Kinderpsychiat. 40: 55-61.

Hundsalz, A. (1995): Die Erziehungsberatung. Weinheim und München.

Hundsalz, A. (1997): Erziehungs- und Familienberatung 1996. Aktuelle Entwicklungen und Perspektiven in Baden-Württemberg. LAG Nachrichten Baden-Württemberg 1: 3-11.

Hundsalz, A. (1998): Beratung, Psychotherapie oder Psychologische Beratung? Zum Profil therapeutischer Arbeit in der Erziehungsberatung. Prax. Kinderpsychol. Kinderpsychiat. 47, 3: 157-173.

Hurrelmann, K. (1995): Lebensphase Jugend. Chancen und Risiken für eine gesunde Persönlichkeitsentwicklung. In: Hundsalz, A.; Klug, H.-P.; Schilling, H. (Hg.), Beratung für Jugendliche. Lebenswelten, Problemfelder, Beratungskonzepte. Weinheim und München.

Hutter, J.; Koch-Burkhardt, V.; Lautmann, R. (2000): Ausgrenzung macht krank. Homosexuellen-Feindschaft & HIV-Infektion. Wiesbaden.

Internationale Gesellschaft für Heimerziehung (1988): Planungsgruppe Petra. Was leistet Heimerziehung – Ergebnisse einer empirischen Studie. Regensburg.

Iyer, R. (1991): The essential Writings of Mahatma Gandhi. New Delhi.

Jellouschek, H. (2001): Zweitehen sind anders. In: Jellouschek, H.: Wie Partnerschaft gelingt. Spielregeln der Liebe. 8. Auflage. Freiburg, S. 135-144.

Jellouschek, H. (2002a): Die Kunst als Paar zu leben. 13. Aufl. Stuttgart.

Jellouschek, H. (2002b): Warum hast du mir das angetan? Untreue als Chance. 7. Auflage. München.

Jellouschek, H.; Leibig, B. (2000): Trotzdem Vater sein. Getrennt lebende Väter. In: Kößler, H.; Bettinger, A. (Hg.), Vatergefühle. Männer zwischen Rührung, Rückzug und Glück. Stuttgart, S. 97-119.

Kadauke-List, A. M. (1989): Erziehungsberatungsstellen im Nationalsozialismus. In: Cogoy, R. u. a . (Hg.), Erinnerung einer Profession. Erziehungsberatung, Jugendhilfe und Nationalsozialismus. Münster, S. 182-192.

Kaisen, R. (1996): Erwartungen an die Erziehungsberatung. Inhalte und Auswirkungen der Wünsche und Vermutungen von Klienten und Beratern. In: Menne, K.; Cremer, H.; Hundsalz, A. (Hg.), Jahrbuch für Erziehungsberatung. Bd. 2. Weinheim/München, S. 241-260.

Kaisen, R. (2001): Der Sozialraum: Ein hilfreicher Fokus für die Fall- und Feldarbeit in der Erziehungsberatung. In: Schlippe, A. v.; Lösche, G.; Hawellek, C. (Hg.), Frühkindliche Lebenswelten und Erziehungsberatung. Münster, S. 292-312.

Krähenbühl, V.; Jellouschek, H.; Kohaus-Jellouschk, M.; Weber, R. (2001): Stieffamilien. Struktur-Entwicklung-Therapie. 5. Aufl. Freiburg.

Krähenbühl, V; Schramm-Geiger, A.; Brandes-Kessel, J. (2000): Meine Kinder, deine Kinder, unsere Familie. Wie Stieffamilien zusammenfinden. Reinbek.

Kriz, J. (1999): Systemtheorie für Psychotherapeuten, Psychologen und Mediziner. Wien.

Kurz-Adam, M. (1995): Modernisierung von innen? Wie der gesellschaftliche Wandel die Beratungsarbeit erreicht. In: Kurz-Adam, M.; Post, I. (Hg.), Erziehungsberatung und Wandel der Familie. Opladen, S. 175-195.

Laing, R.; Philipson, H.; Lee, A. (1971): Interpersonelle Wahrnehmung. Frankfurt a. M.

Lehmkuhl, G.; Döpfner, M.; Plück, J.; Berner, W.; Fegert, J.; Huss, K.; Lenz, K.; Schmeck, K.; Lehmkuhl, U.; Poustka, F. (1998): Häufigkeit psychischer Auffälligkeiten und somatischer Beschwerden bei vier- bis zehnjährigen Kindern in Deutschland im Urteil der Eltern – ein Vergleich normorientierter und kriterienorientierter Modelle. Zeitschrift für Kinder- und Jugendpsychiatrie und Psychotherapie 26: 83-96.

Lenz, A. (1998): Evaluation und Qualitätssicherung in der Erziehungsberatung. In: Menne, K. (Hg.), Qualität in Beratung und Therapie. Weinheim/München, S. 115-146.

Lenz, A. (2001): Perspektiven der Kinder in der Erziehungs- und Familienberatung. In: Menne, K.; Hundsalz, A. (Hg.), Jahrbuch für Erziehungsberatung. Bd. 4. Weinheim/München, S. 269-290.

Levold, T. (1997): Affekt und System. Plädoyer für eine Perspektivenerweiterung. System Familie 10(3): 120-127.

Levold, T.; Wedekind, E.; Georgi, H. (1993): Gewalt in Familien. Familiendynamik 18: 278-311.

Loth, W. (1998): Auf den Spuren hilfreicher Veränderungen. Das Entwickeln Klinischer Kontrakte. Dortmund.

Ludewig, K. (1992): Systemische Therapie. Grundlagen klinischer Theorie und Praxis. Stuttgart.

Ludewig, K. (1999): Therapieziele in der systemischen Therapie. In: Ambühl, H.; Strauß, B. (Hg.). Therapieziele. Göttingen, S. 251-275.

Ludewig, K.; Wilken, U. (2000): Das Familienbrett. Göttingen.

Luhmann, N. (1984): Soziale Systeme. Frankfurt a. M.

Mackscheidt, E. (1993): Loyalitätsproblematik bei Trennung und Scheidung. Überlegungen zum Kindeswohl aus familientherapeutischer Sicht. Zeitschr. f. d. gesamte Familienrecht 40: 254-258.

Mackscheidt, E.; Rasch, I. (1993): Interdisziplinäre Zusammenarbeit bei Trennung und Scheidung. In: Hahn, K.; Müller, F.-W. (Hg.), Systemische Erziehungs- und Familienberatung. Wege zur Förderung autonomer Lebensgestaltung. Mainz, S. 145-151.

Martens-Schmid, K. (1995): Gewalt gegen Kinder als Gegenstand der Familienberatung. In: Hahn, K.; Müller, F. W. (Hg.), Systemische Erziehungs- und Familienberatung. Mainz, S. 102-114.

Max-Planck-Institut für Bildungsforschung (Hg.) (2001): PISA 2000. Zusammenfassung zentraler Befunde. Berlin.

Mayer, St.; Normann-Kossak, K. (2000): Begleiteter Umgang nach einem Münchner Modell. In: Haid-Loh, A.; Normann-Kossak, K.; Walter, E. (Hg.), Begleiteter Umgang. Konzepte, Probleme und Chancen der Umsetzung des reformierten § 18 SGB VIII. Berlin, S. 48-63.

Menne, K. (1989): Allgemeine Erziehungs- und Familienberatung. In: Blandow, J.; Faltermeier, J. (Hg.), Erziehungshilfen in der Bundesrepublik Deutschland. Stand und Entwicklung. Deutscher Verein für öffentliche und private Fürsorge: Eigenverlag.

Menne, K. (1990): Psychosoziale Beratung in der DDR. Informationen für Erziehungsberatungsstellen 2: 1-2.

Menne, K. (1996): Erziehungsberatung 1993. Ratsuchende und Einrichtungen. In: Menne, K.; Cremer, H.; Hundsalz, A. (Hg.), Jahrbuch für Erziehungsberatung. Bd. 2. Weinheim/München, S. 223-240.

Menne, K. (1998): Qualitätsmerkmale und Kennziffern in der Erziehungs- und Familienberatung. In: Menne, K. (Hg.), Qualität in Beratung und Therapie. Weinheim/München.

Menne, K. (2001): Aktuelle Entwicklungstendenzen in der Erziehungsberatung. In: Menne, K.; Hundsalz, A. (Hg.), Jahrbuch für Erziehungsberatung. Bd. 4. Weinheim/München, S. 229-252.

Miller, Y.; Hahlweg, K. (2001): Prävention von emotionalen Störungen und Verhaltensauffälligkeiten bei Kindern. In: Schlippe, A. v.; Lösche, G.; Hawellek, C. (Hg.), Frühkindliche Lebenswelten und Erziehungsberatung. Münster, S. 243-253.

Müller, B. (1996): Qualitätskriterien für das Produkt Beratung. Thesen zu Grenzen und Gefahren der outputorientierten Steuerung. In: BKE (Hg.), Produkt Beratung. Fürth, S. 35-51.

Napp-Peters, A. (1988): Scheidungsfamilien. Frankfurt a. M.

Napp-Peters, A. (1995): Familien nach der Scheidung. München.

Nitsch, R. (1999): Eltern und Kinder geben Feedback. Ergebnisse katamnestischer Befragungen und ihr Stellenwert in der Evaluation von Erziehungsberatung. In: Hundsalz, A.; Menne, K.; Cremer, H. (Hg.), Jahrbuch für Erziehungsberatung. Bd. 3. Weinheim/München, S. 203-222.

Nitsch, R. (2001): Armut und Erziehungsberatung. In: Menne, K.; Hundsalz, A.: Jahrbuch für Erziehungsberatung. Bd. 4. Weinheim/München, S. 155-174.

Normann-Kossak, K. (2000): Wann können wir im Begleiteten Umgang von erfolgreicher Arbeit sprechen? In: Haid-Loh, A.; Normann-Kossak, K.; Walter, E. (Hg.), Begleiteter Umgang. Konzepte, Probleme und Chancen der Umsetzung des reformierten § 18 SGB VIII. Berlin, S. 34-47.

Nouwens, B.; Westermann, B. (1998): »Brief Messages« – Korrespondenz über das »Reflektierende Team« in der Praxis einer Erziehungsberatungsstelle. In: Hargens, J.; Schlippe, A. v. (Hg.), Das Spiel der Ideen. Reflektierendes Team und systemische Praxis. Dortmund, S. 179-202.

Omer, H. (2000): Parental Presence: Reclaiming Leadership in Bringing up our Children. Phoenix, Arizona.

Omer, H.; Schlippe, A. v. (2002): Autorität ohne Gewalt. Coaching für Eltern von Kindern mit Verhaltensproblemen. Göttingen.

Parens, H. (1993): Neuformulierungen der psychoanalytischen Aggressionstheorie und Folgerungen für die klinische Situation. Forum der Psychoanalyse 9: 107-121.

Patterson, G. (1982): A Social Learning Approach: III. Coercive Family Process. Castalia, Eugene, OR.

Patterson, G. R. (1980): Mothers: The unacknowledged victims. Monograph of the Society for Research in Child Development 186 Vol. 45: 1-47.

Patterson, G. R.; Reici, I. B.; Dishion, T. (1992): Antisocial Boys. Eugene, OR.

Patterson, G.; Dishion, T. J. (1988) : Multilevel familiy process models: Traits, interactions, and relationship. In: Hinde, R.; Stevenson-Hinde, E. (Hg.), Relationships within Families: Mutual Influences. Oxford, S. 283-310.

Petermann, F.; Petermann, U. (1994): Training mit aggressiven Kindern. Einzeltraining, Kindergruppen, Elternberatung. Weinheim.

Petermann, F.; Waschburger, P. (1995): Aggression. In: Petermann, F. (Hg.), Lehrbuch der Klinischen Kinderpsychologie. Göttingen/Bern/Toronto/Seattle, S. 127-163.

Pleyer, K.-H. (1996): Schöne Dialoge in hässlichen Spielen? Überlegungen zum Zwang als Rahmen für Therapie. Zeitschrift für systemische Therapie 14: 186-196.

Proksch, R. (2002): Evaluation der neuen Regelungen des KindRG i. A. des BMJ, 1998 – 2002.

Ratzke, K. (1999): Gewalt, Aggressivität und Aggressionen. In: Cierpka, M. (Hg.), Kinder mit aggressivem Verhalten. Göttingen/Bern/Toronto/Seattle, S. 15-23.

Ratzke, K.; Cierpka, M. (1999): Der familiäre Kontext von Kindern, die aggressive Verhaltensweisen zeigen. In: Cierpka, M. (Hg.), Kinder mit aggressivem Verhalten. Göttingen, /Bern/Toronto/Seattle, S. 25-60.

Reiss, D.; Olivieri, M. (1983): Family paradigm and family coping. In: Olson, D.; Miller, B. (Hg.), Family Studies Review Yearbook I. Beverly Hills, CA.

Reiter, L.; Brunner, E. J.; Reiter-Theil, St. (Hg.) (1997): Von der Familientherapie zur systemischen Perspektive. 2. Aufl. Berlin/Heidelberg.

Remschmidt, H.; Schmidt, M. H.; Strunk, P. (1990): Gewalt in Familien und ihre Verhinderung. Zugleich ein Plädoyer für die Abschaffung des elterlichen Züchtigungsrechts. Praxis der Kinderpsychologie und Kinderpsychiatrie 39: 162-167.

Sanders, M. R. (1999): The Triple P – Positive Parenting Program: Towards an empirically validated multi-level parenting and family support strategy for the prevention and treatment of child behavior and emotional problems. Child and Family Psychology review 2: 71-90.

Sanders, M.; Krannich, S. (1999): Schule als Kontext für aggressives Verhalten von Kindern. In: Cierpka, M. (Hg.), Kinder mit aggressivem Verhalten. Göttingen/Bern/Toronto/Seattle, S. 61-69.

Savin-Williams, R. C. (1995): Lesbian, Gay Male, and Bisexual adolescents. In: D'Augelli, A. R.; Patterson, Ch. (Hg.), Lesbian, Gay and Bisexual Identities over the Lifespan. Psychological Perspectives. New York/ Oxford, S. 165-189.

Schellhoss, B. (1998): Als Paar sich trennen – Eltern bleiben. Wozu das neue Kindschaftsrecht Eltern bei Trennung ermutigen will. In: Beuscher, A.; Mackscheidt, E.; Miethe, H. (Hg.), Gewagtes Glück. Reflexionen, Gedichte, Liturgien, Impulse zu Trennung und Scheidung. Nidderau, S. 53-61.

Schiepek, G. (1999): Die Grundlagen der systemischen Therapie. Göttingen.

Schlippe, A. v. (1996): Das Auftragskarussell. In: Schindler, H. (Hg.), Systemisches Arbeiten in der Heimerziehung. Dortmund, S. 135-143.

Schlippe, A. v. (2001): Therapeutische Zugänge zu familiären Wirklichkeiten. Ein Beitrag zu einer klinischen Familienpsychologie. In: Walper, S.; Pekrun, R. (Hg.), Familie und Entwicklung. Perspektiven der Familienpsychologie. Göttingen, S. 345-363.

Schlippe, A. v.; Braun-Brönneke, A.; Schröder, K. (1998): Systemische Therapie als engagierter Austausch von Wirklichkeitsbeschreibungen. Empirische Rekonstruktionen therapeutischer Interaktionen. System Familie 11(2): 70-79.

Schlippe, A. v.; Kriz. J. (1993): Skulpturarbeit und zirkuläres Fragen. Eine integrative Perspektive auf zwei systemtherapeutische Techniken aus der Sicht der personzentrierten Systemtheorie. Integrative Therapie 19(3): 222-241.

Schlippe, A. v.; Schweitzer, J. (1996): Lehrbuch der systemischen Therapie und Beratung. Göttingen.

Schlippe, A.; Kriz, J. v. (1996): Das Auftragskarussell – eine Möglichkeit der Selbstsupervision in der systemischen Therapie und Beratung. System Familie 9(3): 106-110.
Schmidt, A. (1998): Mehr Vater fürs Kind – auch nach Trennung und Scheidung. Weinheim.
Schneewind, K. (1991): Familienpsychologie. Stuttgart.
Schrödter, W. (1992): Gutachten »Regeln des fachlichen Könnens in der psychosozialen Beratung«. Wege zum Menschen 44: 351-371.
Schweitzer, J. (1997): Systemische Beratung bei Dissozialität, Delinquenz und Gewalt. Praxis der Kinderpsychologie und Kinderpsychiatrie 46: 215-227.
Schweitzer, J. (1998): Gelingende Kooperation. Weinheim.
Schweitzer, J.; Weber, G. (1982): Beziehung als Metapher: die Familienskulptur als diagnostische, therapeutische und Ausbildungstechnik. Familiendynamik 7: 113-128.
Selvini Palazzoli, M.; Boscolo, L.; Cecchin, G.; Prata, G. (1981): Hypothetisieren, Zirkularität, Neutralität: drei Richtlinien für den Leiter der Sitzung. Familiendynamik 6: 123-139.
Selvini Palazzoli, M.; Boscolo, L.; Cecchin, G.; Prata, G. (1983): Das Problem des Zuweisenden. Zeitschrift für Systemische Therapie 1(3): 11-20.
Shazer, St. de (1988): Therapie als System. Entwurf einer Theorie. In: Reiter, L.; Brunner, E.; Reiter-Theil, S. (Hg.), Von der Familientherapie zur Systemischen Perspektive. Heidelberg, S. 217-229.
Silverberg, J.; Gray, J. P. (1992): Violence and peacefulness as behavioral potentialities of primates. In: Silverberg, J.; Gray, J. P. (Hg.), Aggression and Peacefulness in Humans and other Primates. Oxford, S. 1-36.
Simon, F.; Rech-Simon, Ch. (1999): Zirkuläres Fragen. Systemische Therapie in Fallbeispielen: Ein Lernbuch. Heidelberg.
Specht, F. (1993): Zu den Regeln des fachlichen Könnens in der psychosozialen Beratung von Kindern, Jugendlichen und Eltern. Prax. Kinderpsychol. Kinderpsychiat. 42: 113-124.
Staatsinstitut für Frühpädagogik (Hg.) (2001): Vorläufige deutsche Standards zum begleiteten Umgang. München.
Steinberg, L. (1986): Latchkey children and susceptibility to peer pressure: an ecological analysis. Developmental Psychology 22: 433-439.
Stierlin, H. (1988): Die Familie als Ort psychosomatischer Erkrankungen. Familiendynamik 13: 287-299.
Symalla, T.; Walther, H. (1996): Systemische Beratung schwuler Paare. Heidelberg.
Thiersch, H. (1998): Leistungen und Grenzen von Heimerziehung – Ergebnisse einer Evaluationsstudie stationärer und teilstationärer Er-

ziehungshilfen. Bundesministerium für Familie, Gesundheit, Frauen und Jugend (Hg.), Schriftenreihe Bd. 170.

Tiedemann, F. v.; Jellouschek H. (2000): Systemische Paartherapie – Ein integratives Konzept. Zeitschr. Psychother. im Dialog 1: 37-44.

Tomm, K. (1994): Die Fragen des Beobachters. Schritte zu einer Kybernetik zweiter Ordnung in der systemischen Therapie. Heidelberg.

Vergho, C. (2000): Der schwierige Umgang mit dem Umgang: Die Kontaktbegleitung. In: Buchholz-Graf, W.; Vergho, C. (Hg.), Beratung für Scheidungsfamilien. Das neue Kindschaftsrecht und professionelles Handeln der Verfahrensbeteiligten. Weinheim, S. 221-251.

Vergho, C. (2001): Gerichtsnahe Beratung und Vermittlung bei Scheidungskonflikten. Kind-Prax 3: 71-75.

Volbert, R.; Pieters, V. (1993): Zur Situation kindlicher Zeugen vor Gericht. Empirische Befunde und Belastungen durch Strafverfahren und zu möglichen Reformmaßnahmen. Bonn.

Wallerstein, J. S.; Lewis, J. (2001): Langzeitwirkungen der elterlichen Ehescheidung auf Kinder – eine Längsschnittuntersuchung über 25 Jahre. Zeitschr. f. d. gesamte Familienrecht 48: 65-72.

Walper, S.; Schwarz, B. (Hg.)(2002), Was wird aus den Kindern? Chancen und Risiken für die Entwicklung von Kindern aus Trennungs- und Stieffamilien. Weinheim.

Weber, G. (Hg.)(1993): Zweierlei Glück. Die systemische Psychotherapie Bert Hellingers. Heidelberg.

Welter-Enderlin, R.; Hildenbrand, B. (1996): Systemische Therapie als Begegnung. Stuttgart.

Welter-Enderlin, R.; Hildenbrand, B. (1998): Gefühle und Systeme. Heidelberg.

Welter-Enderlin, R.; Jellouschek, H. (2002): Systemische Paartherapie – Ein integratives Konzept. In: Wirsching, M.; Scheib, P.: (Hg.), Lehrbuch der Paar- und Familientherapie. Berlin/Heidelberg/New York, S. 199-226.

Wittgenstein, L. (1996): Ludwig Wittgenstein. Ein Reader. Stuttgart.

Wolf, K. (2000): Heimerziehung aus Kindersicht als Evaluationsstrategie. In: Sozialpädagogisches Institut im SOS-Kinderdorf e. V. (Hg.), Heimerziehung aus Kindersicht. München, S. 6-39.

Die Autorinnen und Autoren

Karin Grüter, geb. 1973, Dipl.-Sozialarbeiterin, Systemische Familientherapeutin (IFW), arbeitet in einer Wiesbadener Erziehungs- und Familienberatungsstelle. Erfahrungen im Bereich der stationären Jugendhilfe und in der Arbeit mit ausländischen Jugendlichen.

Gerhard Herold, geb. 1955, Dipl.-Päd., Systemischer Familientherapeut, arbeitet in einer Wiesbadener Erziehungs- und Familienberatungsstelle.

Andreas Hundsalz, geb. 1948, Dr. phil., Studium der Psychologie in Bonn, Praxis und Weiterbildung im Bereich der Institutionellen Beratung. Leiter einer kommunalen Erziehungsberatungsstelle. Beratung im Bereich Leitung und Team.

Hans Jellouschek, geb. 1939, Dr. theol., Lic. phil., Paartherapeut, Lehrtherapeut für Transaktionsanalyse (DGTA). Therapie- und Fortbildungspraxis in der Nähe von Tübingen. Autor mehrerer Bücher zu Themen der Paar- und Familientherapie.

Michael Knorr, geb. 1954, Dipl.-Sozialpädagoge. Weiterbildungen in Systemischer Familientherapie, Psychodrama und Familien- und Organisationsaufstellung. Tätigkeiten in Kinderheimen und in der Erzieher(innen)ausbildung, seit 20 Jahren in der Erziehungs- und Familienberatung beschäftigt sowie in eigener Praxis und in der Weiterbildung.

Elisabeth Mackscheidt, geb. 1935, Dr. phil., Mitglied der Arbeitsgemeinschaft für psychoanalytisch-systemische Forschung und Therapie e.V. Köln. Paarberatung, Mediation und Supervision in freier Praxis.

Haim Omer ist Professor für Psychologie an der Universität von Tel Aviv.

Ingrid Rasch, geb. 1945, Dipl.-Psych., Leiterin der Kath. Beratungsstelle für Eltern, Kinder und Jugendliche in Köln.

Katharina Ratzke, geb. 1961, Dr. phil., Dipl.-Päd., Kinder- und Jugendlichenpsychotherapeutin, Systemische Paar- und Familientherapeutin. Beschäftigt in einer stationären therapeutischen Jugendhilfeeinrichtung.

Christian Roland, geb. 1974, Dipl.-Psych., zur Zeit in Ausbildung zum systemischen Familientherapeuten. Tätigkeit in einer Wiesbadener Erziehungs- und Familienberatungsstelle.

Arist v. Schlippe, geb. 1951, Dr. phil., Dipl.-Psych., Psychologischer Psychotherapeut, Privatdozent für Klinische Psychologie und Psychotherapie, Tätigkeit im Fach Psychologie an der Universität Osnabrück, Lehrtherapeut am Institut für Familientherapie Weinheim, Ausbildung und Entwicklung e.V. Erster Vorsitzender der Systemischen Gesellschaft, Berlin.

Peter Schmidt, geb. 1948, Dipl.-Päd. und Sozialarbeiter, Kindertherapeut. Tätigkeiten im Jugendamt und in der Heimerziehung. Leiter einer Wiesbadener Erziehungsberatungsstelle in freier Trägerschaft.

Helm Stierlin, geb. 1926, Prof. em. Dr. med. et phil. Von 1974-1991 Ärztlicher Direktor der Abteilung für Psychoanalytische Grundlagenforschung und Familientherapie der Universität Heidelberg. Forschungs- und Arbeitsschwerpunkte u. a. systemische Familientherapie, psychotische und psychosomatische Störungen, der Ablösungsprozess der Adoleszenz. Mitbegründer und bis 1995 Mitherausgeber der Zeitschrift »Familiendynamik«.

Thomas Symalla, geb. 1960, Dipl.-Psych., approbierter Psychotherapeut, systemischer Paar- und Familientherapeut. Eigene Praxis in Berlin und langjährige Erfahrungen in der Gesundheitsprävention, Sexualtherapie und Arbeit mit belasteten Familien.

Holger Walther, geb. 1960, Dipl.-Psych., approbierter Psychotherapeut, systemischer Paar- und Familientherapeut. Eigene Praxis in Berlin und langjährige Erfahrung in Beratungseinrichtungen für junge Erwachsene und als Trainer in Aus- und Fortbildung.

Britta Zander, Dr. phil., geb. 1961, Dipl.-Psych., Psychologische Psychotherapeutin, Weiterbildungen in Systemischer Therapie/ Familientherapie (IGST) und Gesprächspsychotherapie (GwG). Tätigkeit in einer Wiesbadener Erziehungs- und Familienberatungsstelle. Vorstandsmitglied in der Landesarbeitsgemeinschaft für Erziehungsberatung in Hessen e.V.

Wenn Sie weiterlesen möchten ...

Haim Omer / Arist von Schlippe
Autorität ohne Gewalt
Coaching für Eltern von Kindern mit Verhaltensproblemen
„Elterliche Präsenz“ als systemisches Konzept

Mit einem Vorwort von Reinmar du Bois.

Zunehmend verlieren Eltern in ihrer Familie die Autorität. Sie werden an den Rand der Familie gedrückt und fürchten sich vor ihren Kindern.
Die Kinder haben in der Familie das Heft in die Hand genommen – sei es durch renitentes Verhalten, durch eine körperliche Symptomatik, durch Suiziddrohungen, durch destruktives Verhalten oder offene Gewalt.
In diesem Buch wird ein Vorgehen für Eltern vorgestellt, das auf den Gedanken Gandhis über den gewaltlosen Widerstand basiert: Schrittweise stellen die Eltern ihre *elterliche Präsenz* wieder her und sorgen gleichzeitig dafür, dass die Punkte, an denen es gewohnheitsmäßig zu Eskalationen kam, entschärft werden.
Das Buch beruht auf der erfolgreichen Arbeit von Haim Omer mit hunderten von Familien, in denen die Häufigkeit gewalttätiger Interaktionen dadurch deutlich zurückgegangen ist.

„Ein ausgesprochen empfehlenswertes Buch für alle, die mit Kindern und Eltern zu tun haben: Lesen, hingucken, diskutieren, neue Lösungen erfinden.“ *systhema*

„Die vielfältigen Blickwinkel, die gut lesbare Sprache und nicht zuletzt das reichhaltige Literaturverzeichnis machen das Buch zu einem wertvollen Reiseführer aller, die sich aufgemacht haben, Familien aus Sackgassen herauszuholen und in vermeintlich ausweglosen Lagen zu unterstützen, zu begleiten und ihnen neue Perspektiven aufzuzeigen.“ *Sozialmagazin*

Susanne Altmeyer / Friedebert Kröger
Theorie und Praxis der Systemischen Familienmedizin
Unter Mitarbeit von Lyra Anton, Askan Hendrischke, Günter Jantschek, Ingrid Jantschek, Peter Joraschky, Barbara Ollefs, Michael Schwab, Annette Sundermeier, Stefan Theiling, Ulrike Tietze, Arist von Schlippe und Martin von Wachter.

Niemand ist allein krank. Die Behandlung, Betreuung und Begleitung von chronisch kranken Menschen und ihren Familien ist *die* Zukunftsherausforderung an unser Gesundheitssystem.
Die Systemische Familienmedizin entwickelt praxisnahe Konzepte für die Zusammenarbeit mit den Familien von chronisch Kranken und die Kooperation zwischen den unterschiedlichen, an der Behandlung beteiligten Fachleuten. Sie stellt ein wachsendes Praxisfeld für Ärzte, Psychologen, Sozialarbeiter, Sozialpädagogen und Mitarbeiter aus den Pflegeberufen dar.
In dem Band werden im ersten, theoretischen Teil die Grundkonzepte der Systemischen Familienmedizin entwickelt und im zweiten, praxisorientierten Teil anhand konkreter Krankheitsbilder illustriert. Viele Fallbeispiele sowie Hinweise auf Kompetenzzentren garantieren eine gute Verständlichkeit und Hilfen für Umsetzungsmöglichkeiten in die Praxis.

Günter Schiepek
Die Grundlagen der Systemischen Therapie
Theorie - Praxis - Forschung

Hrsg. von der Arbeitsgemeinschaft für Systemische Therapie (AGST). Mit Vorworten von Luc Ciompi, Hans Westmeyer und den Herausgebern.

„Nicht zuletzt sei noch auf die besonders gelungene Gestaltung hingewiesen. Farbige Reproduktionen eindrücklicher Kunstwerke trennen die Kapitel, eine CD-ROM mit Anhang, Tabellen und allein 130 Seiten (!) Literaturverzeichnis machen das Buch auch optisch und handwerklich rund. Insgesamt bin ich versucht, ihm das Attribut ‚Meilenstein' zu verleihen. Mit Sicherheit wird kein Autor, der sich künftig ernsthaft mit ST befaßt um dieses Buch herumkommen." *Psychotherapeut*

Die Zeitschrift für Systemische Therapie und Familientherapie

KONTEXT

Zeitschrift der Deutschen Gesellschaft für Systemische Therapie und Familientherapie (DGSF).

Herausgegeben von Friedrich B. Balck, Johannes Herwig-Lempp, Günter Reich.

KONTEXT ist das Organ der Deutschen Gesellschaft für Systemische Therapie und Familientherapie (DGSF). Sie ist sowohl wissenschaftliche Zeitschrift mit Forschungsbeiträgen und praxisbezogenen Arbeiten als auch Informationsbörse für berufspolitische Nachrichten.
KONTEXT richtet sich an alle Berufsgruppen, die in Praxen, Beratungsstellen, Kliniken sowie in Forschung und Lehre mit den Bereichen Systemische Therapie und Beratung, Familien- und Paartherapie beschäftigt sind.
In jedem Heft finden sich aktuelle Beiträge und Fallberichte zu Fragen der Behandlungspraxis, zu Ausbildung und Forschung.

Jährlich erscheinen 4 Hefte.
ISSN 0720-1079

Band 34/2003
Heft 1: Paartherapeutische Praxis
Aus dem Inhalt:
A. Guggenbühl-Craig: Warum manche Männer Angst haben vor Frauen – Oder: der Harmonie-Komplex / *J. Liechti, T. Wild-Wey, M. Liechti-Darbellay, M. Rufer:* Eine Paartherapie im offenen Setting / *A. Ebbecke-Nohlen:* In der Kürze liegt die Würze – Systemische Kurzzeitkonsultation für Paare / *L. Kottje-Birnbacher:* Paartherapie mit Katathym-imaginativer Psychotherapie

Heft 2: *Aus dem Inhalt:*
P. Krams, A. Lohse: Schulische Gewaltprävention: Ein Projekt aus systemisch-lösungsorientierter Sicht / *J. Beushausen:* Der familiäre Hintergrund von Klientinnen mit Multiplen Süchten / *A. Helfter, P. Bünder:* Scheidungs- und Nachscheidungsberatung: Kinder als Fokus und Ressource / *J. Hargens:* Lösungsorientiertes Arbeiten in der Sozialpädagogischen Familienhilfe – Ein möglicher Anker

Heft 3: *Aus dem Inhalt:*
R. Welter-Enderlin: Die wunderbaren-wunderlichen Entwicklungen der Systemischen Therapie / *W. Rotthaus*: Welchen Platz haben Kinder in der Systemischen Familientherapie? Eine kritische Bestandsaufnahme / *T. Levold:* Familie zwischen Heimstatt und Cyberspace. Die Veränderung von Familienkonstrukten im Spiegel ihrer Metaphern / *H. Jellouschek:* Anforderungen der Gegenwart an die Paartherapie

V&R
Vandenhoeck & Ruprecht